평균 회귀 트레이딩 전략의 최적 설계

평균 회귀 트레이딩 전략의 최적 설계

수학적 분석과 실전 적용

이기홍 옮김 팀 렁 · 신 리 지음

i!i
에이콘

에이콘출판의 기틀을 마련하신 故 정완재 선생님 (1935-2004)

| 옮긴이 소개 |

이기홍(keerhee@gmail.com)

카네기멜론대학교에서 석사 학위를 받았고, 피츠버그대학교의 Finance Ph.D, CFA, FRM이자 금융, 투자, 경제 분석 전문가다. 삼성생명, HSBC, 새마을금고중앙회, 한국투자공사 등과 같은 국내 유수의 금융기관, 금융 공기업에서 자산 운용 포트폴리오 매니저로 근무했으며 현재 딥러닝과 강화학습을 금융에 접목시켜 이를 전파하고 저변을 확대하는 것을 보람으로 삼고 있다. 저서로는『엑셀 VBA로 쉽게 배우는 금융공학 프로그래밍』(한빛미디어, 2009)이 있으며, 번역서로는『포트폴리오 성공 운용』(미래에셋투자교육연구소, 2010),『딥러닝 부트캠프 with 케라스』(길벗, 2017),『프로그래머를 위한 기초 해석학』(길벗, 2018)과 에이콘출판사에서 펴낸『실용 최적화 알고리듬』(2020),『초과 수익을 찾아서 2/e』(2020),『자산운용을 위한 금융 머신러닝』(2021),『존 헐의 비즈니스 금융 머신러닝 2/e』(2021),『퀀트 투자를 위한 머신러닝·딥러닝 알고리딩 트레이딩 2/e』(2021),『자동머신러닝』(2021),『금융 머신러닝』(2022),『퇴직 연금 전략』(2022),『A/B 테스트』(2022),『행동경제학 강의 노트 3/e』(2022),『실전 알고리듬 트레이딩 레벨업』(2022),『양자경제와 금융』(2022) 등이 있다. 누구나 자유롭게 머신러닝과 딥러닝을 자신의 연구나 업무에 적용해 활용하는 그날이 오기를 바라며 매진하고 있다.

| 옮긴이의 말 |

금융공학기법을 페어 트레이딩에 적용하기 위한 이론적 및 실무적 접근법을 자세히 설명하는 책이다. 알고리듬 트레이딩 또는 퀀트 트레이딩을 추구하는 투자자와 트레이더에게 많은 도움이 되리라 기대한다.

이 책은 어니 찬^{Ernest P. Chan}의 『Algorithmic Trading』(Wiley. 2013)과 시마오 모라에스 사멘토^{Simão Moraes Sarmento}와 누노 호타^{Nuno Horta}의 『A Machine Learning based Pairs Trading Investment Strategy』(Springer, 2020)의 좋은 자매 서적으로 추천하며, 에이콘 출판사와 역자가 구상하고 있는 알고리듬 트레이딩 생태계의 일부로 세바스티앙 도다니오 등의 『실전 알고리듬 트레이딩 배우기』(2020), 안드레아스 클레노우의 『실전 알고리듬 트레이딩 레벨 업』(2022)과 스테판 젠센의 『핸즈온 머신러닝 딥러닝 알고리듬 트레이딩』(2020)의 보완 서적으로 크게 기여할 것으로 믿는다.

특히 고도의 금융공학기법을 제시할 뿐만 아니라 이로부터 도출되는 전략적 의의를 수학적 이론을 기반으로 설명하고 있어 매우 강건한 결론을 제시한다. 또한 후학들에게 페어 트레이딩뿐만 아니라 광범위한 퀀트 연구에 있어서 바람직한 연구의 길잡이가 돼줄 것이다. 흔히 접할 수 있는 ETF, 상품, VIX 및 신용파생상품에 이르는 광범위한 분야에 일관성 있는 접근으로 최적 진입, 청산 및 보유 전략들을 제시하며 엄격한 수학적 분석에도 불구하고 직관을 잃지 않으면서 현실적인 통찰력을 제공하고 있다. 기저의 수학이 생소한 사람들도 결론으로 제시되는 전략들을 직관적으로 이해하고자 하면 큰 도움이 될 것이다.

이 책의 번역을 진행하게 해주신 권성준 사장님께 거듭 감사드리고 이 책이 최고의 품질로 나올 수 있도록 열과 성을 다해 애써 주신 에이콘출판사 관계자 여러분께 감사를 전한다.

| 지은이 소개 |

팀 렁 Tim Leung

컬럼비아대학교 산업공학과 경영과학IEOR 학과의 조교수다. 컬럼비아대학교 금융공학 센터 및 데이터 과학 연구소의 소속 교수이기도 하다. 프린스턴대학교에서 경영과학과 금융공학ORFE 박사 학위를 받았다. 연구 분야는 금융공학 및 최적 확률론적 제어이며, 금융 파생상품의 가치 평가와 관련 리스크 관리 및 트레이딩 전략에 중점을 두고 있다. 상장지수펀드ETF에 대해 광범위하게 저술했으며, 미국 국립과학재단NSF과 프린스턴대 학교의 샬롯 프록터 명예 펠로우십의 지원을 받아 연구했다. 「Mathematical Finance」, 「Finance and Stochastics」, 「SIAM Journal on Financial Mathematics」, 「Quantitative Finance」 등 다양한 금융수학 저널에 논문을 발표했다. 또한 산업응용수학학회의 금융 수학 및 공학 활동 그룹(SIAM SIAG on Financial Mathematics and Engineering)과 미국 경영과 학회(INFORMS) 금융 부문의 임원으로도 활동하고 있다.

신 리[Xin Li]

뱅크 오브 아메리카 메릴린치의 어소시에이트다. 컬럼비아대학교에서 산업공학과 경영과학[IEOR] 박사 학위와 통계학 석사 학위를, 칭화대학교에서 생명과학 및 생명공학 학사 학위를 취득했다. 금융에서 최적 확률론적 제어와 최적 정지 문제에 초점을 맞춰 연구하고, 이를 페어 트레이딩, 평균 회귀 트레이딩, VIX 선물 포트폴리오에 적용하고 있다. 논문 「Optimal Mean Reversion Trading with Transaction Costs and Stop−Loss Exit」로 2014년 미국 경영과학회 최우수 학생 논문상(금융 서비스 부문)에서 1위를 차지했다. 또한 컬럼비아대학교의 1988년도 펠로우십 수상자다.

| 차례 |

| 들어가며 |

평균 회귀 가격 동학을 가진 시장에서 최적 트레이딩 시기에 관한 체계적인 연구를 제공하는 책이다. 또한 상이한 트레이딩 문제에서 핵심 수학적 질문을 추출하고 모델 추정, 위험 프리미엄, 위험 제약 및 거래 비용과 같은 트레이딩의 실용적인 측면을 분석에 통합하는 금융공학 접근법을 제시한다. 자기완결적이고 체계화된 이 책은 금융 문제에 대한 수학적 틀과 분석 결과를 논할 뿐만 아니라 실제 상황에서 활용하기 위한 공식과 수치적 도구도 제공한다. 상장 지수 펀드^{ETF}의 페어 트레이딩, 상품 선물 또는 변동성 지수에 대한 동적 포트폴리오, 옵션 또는 신용 위험 파생상품의 청산 등 광범위한 실제 응용도 논의하고 있다.

이 책에서 수학적 접근법의 핵심 요소는 최적 정지$^{optimal\ stopping}$ 이론이다. 여기서 논의되는 여러 트레이딩 문제에 대해 최적 전략은 해당 최적 단일/다중 정지 문제에 대한 해로 표현된다. 이는 또한 관련된 변분부등식$^{Variational\ Inequalities}$이나 자유 경계$^{free\ boundary}$ 문제에 대한 분석과 수치 연구로 이어진다. 또 서론에서 방법론과 각 장에 관한 개요를 제공한다.

박사 및 석사 과정 학생, 고급 학부생, 특히 알고리듬 거래를 전문으로 하거나 거래소 거래 자금, 상품, 변동성, 신용 위험 및 관련 파생상품 거래에 관심이 있는 사람에게 유용하도록 책을 설계하고자 했다. 실무자를 위해 즉각적인 전략 구현을 위한 공식을 제공하고, 수학적 정당성을 갖춘 새로운 트레이딩 전략과 일부 기존 휴리스틱 트레이딩 전략에 대한 계량적 개선을 제안했다.

이 책이 출간되는 데 도움을 준 몇몇 이들에게 감사를 표하고 싶다. Mike Ludkovski, Peng Liu, Yoshihiro Shirai와 Zheng Wang과 공동으로 수행한 연구는 이 책의 다양한 장에 크게 기여했다. 또한 컬럼비아대학교의 박사 및 석사 학생들이 평균 회귀하에서 가격 및 트레이딩과 관련된 탐색적 프로젝트에 참여해준 것에 대해 감사한다. 우리의 연구는 부분적으로 NSF 보조금 DMS-0908295를 지원받았다. 또한 Rene Carmona, Vicky Henderson, Sebastian Jaimungal, Dimitry Kramkov, Kiseop Lee, Alexander Novikov, Mariana Olvera-Cravioto, Victor de la Pena, Scott Robertson, Neofytos Rodosthenous, Steven Shreve, Ronnie Sircar, Stathis Tompaidis, Kazutoshi Yamazaki, David Yao, Thaleia Zariphopoulou와 Hongzhong Zhang이 준 유용한 의견과 제안에 많은 도움을 받았다.

마지막으로 확실히 중요한 것이 있다. 이 프로젝트를 진행하도록 격려해준 World Scientific의 Rochelle Kronzek과 Max Phua에게 감사한다.

팀 렁

2015년 7월 30일

01

서론

금융 시장에서 상품, 환율, 변동성 지수뿐만 아니라 미국 및 글로벌 주식을 포함한 많은
자산 가격이 평균으로의 회귀를 나타낸다는 사실이 널리 관찰됐다.[1] 평균 회귀 프로세스
는 채권 가격, 이자율 및 채무 불이행 위험의 동학을 모델링하는 데도 사용된다. 평균 회
귀 가격 경로를 시각화하기 위해 2014년 6월 12일부터 2015년 6월 11일까지의 상장지
수펀드[ETF, Exchange-Traded Fund]인 뱅가드 단기 채권 ETF[BSV]의 과거 가격을 그림 1.1(a)에 나
타냈다. 이 ETF는 만기가 짧은 채권 가격을 추적하기 위한 것으로 NYSE 등 거래소에서
거래되며, 유동성이 풍부하다. 다른 예로 그림 1.1(b)는 2014년 6월 12일부터 2015년 6
월 11일까지 CBOE 변동성 지수[VIX]의 시계열을 보여준다. 변동성 지수는 거래되지 않지
만 투자자들은 선물, 옵션 또는 지수를 추적하기 위해 설계된 상장지수증권[ETN]을 거래함
으로써 변동성 지수에 노출될 수 있다.[2]

---

1 상품에 대해서는 Schwartz(1997) 참조. 외환에 대해서는 Engel과 Hamilton(1989), Anthony와 MacDonald(1998), Larsen과
  Sørensen(2007)을 참조하고, 변동성 지수에 대해서는 Metcalf와 Hassett(1995), Bessembinder et al.(1995), Casassus와
  Collin-Dufresne(2005) 그리고 미국과 글로벌 주식에 관해서는 Poterba와 Summers(1988), Malliaropulos와 Priestley(1999),
  Balvers et al.(2000), Gropp(2004)을 참조하라.
2 자세한 내용은 5.6절을 참조하라.

산업에서 헤지펀드 매니저와 투자자들은 종종 상관관계가 높거나 공동으로 움직이는 두 자산에 동시에 자리를 잡음으로써 평균 회귀 가격을 구축하려고 시도한다. 일부 ETF가 동일하거나 유사한 지수 및 자산을 추적하도록 설계됐기 때문에 상장 지수 펀드의 출현은 이러한 페어 트레이딩 접근법을 더욱 용이하게 했다. 경험적 연구는 물리적 금과 금 주식 ETF와 같은 상품 ETF들 간의 스프레드가 평균회귀하고, 이와 같은 가격 행태는 통계적 차익 거래에 사용해왔음을 발견했다.[3]

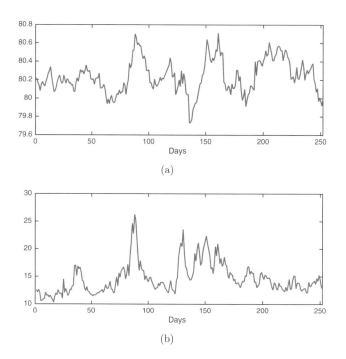

그림 1.1 2014년 6월 12일부터 2015년 6월 11일까지의 (a) 뱅가드 단기 채권 ETF와 (b) CBOE 변동성 지수 (VIX) 각각의 역사적 가격 경로

반면에 개인 및 기관 투자자가 일반적으로 직면하는 한 가지 중요한 문제는 포지션에 언제 진입하고 청산할지 결정하는 것이다. 투기적 투자자는 일반적인 시장 가격을 관찰하

---

3 Triantafyllopoulos와 Montana(2011), Dunis et al.(2013)과 2.1절을 참조하라.

면서 즉시 시장에 진입할지 아니면 향후 기회를 기다릴지 선택할 것이다. 첫 번째 거래를 완료한 후 투자자는 포지션을 청산하는 것이 가장 좋은 시점을 결정해야 한다. 이는 최적의 순차적 거래 타이밍을 조사하는 동기가 된다.

자연스럽게 최적의 거래 시점은 위험 자산의 가격 동학에 따라 달라진다. 예를 들어 가격 과정이 평균적으로 하락/상승하는 슈퍼/서브마팅게일인 경우, 예상 청산 가치를 극대화하려는 투자자는 즉시 매도하거나 영원히 기다릴 것이다. 이러한 자명한 타이밍은 기초 자산 가격이 기하학적 브라운 운동을 따를 때 발생한다(예시 2.1 참조).

이 책에서 우리는 평균 회귀 동학이 있는 자산 또는 포트폴리오에 대한 최적의 거래 타이밍을 연구한다. 여기서 3가지 주요 평균 회귀 모델인 올스타인-울렌벡OU, Ornstein-Uhlenbeck, 지수 올스타인-울렌벡XOU, Exponential Ornstein-Uhlenbeck, 칵스-잉거솔-로스CIR, Cox-Ingersoll-Ross 모델 아래에서 다양한 트레이딩 문제에 대한 자세한 수학적 분석 및 구현 방법을 제공한다. 다루기 용이하고 해석하기 쉽기 때문에 이러한 모델은 자산 가격의 평균 회귀를 설명하고 추정하는 데 실제로 널리 사용한다. 따라서 이 책의 목적은 다양한 거래 문제에 대한 최적성 기준을 소개하고 해결 방법을 논의하는 것이며, 제한된 위험으로 기대 수익률을 극대화하는 최적의 전략을 개발하는 데 초점을 맞추고 있다.

1.1 서론

2장에서 우리는 OU 모델에 따라 거래 비용이 적용되는 최적의 거래 타이밍을 연구한다. 결과로 얻는 최적화된 포트폴리오 가치가 OU 프로세스를 허용하는 페어 트레이딩 사례를 통해 동기를 부여한다. 트레이딩 전략은 유사한 기초 자산을 가진 한 쌍의 ETF를 적용돼 구현된다. 수학적으로, 우리의 공식은 최적의 진입과 청산 법칙을 제공하는 최적의 이중 정지double stopping 문제로 이어진다. 진입 및 청산 문제 모두에 대한 해석적 해analytic solution를 얻는다. 게다가 우리의 트레이딩 문제에 손절stop-loss 제약을 통합한다. 우리는 더 높은 손절 수준이 투자자가 더 낮은 이익 실현take-profit 수준에서 자발적으로 청산하도록 유도한다는 것을 발견했다. 더욱이 진입 영역은 손절 수준보다 위에 놓여 있는 유계의

^{bounded} 가격 구간으로 특징지어진다. 즉, 현재 가격이 너무 높거나 더 낮은 손절 수준에 너무 근접할 경우에는 기다리는 것이 최적이다. 손절에 가깝게 시장에 진입하는 것은 이후 손실로 청산할 가능성이 높다는 것을 의미하기 때문에 이는 직관적인 결과다. 그 결과 지연 영역$^{\text{delay region}}$(진입 영역의 여집합으로 해석할 수 있다)이 분리된다. 또한 최적의 청산 수준은 손절 수준과 같아질 때까지 손절 수준에 따라 감소한다는 것을 보여주며, 손절 수준과 같아지는 경우, 모든 가격 수준에서 즉각적인 청산이 최적이다.

양의 가격 프로세스에 대해 평균 회귀를 통합하기 위해, 가격 결정 및 투자 응용에 대한 한 가지 인기 있는 선택은 해석적으로 취급 가능한 상품 가격에 대해 Schwartz(1997)가 제안한 지수 OU^{XOU} 모델이다. 이는 또한 보다 정교한 평균 회귀 모델의 빌딩 블록 역할을 한다. 3장에서는 XOU 모델에 따른 최적의 거래 타이밍을 연구한다. 우리는 관련된 공식 뿐만 아니라 상이하지만 최적의 이중 정지$^{\text{double stopping}}$ 문제를 고려한다. 두 번째 공식에서 투자자는 시장에 무한 번 진입 및 청산할 수 있지만, 거래 비용을 유발하는 것으로 가정한다. 이는 최적 전환 문제$^{\text{optimal switching problem}}$를 제기한다. 우리는 자명하지 않은 진입 및 청산 타이밍 전략을 해석적으로 도출한다. 두 가지 접근법 모두 자산 가격이 서로 다른 수준이지만 충분히 높을 때 매각하는 것이 최적이다. 진입 시기와 관련해, 우리는 투자자가 최적 전환 문제에 직면했을 때 시장에 전혀 진입하지 않는 것이 최선이라는 사실을 발견했다. 이 경우 포지션이 롱인 투자자의 경우 최적 전환 문제는 최적 정지 문제로 감소하며, 최적의 청산 수준은 최적 이중 정지 문제와 동일하다. 그렇지 않으면 이중 정지 및 전환 문제에 대한 최적의 진입 타이밍 전략은 레벨 0 위에 있는 구간에 대한 기초 자산의 첫 번째 통과 시간으로 기술된다. 즉, 진입을 위한 지속 영역$^{\text{continuation region}}$은 $(0, A) \cup (B, +\infty)$, 형태로 단절돼 있으며, 임계 가격 수준은 A와 B이다(정리 3.4와 3.7 참조). 이는 일반적으로 가격이 낮을 때 투자자가 진입하지만 현재 가격이 0에 너무 가까울 경우 기다리는 것이 최적임을 찾을 수 있다는 것을 의미한다. 이에 이 현상이 XOU 모델에 따른 고정 거래 비용 때문에 뚜렷한 결과라는 것을 발견했다.

4장에서는 자산이 CIR 프로세스를 따를 때 트레이딩 문제로 초점을 돌린다. CIR 프로세스는 금리, 변동성, 상품 및 에너지 가격의 모델로 널리 사용해왔다.[4] 4장의 주요 초점은 중요하지 않은 최적 진입 및 청산 타이밍 전략과 관련 가치 함수의 해석적 도출이다. 이 중 정지 및 전환 접근법에서는 서로 다른 수준이지만 프로세스 값이 충분히 높을 때 청산 하는 것이 가장 좋다. 진입 타이밍과 관련해 우리는 최적 전환 문제에 직면했을 때 전혀 진입하지 않는 것이 최적인 필수적이고 과학적인 조건을 발견한다. 이 경우 최적 전환 문 제는 사실상 최적 단일 정지 문제로 축소되는데, 여기서 최적 정지 수준은 최적 이중 정 지 문제의 정지 수준과 동일하다.

확산diffusion에 의해 주도되는 최적 정지 문제에 대한 전형적인 해법은 관련된 자유 경계 문제free boundary problem 또는 변분부등식에 대한 해석적 및 수치적 연구를 포함한다. 예를 들어 Bensoussan과 Lions(1982), Øksendal(2003)과 Sun(1992)을 참조한다. 이중 최적 정지 문제의 경우 이 방법은 한 쌍의 VI에서 가치 함수value function를 결정하며, VI에 대한 해가 실제로 최적 정지 문제에 해당함을 보장하기 위해 정규성 조건regularity conditions을 필 요로 한다. Dayanik(2008)이 지적한 바와 같이, "변분 방법은 보상 함수와 확산 동학이 최적 지속 영역의 모양을 명확하게 하지 않을 때, 쉽지 않게 된다." 우리의 진입 타이밍 문제에서 보상 함수는 청산 타이밍 문제의 가치 함수와 연관되는데, 이 가치 함수는 단 조적이지 않으며, 양과 음이 될 수 있다. 변분부등식 접근법과 달리 2장에서 4장에 대 해 제안된 방법론은 확률론적 논의를 적용해 상응하는 보상 함수의 최소 오목 상계smallest concave majorant로서 최적 정지 가치 함수를 해석적으로 특성화한다. 이 접근법의 주요 특 성은 후보 가치 함수를 미리 파악하거나 연결 여부와 같은 정지 및 지연(지속) 영역에 조 건을 부과하지 않고 가치 함수를 직접 구축할 수 있다는 것이다. 다시 말해, 우리의 방법 은 정지 및 지연 영역의 구조를 출력으로 도출할 것이다. 최적의 이중 정지 문제를 푼 후, 매수/매도/대기 영역의 최적 구조를 결정한다. 그런 다음 이를 적용해 최적 전환 문제에 대한 유사한 해 구조를 추론하고 변분부등식을 사용해 검증한다.

5장부터 7장까지는 각각 금융파생상품, 즉 선물, 옵션, 신용파생상품의 거래를 다룬다.

---

4 예를 들어 특히 Cox et al.(1985); Ewald와 Wang(2010); Heston(1993); Ribeiro와 Hodges(2004)를 참조하라.

수십 년 전 농산물 납품 계약으로 시작된 선물은 현재 가장 흔한 형태의 금융파생상품 중 하나로, 농산물, 축산물, 귀금속, 석유, 가스 등 거래 가능한 상품과 금리, 통화, 주식, 변동성 지수 등 그 밖의 기초 자산이 많이 존재한다. 각 선물 계약은 매수자가 미리 지정된 미래 날짜에 지불될 고정 가격으로 상품의 고정 수량을 매수(매도자는 매도)하도록 규정한다. 많은 선물들이 상품의 물리적인 인도를 요구하지만, VIX(변동성 지수) 선물과 같은 일부는 현금으로 결제된다. 5장에서는 선물 가격에 대해 논의하고 선물 거래에 포함된 타이밍 옵션을 탐색하며 시장 진입과 청산을 위한 최적의 동적 투기 전략을 개발한다. 상품 및 변동성 선물에 대한 응용에 초점을 맞춰, 평균 회귀 현물 가격 동학하에서 이러한 문제를 분석한다.

수십 년 동안 옵션은 투자 및 리스크 관리를 위한 도구로 널리 사용해왔다. 2012년 기준으로 S&P 500 옵션에 대한 일일 시장 명목 금액은 900억 달러 이상이며, 일일 평균 거래량은 2002년 119,808주에서 2013년 1월 839,108주로 빠르게 성장했다.[5] 옵션 수익률에 대한 경험적 연구는 종종 옵션이 만기까지 유지된다고 가정한다(Broadie et al.(2009)과 그 안의 참고문헌을 참조하라). S&P 500 지수, VIX 또는 금 옵션 시장과 같은 유동성이 큰 옵션 시장에서는 만기 전에 시장을 통해 포지션을 청산할 수 있는 본질적 타이밍 유연성이 있다. 따라서 옵션 포지션을 정리하는 데 최적의 시간을 검토할 수 있다. 6장에서 우리는 서로 다른 기초 자산 가격 동학하에서 다양한 옵션에 대해 이 문제를 해결하기 위해 위험 조정된 최적 정지risk-adjusted optimal stopping 프레임워크를 제안한다.

옵션 매도에서 받을 예상 할인 시장 가치를 극대화할 뿐만 아니라 청산 시점까지 불리한 가격 움직임을 설명하는 위험 페널티를 통합한다. 특히 우리는 옵션 포지션의 실현된 미달shortfall의 관점에서 관련 위험을 측정해 모든 청산 타이밍 전략에 대해 위험과 수익률 사이의 트레이드오프를 도입한다. 기초 주식 가격에 대한 일반적 확산 모델에서, 페널티 적분항을 포함하는 최적 정지 문제를 공식화한다. 이를 위해 즉각적인 청산이 아닌 최적 매도를 기다리는 것으로부터의 추가 가치를 나타내는 최적 청산 프리미엄 개념을 정의하

---

5 http://www.cboe.com/micro/spx/introduction.aspx를 참조하라.

고 적용한다. 옵션 보유자는 이 프리미엄이 없어지는 대로 매도하는 것이 최선이라는 것이 밝혀진다. 이 관찰은 다양한 포지션에 대한 최적 청산 전략의 많은 유용한 수학적 특성화와 금융적 해석으로 이어진다.

마지막으로 7장에서 우리는 신용파생상품에 대한 최적 청산 문제를 해결하기 위한 새로운 접근법을 제안한다. 첫 번째 단계는 시장이 신용 위험을 부담하는 투자자를 어떻게 보상하는지 이해하는 것이다. 회사채, 신용부도스왑, 멀티 네임multi-name 신용파생상품(다중 자산 신용파생상품이라고도 한다)의 시장 가격에서 추론한 부도 위험 프리미엄의 구조를 분석적으로 검토한다. 우리는 위험 프리미엄 성분 즉, 부도 위험의 변동을 설명하는 시가 평가 위험 프리미엄뿐만 아니라 부도 사건의 불확실한 시기를 보상하는 사건 위험event risk 프리미엄(또는 부도 점프jump-to-default 위험 프리미엄)을 구별한다. 우리의 접근법은 먼저 강도 기반intensity-based 신용 위험 모델에서 시장과 투자자 사이의 가격 불일치에 대한 일반적인 수학적 프레임워크를 제공하는 것이다. 그런 다음 가격 불일치에 따른 신용파생상품 청산에 상응하는 최적 정지 문제를 도출하고 분석한다.

즉각적인 청산이 아닌 최적 매도 타이밍의 이점을 측정하기 위해 소위 지연된 청산 프리미엄delayed liquidation premium을 정의하고 계량화한다. 즉시 청산 또는 지연 청산이 최적인 시나리오를 분석한다. 더욱이 지연 청산 프리미엄은 확률적 표현을 통해 청산 타이밍의 위험 프리미엄의 역할을 드러낸다. 부도 강도 및 금리 프로세스가 평균 회귀하는 시장에서 부도 채권, CDS 및 복수 자산 신용파생상품을 포함한 다양한 신용파생상품에 대한 투자자의 청산 타이밍을 검토한다. 가격 불일치의 영향은 트레이더의 최적 청산 전략을 보여주는 일련의 수치적 예제를 통해 드러난다.

1.2 관련 연구

페어 트레이딩의 맥락에서 많은 연구들은 또한 두 가지 가격 수준을 사용한 시장 타이밍 전략을 고려했다. 예를 들어 Gatev et al.(2006)은 진입/청산 수준이 장기 평균에서 ±1 표준편차로 설정된 저가 매수-고가 매도buy-low-sell-high 전략의 역사적 수익률을 연구한다. 이와 유사하게 Avellaneda와 Lee(2010)는 평균으로부터의 스프레드 거리에 기초해 페어 트레이드를 시작하고 종료하는 것을 고려한다. Elliott et al.(2005)은 시장 진입 타이밍은 OU 프로세스의 첫 번째 통과 시간에 따라 모델링되며, 이후에 고정 유한 기간에서 청산하는 것이 따른다. 그에 비해 특정 가격 수준이나 고정 거래 시간을 할당하는 대신 Leung과 Li(2015)에서 채택된 2장의 접근법은 최적 이중 정지 문제의 해로 진입 및 청산 임곗값을 생성한다. 로그 평균이 0인 지수 OU[exponential OU] 자산 가격을 고려해 Bertram(2010)은 단위 시간당 기대 수익률을 극대화하는 최적의 진입 및 청산 수준을 수치적으로 계산한다. 실무자들이 채택한 다른 타이밍 전략은 Vidyamurthy(2004)에서 논의했다. Song et al.(2009)과 Song과 Zhang(2013)은 OU 가격 동학하에서 손절[stop-loss]을 사용한 최적 전환[optimal switching] 문제를 연구한다. 그들의 최근 책에서 Cartea et al.(2015)도 또한 투자자가 한 자산을 롱하고 다른 자산을 숏하거나 또는 반대 포지션을 취함으로써 시장에 진입할 수 있는 페어 트레이딩 문제를 연구해 쌍방향 시장 진입 전략을 도출한다.

3장과 4장에서는 고정 거래 비용이 있는 지수적 OU 및 CIR 모델에서 최적 이중 정지 및 최적 전환 문제를 고려한다. 이 두 장은 Leung et al.(2015)과 Leung et al.(2014)에 기반을 두고 있다. 특히 고정 거래 비용이 있는 최적 진입 타이밍은 슬리피지와 특징적으로 다르다(Czichowsky et al.(2015), Kong과 Zhang(2010), Zhang과 Zhang(2008)을 참조하라). Zervos et al.(2013)은 GBM, 평균 회귀 CEV를 포함한 일부 시간 동차 확산[time-homogeneous diffusion] 가정하에서 고정 거래 비용에 대한 최적 전환 문제를 고려하지만, 그 결과는 지수 OU 모델에 적용되지 않는다.

한편 평균 회귀 자산 가격을 사용한 포트폴리오 구축 및 헤징과 관련된 문제가 연구됐다. 예를 들어 Benth와 Karlsen(2005)은 지수 OU 기초 자산을 동적으로 거래하는 것과 관련된 효용 극대화 문제를 연구한다. Jurek과 Yang(2007)은 거듭제곱 효용함수와 Epsein-Zin 재귀 효용의 대상이 되는 OU 자산을 사용한 유한 기간[finite horizon] 포트폴리오 최적화 문제를 분석한다. Chiu와 Wong(2012)은 평균 분산 기준을 사용한 공적분 자산의 동적 거래를 고려한다. Tourin과 Yan(2013)은 고정 기간에서 예상되는 부의 최종 효용을 극대화하기 위해 두 개의 공적분 주식의 동적 거래 전략을 도출한다. 그들은 관련된 해밀턴-야코비-벨만Hamilton-Jacobi-Bellman 방정식을 단순화하고 닫힌 형 해를 얻는다. 확률적 제어stochastic control 접근법으로 거래 비용과 손절 청산을 통합하는 것은 잠재적으로 모델 취급 용이성을 제한할 수 있으므로, 이들 연구에서 구현되지 않는다.

2장에서 4장까지의 방법론의 관점에서, Dynkin과 Yushkevich(1969)는 표준 브라운 운동에 대한 잉여 함수의 오목 특성화를 분석한다. Dayanik(2008)과 Dayanik과 Karatzas(2003)는 이 아이디어를 1차원 확산의 최적 단일 정지를 연구하기 위해 적용한다. Alvarez(2003)는 선형, 시간 동차 및 정규 확산 과정에서 r-과잉 매핑의 볼록성에 대한 조건을 논의한다. Menaldi et al.(1996)은 일반적인 마르코프 프로세스에 대한 최적의 시작-중지 문제를 연구하고 가치 함수의 수학적 특성화를 제공한다. 이와 관련해 우리는 OU, XOU 및 CIR 모델에서 여러 가지 최적 이중 정지 문제를 해결하고 OU 모델에서 정지 손절 청산을 통합해 이 라인의 연구에 기여한다.

5장에서는 평균 회귀 현물 가격 모델하에서 선물 가격과 거래를 연구한다. 이것은 변동성 지수 및 상품에 대한 선물 시장과 가장 관련이 있다. 변동성 선물과 옵션의 평가에 대한 이전 연구는 Grübbichler와 Longsta(1996), Lin과 Chang(2009), Mencía와 Sentana(2013), Sircar와 Papanicolaou(2014), Zhang과 Zhu(2006)를 참조하라. 상품 선물 가격을 위해 많은 평균 회귀 현물 가격 모델이 제안됐다. Schwartz(1997)와 그 안의 참고 자료를 참조하라. 선물 거래에 관해 Brennan과 Schwartz(1990) 그리고 Dai et al.(2011)은 선물과 현물 가격 사이의 스프레드에 내재된 차익 거래 기회를 포착하기 위한 최적 타이밍을 조사하고 만기 시 수준 0에 고정된 브라운 브릿지에 의한 확률적 스프레드를 모델링한다. 이와 유사하게 Kanamura et al.(2010)은 에너지 선물 가격 사이의 스프레드를 OU 프로세스로 모델링한다. 이 두 모델은 현물 가격 동학이나 선물 기간 구조에 관계없이 스프레드가 직접 모델링되는 축약형 접근법으로 간주될 수 있다. 대조적으로 모든 선물 가격을 움직이는 랜덤성, 즉 현물 가격의 근본적인 원천을 트레이딩 문제에 대해 모델링한다.

6장의 경로 의존적 위험 페널티 모델은 효용 극대화/무차별 가격 결정 접근법과 비교해 옵션 청산/행사 타이밍 문제에 투자자의 위험 민감도를 통합하는 대안적인 방법으로 볼 수도 있다(Henderson과 Hobson(2011), Leung과 Ludkovski (2012), Leung et al.(2012)을 참조하라). 잘 알려진 바와 같이 미달 위험^{shortfall risk}에 기반한 위험 측정의 개념은 많은 포트폴리오 최적화 문제에 적용됐다. Artzner et al.(1999), Föllmer와 Schied(2002), Föllmer와 Schied(2004), İlhan et al.(2005), Rockafellar와 Uryasev(2000)와 그 안의 참고문헌을 참조하라. 우리의 모델은 이 아이디어를 각 청산 전략과 관련된 경로 페널티로서 옵션 거래에 적용한다. 미달^{shortfall}의 변형으로 옵션 가격 프로세스의 2차 변동^{quadratic variation}에 기초한 위험 페널티를 도입한다. 최적 청산 프리미엄을 검토함으로써 미달 위험 기반 및 2차 위험 페널티에 따른 콜과 풋에 대한 청산 전략도 비교한다. Forsyth et al.(2012)과 Frei와 Westray(2013)도 가격 충격이 있는 상황에서 최적의 주식 트레이딩 전략을 결정하기 위한 기준으로 평균-2차 변동을 채택한다. GBM 모델하에서 어떠한 위험 페널티 없이 옵션을 매도할 시기를 논의하는 Leung과 Liu(2013)의 관련 연구는 우리 모델의 특수한 예다.

7장의 신용파생상품 청산 타이밍에 관한 연구는 유럽형과 미국형 옵션을 매수하기 위한 최적 타이밍을 분석하기 위해 지연 매수 프리미엄의 개념이 사용된 Leung과 Ludkovsk(2011)에 가장 가깝다. 대조적으로, 단일 자산 신용파생상품에 대한 다중 요인 강도 기반 부도 위험 모델과 신용부도지수스왑에 대한 자기 자극^{self-exciting} 하향식 모델을 채택한다. 자연스러운 확장으로서, 또한 공매도 제약 여부와 상관없이 신용파생상품을 사고 팔 수 있는 최적의 타이밍을 조사하고, 최적의 매매 전략에 대한 수치적 설명을 제공한다. Egami et al.(2013)과 Leung과 Yamazaki(2013)는 부도 자산이 레비 프로세스[6]에 의해 구동되는 구조적 부도 모델에 따라 신용부도스왑을 종료하기 위한 타이밍 옵션을 통합한다.

---

6 Levy process(레비 프로세스)는 독립적인 증분(independent increments)을 갖는 확률 과정으로, 평균이 0이고 확률적인 증분(increment)을 가지며, 연속성을 갖지 않는 확률 과정이다. 이러한 특징은 일반적인 브라운 운동(Brownian motion)과는 다르며, 레비 프로세스는 대부분의 확률 과정에서 볼 수 없는 중요한 특징인 특정한 확률 분포를 따르는 증분을 가질 수 있으므로 이러한 특징을 이용해 레비 프로세스는 금융 모델링과 리스크 관리, 시장 분석 등 다양한 분야에서 사용된다. - 옮긴이

7장에서는 불완전한 시장에서 서로 다른 위험 중립 가격 척도risk-neutral measures(또는 동등한 마팅게일 척도equivalent martingale measures) 간의 연관성도 고려한다. 무차익 거래 원리와 일관성이 있는 후보 가격 결정 척도의 유명한 예는 최소 마팅게일 척도(Föllmer와 Schweizer(1990)), 최소 엔트로피 마팅게일 척도(Firtelli(2000), Fujiwara와 Miyahara(2003)) 그리고 q-최적 마팅게일 척도(Henderson et al.(2005), Hobson(2004))를 포함한다. 투자자의 다양한 가격 결정 척도 선택도 한계 효용 무차별 가치 평가를 통해 해석될 수 있다. Davis(1997), Leung과 Ludkovski (2012), Leung et al.(2002)과 그 안의 참고문헌을 참조하라. 많은 모수적 신용 위험 모델에 대해, 신용파생상품의 충분한 시장 데이터가 주어지면 시장 가격 결정 척도와 위험 프리미엄을 보정할 수 있다.

최근 문헌에서는 가격 결정 오류mispricing의 아이디어를 최적 투자에 통합하기 위해 여러 모델이 제안됐다. Cornell et al.(2007)은 주가 분포에 대한 투자자의 강한 믿음으로 인한 가격 결정 오류를 기반으로 포트폴리오 최적화를 연구했다. Ekstrom et al.(2010)은 변동성에 대한 투자자의 믿음이 내재 변동성과 다를 때 콜 스프레드의 최적 청산을 검토했다. 유럽형과 미국형 옵션 매수/매도 타이밍 문제는 Leung과 Ludkovski(2011, 2012)에서도 연구됐다. 한편 가격 충격을 수반하는 최적의 주식 청산 문제는 Almgren(2003), Rogers와 Singh(2010), Schied와 Schöneborn(2009) 등에서 연구됐다.

올스타인-울렌벡 모델하의 트레이딩

페어 트레이딩의 산업 관행에 의해 동기부여돼 평균 회귀 가격 스프레드를 거래하기 위한 최적의 타이밍 전략을 연구한다. 최적 이중 정지optimal double stopping[1] 문제는 시작 타이밍을 분석하고 이후 거래 비용의 대상이 되는 포지션을 청산하도록 공식화된다. 올스타인-울렌벡 프로세스에 의한 가격 스프레드를 모델링하면서, 확률론적 방법론을 적용하고 시장 진입 및 청산에 대한 최적 가격 구간을 엄격하게 도출한다. 이는 손절 제약 조건 또는 최소 보유 기간같은 분야에도 다양하게 확장될 수 있다. 우리는 진입 영역이 손절 수준보다 위에 있는 유계 가격 구간으로 특징지어짐을 보여준다. 청산 타이밍의 경우 손절 수준이 높을수록 항상 최적 이익 실현 수준도 낮음을 의미한다. 타이밍 전략이 거래 비용 및 손절 수준과 같은 모델 파라미터에 의존한다는 것을 설명하기 위해 해석적 및 수치적 결과 모두를 제공된다.

2.1절에서는 OU 가격 스프레드와의 페어 트레이딩 예에 관해 논의하고 최적 트레이딩 문제를 공식화한다. 해법은 2.3절에 제시된다. 2.4절에서는 최적 이중 정지 문제를 분석

---

1 'Double stopping'은 두 번의 멈춤(정지)을 의미한다. 첫 번째 멈춤은 시간이 일정 기준을 넘으면 이뤄지고, 두 번째 멈춤은 첫 번째 멈춤 이후에 발생하는 사건 중에서 최선의 선택을 할 때 이뤄진다. 이러한 상황에서 최적의 의사결정 전략을 찾는 것이 'optimal double stopping problem'이다. - 옮긴이

하고 최적 진입과 청산 전략을 검토한다. 2.5절에서는 손절 제약 조건을 가진 트레이딩 문제를 연구한다. 2.6절에서는 몇 가지 확장을 제시한다. 모든 보조정리의 증명은 2.7절에 제시해왔다.

2.1 페어 트레이딩의 예

OU 프로세스에 의해 결과 포지션의 가치를 모델링하는 페어 트레이딩의 예를 논의한다. 주요 목표는 페어 트레이딩에 대한 새로운 추정 방법론이나 경험적 연구를 제안하는 것이 아니라 우리의 트레이딩 문제에 동기를 부여하는 것이다. 관련 연구 및 자세한 내용을 위해서 Engle과 Granger(1987), Hamilton(1994), Tsay(2005) 그리고 그 안의 참고문헌을 참조한다.

우리는 위험 자산 $S^{(1)}$의 α주를 보유하고 다른 위험 자산 $S^{(2)}$의 β주를 숏해서 포트폴리오 가치 $X_t^{\alpha,\beta} = \alpha S_t^{(1)} - \beta S_t^{(2)}$를 산출하는 포트폴리오를 구축한다. 자산 쌍이 평균 회귀 포트폴리오 가치를 형성하도록 선택된다. 또한 평균 회귀의 수준을 향상시키기 위해 전략 (α, β)을 조정할 수 있다. 평균 회귀 테스트의 목적상 α와 β 사이의 비율만 중요하기 때문에 일반성의 손실 없이 β를 변화시키면서 α를 일정하게 유지할 수 있다. 모든 전략 (α, β)에 대해, n일 기간에 걸쳐 실현된 결과 포트폴리오 가치 $(x_i^{\alpha,\beta})_{i=0,1,\dots,n}$을 관찰한다. 그런 다음 최대우도추정^{MLE} 방법을 적용해 관찰된 포트폴리오 가치를 OU 프로세스에 기록하고 모델 파라미터를 결정한다. 역사적 확률 척도 $\mathbb{P}$를 사용해 확률 공간 $(\Omega, \mathcal{F}, \mathbb{P})$을 고정한다. SDE에 의해 구동되는 다음의 올스타인-울렌벡$^{\text{Ornstein-Uhlenbeck}}$ 과정을 고려한다.

$$dX_t = \mu(\theta - X_t)\,dt + \sigma\,dB_t \tag{2.1}$$

여기서 상수 $\mu, \sigma > 0$, $\theta \in \mathbb{R}$이며, $\mathbb{R}$은 상태공간이다. 여기서 B는 $\mathbb{P}$하에서의 표준 브라운 운동이다. $\mathbb{F} \equiv (\mathcal{F}_t)_{t \geq 0}$은 X에 의해 생성된 여과^{filtration}다.

OU 모델하에서 $\Delta t = t_i - t_{i-1}$인 $X_{t_{i-1}} = x_{i-1}$가 주어질 때 시간 t_i에서 X_{t_i}의 조건부확률밀도는 다음으로 주어진다.

$$f^{OU}(x_i|x_{i-1}; \theta, \mu, \sigma) = \frac{1}{\sqrt{2\pi\tilde{\sigma}^2}} \exp\left(-\frac{(x_i - x_{i-1}e^{-\mu\Delta t} - \theta(1 - e^{-\mu\Delta t}))^2}{2\tilde{\sigma}^2}\right)$$

여기서 상수

$$\tilde{\sigma}^2 = \sigma^2 \frac{1 - e^{-2\mu\Delta t}}{2\mu}$$

이다.

관측된 값 $(x_i^{\alpha,\beta})_{i=0,1,\ldots,n}$을 사용해 다음과 같이 정의된 평균 로그 우도를 최대화한다.

$$
\begin{aligned}
&\ell(\theta, \mu, \sigma | x_0^{\alpha,\beta}, x_1^{\alpha,\beta}, \ldots, x_n^{\alpha,\beta}) \\
&:= \frac{1}{n} \sum_{i=1}^{n} \ln f^{OU}\left(x_i^{\alpha,\beta} | x_{i-1}^{\alpha,\beta}; \theta, \mu, \sigma\right) \\
&= -\frac{1}{2}\ln(2\pi) - \ln(\tilde{\sigma}) - \frac{1}{2n\tilde{\sigma}^2}\sum_{i=1}^{n}[x_i^{\alpha,\beta} - x_{i-1}^{\alpha,\beta}e^{-\mu\Delta t} - \theta(1 - e^{-\mu\Delta t})]^2 \quad (2.2)
\end{aligned}
$$

(2.2)의 평균 로그 우도를 최대화하는 파라미터를 표현하기 위해 다음을 정의한다.

$$
\begin{aligned}
X_x &= \sum_{i=1}^{n} x_{i-1}^{\alpha,\beta}, \\
X_y &= \sum_{i=1}^{n} x_i^{\alpha,\beta}, \\
X_{xx} &= \sum_{i=1}^{n} (x_{i-1}^{\alpha,\beta})^2, \\
X_{xy} &= \sum_{i=1}^{n} x_{i-1}^{\alpha,\beta} x_i^{\alpha,\beta}, \\
X_{yy} &= \sum_{i=1}^{n} (x_i^{\alpha,\beta})^2
\end{aligned}
$$

다음 OU 모델하의 최적 파라미터 추정치는 명시적으로 다음과 같이 주어진다.

$$\theta^* = \frac{X_y X_{xx} - X_x X_{xy}}{n(X_{xx} - X_{xy}) - (X_x^2 - X_x X_y)},$$

$$\mu^* = -\frac{1}{\Delta t} \ln \frac{X_{xy} - \theta^* X_x - \theta^* X_y + n(\theta^*)^2}{X_{xx} - 2\theta^* X_x + n(\theta^*)^2},$$

$$(\sigma^*)^2 = \frac{2\mu^*}{n(1 - e^{-2\mu^*\Delta t})}(X_{yy} - 2e^{-\mu^*\Delta t}X_{xy} + e^{-2\mu^*\Delta t}X_{xx}$$
$$- 2\theta^*(1 - e^{-\mu^*\Delta t})(X_y - e^{-\mu^*\Delta t}X_x) + n(\theta^*)^2(1 - e^{-\mu^*\Delta t})^2)$$

그다음 $\hat{\ell}(\theta^*, \mu^*, \sigma^*)$로 최대화된 평균 로그 우도를 표기한다.

임의의 α에 대해서 다음을 만족하는 전략 (α, β^*)을 선택할 수 있다.

$$\beta^* = \underset{\beta}{\arg\max}\, \hat{\ell}(\theta^*, \mu^*, \sigma^* | x_0^{\alpha,\beta}, x_1^{\alpha,\beta}, \ldots, x_n^{\alpha,\beta})$$

$S^{(1)}$에 A달러를 투자해 $\alpha = A/S_0^{(1)}$주를 가진다고 가정하자. 동시에 $S^{(2)}$의 $\beta = B/S_0^{(2)}$주를 $B/A = 0.001, 0.002, \ldots, 1$가 되도록 숏한다. 이런 식으로 최초 포트폴리오 가치는 차이 $A - B$의 부호에 의존하며, 이는 음이 아니다. 일반성을 잃지 않고, $A = 1$로 설정할 수 있다.

그림 2.1에서 두 쌍의 ETF, 즉 SPDR Gold Trust[GLD]에 대한 Market Vectors Gold Miners[GDX]와 iShares Silver Trust[SLV]를 기반으로 하는 예를 각각 보여준다. 이들 3개 유동성 펀드는 각각 나오는 순서대로 금괴[Gold Bullion], NYSE 아르카 금광업자 지수[NYSE Arca Gold Miners Index], 은[Silver]의 가격 움직임을 추적하는 것을 목표로 한다. 이들 ETF 쌍은 ETF 페어 트레이딩에 대한 통계 및 경험적 연구를 위해 Dunis et al.(2013)과 Triantafyllopoulos와 Montana(2011)에서도 사용된다.

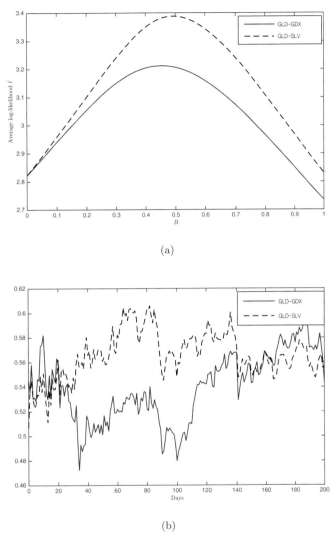

(a)

(b)

그림 2.1 (a) 현금 금액 B에 대해 그려진 평균 로그 우도 (b) 최대 평균 로그 우도를 가진 역사적 가격 경로. 실선은 $1의 GLD를 롱하고 $0.454의 GDX를 숏한 포트폴리오 가격을 그리고, 점선은 $1의 GLD를 롱하고 $0.493 SLV를 숏한 포트폴리오 가격을 그린다.

2011년 8월부터 2012년 5월까지의 가격 데이터($n = 200$, $\Delta t = 1/252$)를 사용해 그림 2.1(a)에서 현금 금액 B에 대한 평균 로그 우도를 계산하고 그림으로 표시했으며, $\hat{\ell}$이 GLD-GDX 쌍$^{\text{GLD-SLV}}$의 경우 $B^* = 0.454(0.493)$에서 최대화됐다. 이 MLE 최적 B^*로부

터 전략 (α, β^*)를 얻는데, $\alpha = A/S_0^{(1)}$이고, $\beta^* = B^*/S_0^{(2)}$이다. 이 예에서, GLD-SLV 쌍의 평균 로그 우도는 GLD-GDX의 로그 우도를 능가하는데, 이는 OU 모델에 더 잘 적합함으로 시사한다. 그림 2.1(b)는 전략 (α, β^*)의 역사적 가격 경로를 나타낸다.

표 2.1에 추정 결과를 요약한다. 각 쌍에 대해, 우리는 먼저 경험적 가격 데이터에서 OU 모델의 파라미터를 추정한다. 그런 다음 추정된 파라미터를 사용해 해당 OU 프로세스에 따라 가격 경로를 시뮬레이션한다. 이러한 시뮬레이션된 OU 경로를 기반으로, 또 다른 MLE를 수행하고 최대 평균 로그 우도 ℓ뿐만 아니라 다른 OU 파라미터 집합도 얻는다. 두 가지 예에서 포트폴리오는 GDX의 $-\$0.454$ 또는 SLV의 $-\$0.493$과 함께 GLD의 $\$1$로 구성된다. 각 쌍에 대해 두 번째 행(시뮬레이션)은 첫 번째 행(경험적)에서 추정된 파라미터에 해당하는 시뮬레이션된 가격 경로를 기반으로 하는 MLE 파라미터 추정치를 보여준다. 여기서 알 수 있듯이, 두 집합의 추정 출력("경험적"과 "시뮬레이션"이라고 명명된 행)은 매우 가까우며, 경험적 가격 과정이 OU 모델에 잘 적합함을 시사한다.

표 2.1 2011년 8월부터 2012년 5월까지 GLD-GDX 및 GLD-SLV 포트폴리오의 과거 값을 사용한 OU 모델 파라미터의 MLE 추정치

	가격	$\hat{\theta}$	$\hat{\mu}$	$\hat{\sigma}$	ℓ
GLD-GDX	경험적	0.5388	16.6677	0.1599	3.2117
	시뮬레이션	0.5425	14.3893	0.1727	3.1304
GLD-SLV	경험적	0.5680	33.4593	0.1384	3.3882
	시뮬레이션	0.5629	28.8548	0.1370	3.3898

2.2 최적 거래 타이밍

시장에서 거래를 고려할 때 모든 투자자는 거래할 수 있는 타이밍 옵션을 갖고 있다. 투자자는 즉시 시장에 진입하거나 잠재적으로 더 나은 기회를 기다릴 수 있다. 이는 자산 가격 또는 포트폴리오 가치가 OU 프로세스에 따라 진화하는 것을 전제로 할 때, 거래 비용 제약하에 포지션을 열고 닫는 최적의 타이밍을 연구하도록 이끈다.

첫째, 투자자가 (2.1)을 따르는 가치 프로세스 $(X_t)_{t \geq 0}$ 기존 포지션을 이미 보유하고 있다고 가정한다. 만약 어떤 시점 τ에 포지션을 닫으면, 투자자는 가치 X_τ을 받고 일정한 거래 비용 $c_s \in \mathbb{R}$을 지불하게 된다. 기대 할인 가치를 최대화하기 위해 투자자는 다음의 최적 정지 문제를 푼다.

$$V(x) = \sup_{\tau \in \mathcal{T}} \mathbb{E}_x \left\{ e^{-r\tau}(X_\tau - c_s) \right\} \tag{2.3}$$

여기서 $\mathcal{T}$는 모든 $\mathbb{F}$-정지 시간의 집합을 나타내며, $r > 0$는 투자자의 주관적 상수 할인율이다. 우리는 또한 다음과 같은 속기 표기법을 사용했다.

$$\mathbb{E}_x \{\cdot\} \equiv \mathbb{E}\{\cdot | X_0 = x\}$$

투자자의 관점에서 $V(x)$는 X와 관련된 기대 청산 가치를 나타낸다. 한편 현재 가격에 거래 비용을 더한 금액이 거래 진입을 하기 위한 총 비용을 구성한다. 투자자는 항상 거래를 시작할 최적 타이밍을 선택할 수 있고, 아예 진입하지 않는 것을 선택할 수도 있다. 이것은 우리가 거래 문제에 내재된 진입 타이밍을 분석하도록 이끈다. 정확하게는 다음을 풀 것이다.

$$J(x) = \sup_{\nu \in \mathcal{T}} \mathbb{E}_x \left\{ e^{-\hat{r}\nu}(V(X_\nu) - X_\nu - c_b) \right\} \tag{2.4}$$

여기서 $\hat{r} > 0$, $c_b \in \mathbb{R}$이다. 즉, 투자자는 가치 함수 $V(X_\nu)$와 현재 가격 X_ν의 차이에서 거래 비용 c_b을 차감한 것을 최대화하고자 한다. 가치 함수 $J(x)$는 가격 과정 X에서 투자 기회의 최대 기대 가치를 나타내며, 거래 비용은 진입과 청산 시 각각 c_b와 c_s가 발생한다. 수학적으로, 최적 이중 정지 문제optimal double stopping problem가 가치 함수에 내재해 있다.

분석에 따르면 사전 진입과 사후 진입 할인율인 $\hat{r}$과 r은 $0 < \hat{r} < r$인 한 서로 다를 수 있다. 게다가 거래 비용 c_b와 c_s도 $c_s + c_b > 0$인 한 서로 다를 수 있다. 또한 $\nu = +\infty$와 $\tau = +\infty$는 각각 (2.3)과 (2.4)의 후보 정지 시간이기 때문에, 두 가치 함수 $V(x)$와 $J(x)$는 음이 아니다.

더 확장해서 최대 손실을 제한하는 페어 트레이딩의 손절 수준을 통합할 수 있다. 실무적으로, 손절 수준은 트레이딩 데스크의 관리자에 의해 외생적으로 부과될 수 있다. 사실상 투자자의 자발적인 청산 시간 전에 가격 X가 L 수준에 도달한다면, 그 포지션은 즉시 청산될 것이다. 정지 손실 신호는 다음같이 첫 번째 통과 시간first passage time에 의해 주어진다.

$$\tau_L := \inf\{t \geq 0 \,:\, X_t \leq L\}$$

따라서 제약하의 최적 정지 문제로부터 진입과 청산 타이밍을 결정할 수 있다.

$$J_L(x) = \sup_{\nu \in \mathcal{T}} \mathbb{E}_x \left\{ e^{-\hat{r}\nu} (V_L(X_\nu) - X_\nu - c_b) \right\} \tag{2.5}$$

$$V_L(x) = \sup_{\tau \in \mathcal{T}} \mathbb{E}_x \left\{ e^{-r(\tau \wedge \tau_L)} (X_{\tau \wedge \tau_L} - c_s) \right\} \tag{2.6}$$

추가적인 타이밍 제약으로 인해 투자자는 주어진 청산 수준에 대해 손절 수준에서 조기 청산될 수 있다. 따라서 손절 제약은 가치 함수를 감소시키고, 이로부터 정확히 $x - c_s \leq V_L(x) \leq V(x)$ 및 $0 \leq J_L(x) \leq J(x)$를 추론할 수 있다. 2.4절과 2.5절에서 보겠지만, 제약이 있는 경우와 없는 경우의 최적 타이밍 전략은 매우 다르다.

예제 2.1 자산 가격에 대해 잘 알려진 모델 중 하나는 기하학적 브라운 운동geometric Brownian motion 모델이다.

$$dX_t = \mu X_t \, dt + \sigma X_t \, dB_t \tag{2.7}$$

그러나 (2.7)에 주어진 X와 함께 V와 J((2.3)과 (2.4) 참조)에 대한 최적의 타이밍 전략은 자명한 것이다. 실제로 $\mu > r$이라면 상수 행사 시간을 고려하면, 다음 부등식을 얻는다.

$$V(x) \geq \sup_{t \geq 0} \left(\mathbb{E}_x \{ e^{-rt} X_t \} - e^{-rt} c \right) \geq \sup_{t \geq 0} x e^{(\mu-r)t} - c = +\infty \tag{2.8}$$

따라서 $\tau = +\infty$를 취하는 것이 최적이며 가치 함수는 무한이다.

만약 $\mu = r$이면, 가치 함수는 다음으로 주어진다.

$$V(x) = \sup_{t \geq 0} \sup_{\tau \in \mathcal{T}} \mathbb{E}_x \{ e^{-r(\tau \wedge t)} (X_{\tau \wedge t} - c) \} = x - c \inf_{t \geq 0} \inf_{\tau \in \mathcal{T}} \mathbb{E}_x \{ e^{-r(\tau \wedge t)} \} = x$$

여기서 두 번째 등식은 $(e^{-rt} X_t)_{t \geq 0}$이 마팅게일^{martingale}이라는 사실과 함께 선택적 샘플링 정리$^{\text{optional sampling theorem}}$2로부터 도출된다. 다시 말하지만 최적 가치는 $\tau = +\infty$를 선택함으로써 달성되지만, (2.8)과 대조적으로 $V(x)$는 (2.1)에서 유한이다.

반면 만약 $\mu < r$이면, 다음을 얻는다.

$$V(x) = \begin{cases} \text{만약 } x < b^* \text{이면,} \left(\frac{c}{\eta-1} \right)^{1-\eta} \left(\frac{x}{\eta} \right) \text{이다.} \\ \text{만약 } x \geq b^* \text{이면, } x - c \text{이다.} \end{cases}$$

여기서

$$\eta = \frac{\sqrt{2r\sigma^2 + (\mu - \frac{1}{2}\sigma^2)^2} - (\mu - \frac{1}{2}\sigma^2)}{\sigma^2} \quad \text{와} \quad b^* = \frac{c\eta}{\eta-1} > c$$

따라서 X가 아래로부터 b^*수준에 도달하는 즉시 청산하는 것이 가장 좋다. 앞으로 우리는 평균 회귀 동학하에서 최적 정지 문제를 연구한다. 그러나 $\sup_{x \in \mathbb{R}+}(V(x) - x - c_b) \leq 0$이므로 진입하지 않는 것이 최적이며, 따라서 $J(x) = 0$이다. 이제부터는 평균 회귀 동학하에서 최적 정지 문제를 연구한다.

2.3 방법론

이 절에서는 해를 푸는 방법을 설명한다. 우선 OU 프로세스 X의 무한소 생성자^{infinitesimal} ^{generator}를 다음으로 표기한다.

---

2 선택적 샘플링 정리(Optional Sampling Theorem)는 확률 과정 X가 정지 시간 T에서의 값의 기댓값이 다른 정지 시간 S에서의 값의 기댓값과 같음을 의미한다. 보다 구체적으로 말하면 $X(t)$가 확률 과정 또는 확률 과정의 간단한 함수이며, T는 임의의 정지 시간(random stopping time)으로, T가 무한대에 도달할 확률이 1이 아니고, 모든 t에 대해 $T \leq t$이면서 $X(t)$가 유계(bounded)라면 그리고 S가 임의의 정지 시간으로, $S \leq T$이면서 $X(S)$는 측정 가능하고 예상 가능(expectable)하다면, $\mathbb{E}[X(T)] = \mathbb{E}[X(S)]$을 얻을 수 있다는 것을 의미한다. 이는 시간에 따른 확률 과정의 기댓값에 대한 중요한 성질을 제공하며, 이를 통해 확률론적인 시스템을 다양한 상황에서 분석하고 예측하는 데 도움을 줄 수 있다. – 옮긴이

$$\mathcal{L} = \frac{\sigma^2}{2}\frac{d^2}{dx^2} + \mu(\theta - x)\frac{d}{dx} \tag{2.9}$$

그리고 미분방정식

$$\mathcal{L}u(x) = ru(x) \tag{2.10}$$

의 고전적 해는 $x \in \mathbb{R}$에 대해서 다음과 같다는 것을 상기하자(Borodin과 Salminen(2002)과 Alili et al.(2005)의 명제 2.1을 참조하라).

$$F(x) \equiv F(x;r) := \int_0^\infty u^{\frac{r}{\mu}-1} e^{\sqrt{\frac{2\mu}{\sigma^2}}(x-\theta)u - \frac{u^2}{2}}\, du \tag{2.11}$$

$$G(x) \equiv G(x;r) := \int_0^\infty u^{\frac{r}{\mu}-1} e^{\sqrt{\frac{2\mu}{\sigma^2}}(\theta-x)u - \frac{u^2}{2}}\, du \tag{2.12}$$

직접 미분하면 $F'(x) > 0$, $F''(x) > 0$, $G'(x) < 0$와 $G''(x) > 0$가 산출된다. 따라서 $F(x)$와 $G(x)$가 모두 양이고 볼록하며, 이들이 각각 순증가하고 감소하는 것을 관측할 수 있다.

X의 첫 번째 통과 시간을 $\tau_\kappa = \inf\{t > 0 : X_t = \kappa\}$를 만족하는 어떤 κ으로 정의한다. 잘 알려진 바와 같이, F와 G는 확률론적 표현을 허용한다(Itō와 McKean(1965) 및 Rogers와 Williams(2000) 참조).

$$\mathbb{E}_x\{e^{-r\tau_\kappa}\} = \begin{cases} \text{만약 } x \leq \kappa\text{이면, } \frac{F(x)}{F(\kappa)}\text{이다.} \\ \text{만약 } x \geq \kappa\text{이면, } \frac{G(x)}{G(\kappa)}\text{이다.} \end{cases}$$

우리 해법의 주요 단계는 다음 변환을 포함한다.

$$\psi(x) := \frac{F}{G}(x) \tag{2.13}$$

어떠한 $x \in \mathbb{R}$에서 시작하면, $-\infty \leq a \leq x \leq b \leq +\infty$인 구간 $[a, b]$에서의 청산 시간exit time을 $\tau_a \wedge \tau_b$로 표기한다. 보상 함수reward function $h(x) = x - c_s$을 사용해 상응하는 기대 할인 보상을 계산한다.

$$\mathbb{E}_x\{e^{-r(\tau_a \wedge \tau_b)}h(X_{\tau_a \wedge \tau_b})\}$$
$$= h(a)\mathbb{E}_x\{e^{-r\tau_a}\mathbf{1}_{\{\tau_a < \tau_b\}}\} + h(b)\mathbb{E}_x\{e^{-r\tau_b}\mathbf{1}_{\{\tau_a > \tau_b\}}\} \tag{2.14}$$

$$= h(a)\frac{F(x)G(b) - F(b)G(x)}{F(a)G(b) - F(b)G(a)} + h(b)\frac{F(a)G(x) - F(x)G(a)}{F(a)G(b) - F(b)G(a)} \tag{2.15}$$

$$= G(x)\left[\frac{h(a)}{G(a)}\frac{\psi(b) - \psi(x)}{\psi(b) - \psi(a)} + \frac{h(b)}{G(b)}\frac{\psi(x) - \psi(a)}{\psi(b) - \psi(a)}\right]$$

$$= G(\psi^{-1}(z))\left[H(z_a)\frac{z_b - z}{z_b - z_a} + H(z_b)\frac{z - z_a}{z_b - z_a}\right] \tag{2.16}$$

여기서 $z_a = \psi(a)$, zb $= \psi(b)$이며,

$$H(z) := \begin{cases} \text{만약 } z > 0\text{이면, } \frac{h}{G} \circ \psi^{-1}(z)\text{이다.} \\ \text{만약 } z = 0\text{이면, } \lim_{x \to -\infty} \frac{(h(x))^+}{G(x)}\text{이다.} \end{cases} \tag{2.17}$$

이다.

두 번째 등식 (2.15)는 $f(x) := \mathbb{E}_x\{e^{-r(\tau_a \wedge \tau_b)}\mathbf{1}_{\{\tau_a > \tau_b\}}\}$이 $f(a) = 1$과 $f(b) = 0$의 경계 조건을 가진 (2.10)에 대한 유일해라는 사실로부터 도출된다. 유사한 논리가 $g(a) = 0$와 $g(b) = 1$의 경계 조건을 가진 $g(x) := \mathbb{E}_x\{e^{-r(\tau_a \wedge \tau_b)}\mathbf{1}_{\{\tau_a > \tau_b\}}\}$에 대해서도 적용된다. 마지막 등식 (2.16)은 x 좌표로부터 $z = \psi(x)$ 좌표로 문제를 변환한다((2.13)을 참조하라).

후보 최적 청산 구간 $[a^*, b^*]$은 (2.14)의 기대를 최대화함으로써 결정된다. 이는 z_a와 z_b에 대해 (2.16)을 최대화하는 것과 동일하다. 이는 다음을 산출한다.

$$W(z) := \sup_{\{z_a, z_b : z_a \leq z \leq z_b\}} \left[H(z_a)\frac{z_b - z}{z_b - z_a} + H(z_b)\frac{z - z_a}{z_b - z_a}\right] \tag{2.18}$$

이는 H의 최소 오목 상계 함수majorant이다. W의 정의를 (2.16)에 적용하면 최대 기대 할인 보상을 다음과 같이 표현할 수 있다.

$$G(x)W(\psi(x)) = \sup_{\{a, b : a \leq x \leq b\}} \mathbb{E}_x\{e^{-r(\tau_a \wedge \tau_b)}h(X_{\tau_a \wedge \tau_b})\}$$

비고 2.2 만약 $a = -\infty$이면, $\tau_a = +\infty$이며 $\mathbf{1}_{\{\tau_a > \tau_b\}} = 1$ a.s.이다. 사실상 이것은 더 낮은 청산 수준을 제거하며, 상응하는 기대 할인 보상은 다음과 같다.

$$
\begin{aligned}
&\mathbb{E}_x\{e^{-r(\tau_a \wedge \tau_b)} h(X_{\tau_a \wedge \tau_b})\} \\
&= \mathbb{E}_x\{e^{-r\tau_a} h(X_{\tau_a})\mathbf{1}_{\{\tau_a < \tau_b\}}\} + \mathbb{E}_x\{e^{-r\tau_b} h(X_{\tau_b})\mathbf{1}_{\{\tau_a > \tau_b\}}\} \\
&= \mathbb{E}_x\{e^{-r\tau_b} h(X_{\tau_b})\}
\end{aligned}
$$

따라서 구간 유형의 전략을 고려함으로써 단일 상위 수준 b에 도달하는 정지 전략의 클래스도 포함된다(정리 2.6 참조).

다음에서, 제안된 정지 전략의 최적성을 증명하고 가치 함수에 대한 표현을 제공한다.

정리 2.3 (2.3)의 가치 함수 $V(\mathrm{x})$는 다음으로 주어진다.

$$
V(x) = G(x)W(\psi(x)) \tag{2.19}
$$

여기서 G, ψ와 W는 각각 (2.12), (2.13)과 (2.18)에 정의된다.

증명 $\tau_a \wedge \tau_b \in \mathcal{T}$이므로 다음이 성립한다.

$$
V(x) \geq \sup_{\{a,b : a \leq x \leq b\}} \mathbb{E}_x\{e^{-r(\tau_a \wedge \tau_b)} h(X_{\tau_a \wedge \tau_b})\} = G(x)W(\psi(x))
$$

역방향의 부등식을 증명하기 위해, 우선 다음을 증명한다.

$$
G(x)W(\psi(x)) \geq \mathbb{E}_x\{e^{-r(t \wedge \tau)} G(X_{t \wedge \tau}) W(\psi(X_{t \wedge \tau}))\}
$$

여기서 $\tau \in \mathcal{T}$이고, $t \geq 0$이다. W의 볼록성으로 인해 어떠한 고정 z에 대해서도 $L_z(\alpha) \geq W(\alpha)$이며, $\alpha = \mathrm{z}$에서 $L_z(z) \geq W(z)$을 만족하는 어파인 함수$^{\text{affine function}}$ $L_z(\alpha) := m_z \alpha + c_z$가 존재한다. 여기서 m_z와 c_z는 모두 z에 의존하는 상수다. 이는 다음 부등식을 산출한다.

$$\mathbb{E}_x\{e^{-r(t\wedge\tau)}G(X_{t\wedge\tau})W(\psi(X_{t\wedge\tau}))\}$$
$$\leq \mathbb{E}_x\{e^{-r(t\wedge\tau)}G(X_{t\wedge\tau})L_{\psi(x)}(\psi(X_{t\wedge\tau}))\}$$
$$= m_{\psi(x)}\mathbb{E}_x\{e^{-r(t\wedge\tau)}G(X_{t\wedge\tau})\psi(X_{t\wedge\tau})\} + c_{\psi(x)}\mathbb{E}_x\{e^{-r(t\wedge\tau)}G(X_{t\wedge\tau})\}$$
$$= m_{\psi(x)}\mathbb{E}_x\{e^{-r(t\wedge\tau)}F(X_{t\wedge\tau})\} + c_{\psi(x)}\mathbb{E}_x\{e^{-r(t\wedge\tau)}G(X_{t\wedge\tau})\}$$
$$= m_{\psi(x)}F(x) + c_{\psi(x)}G(x) \tag{2.20}$$
$$= G(x)L_{\psi(x)}(\psi(x))$$
$$= G(x)W(\psi(x)) \tag{2.21}$$

여기서 (2.20)은 $(e^{-rt}F(X_t))_{t\geq0}$와 $(e^{-rt}G(X_t))_{t\geq0}$의 마팅게일 특성으로 도출된다.

(2.21)과 W가 H의 상계 함수라는 사실에 의해 다음이 성립한다.

$$G(x)W(\psi(x)) \geq \mathbb{E}_x\{e^{-r(t\wedge\tau)}G(X_{t\wedge\tau})W(\psi(X_{t\wedge\tau}))\}$$
$$\geq \mathbb{E}_x\{e^{-r(t\wedge\tau)}G(X_{t\wedge\tau})H(\psi(X_{t\wedge\tau}))\}$$
$$= \mathbb{E}_x\{e^{-r(t\wedge\tau)}h(X_{t\wedge\tau})\} \tag{2.22}$$

(2.22)를 모든 $\tau \in \mathcal{T}$와 $t \geq 0$에 대해서 최대화하면, $G(x)W(\psi(x)) \geq V(x)$을 얻는다. $\square$

최적 수준 (a^*, b^*)은 초깃값 x에 따라 달라질 수 있으며 잠재적으로 같을 수 있고, $-\infty$와 $+\infty$ 값을 취할 수 있다는 것을 강조한다. 이와 같이, 정지 및 지연 영역의 구조는 잠재적으로 다중 구간에 의해 특징지어질 수 있으며, 이는 분리된disconnected 지연 영역을 산출한다(정리 2.17 참조). (2.4)에서 가치 함수 J에 대한 식을 도출하기 위해 정리 2.3의 절차를 따른다. 우선 할인율 $\hat{r}$ 사용해 $\hat{F}(x) = F(x; \hat{r})$와 $\hat{G}(x) = F(x; \hat{r})$를 표기한다. 추가로 다음 변환을 정의한다.

$$\hat{\psi}(x) := \frac{\hat{F}}{\hat{G}}(x) \text{ 와 } \quad \hat{h}(x) = V(x) - x - c_b \tag{2.23}$$

이들 함수를 이용해 H와 유사한 함수를 고려한다.

$$\hat{H}(z) := \begin{cases} \text{만약 } z > 0 \text{이면, } \frac{\hat{h}}{\hat{G}} \circ \hat{\psi}^{-1}(z) \text{이다.} \\ \text{만약 } z = 0 \text{이면, } \lim_{x \to -\infty} \frac{(\hat{h}(x))^+}{\hat{G}(x)} \text{이다.} \end{cases} \qquad (2.24)$$

F, G, ψ, H를 $\hat{F}$, $\hat{G}$, $\hat{\psi}$, $\hat{H}$로 각각 대체하고 (2.14)부터 (2.18)까지의 단계를 따른 후, $\hat{H}$의 최소 볼록 상계 함수 $\hat{W}$를 표현할 수 있다. 즉,

$$\hat{W}(z) := \sup_{\{z_{\hat{a}}, z_{\hat{b}} : z_{\hat{a}} \leq z \leq z_{\hat{b}}\}} \left[\hat{H}(z_{\hat{a}}) \frac{z_{\hat{b}} - z}{z_{\hat{b}} - z_{\hat{a}}} + \hat{H}(z_{\hat{b}}) \frac{z - z_{\hat{a}}}{z_{\hat{b}} - z_{\hat{a}}} \right]$$

이로부터 $z = \hat{\psi}(x)$ 좌표의 후보 최적 진입 구간 $(z_{\hat{a}*}, z_{\hat{b}*})$를 결정하고자 한다. 새로운 함수 $\hat{F}$, $\hat{G}$, $\hat{\psi}$, $\hat{H}$와 $\hat{W}$를 사용한 정리 2.3의 증명으로부터, 최적 진입 타이밍 문제의 가치 함수는 다음 표현을 허용한다.

$$J(x) = \hat{G}(x)\hat{W}(\hat{\psi}(x)) \qquad (2.25)$$

$V(x)$와 $J(x)$를 푸는 또 다른 방법은 다음 변분부등식^{variational inequalities} 쌍의 $x \in \mathbb{R}$에 대한 해를 찾는 것이다.

$$\min\{rV(x) - \mathcal{L}V(x), V(x) - (x - c_s)\} = 0 \qquad (2.26)$$
$$\min\{\hat{r}J(x) - \mathcal{L}J(x), J(x) - (V(x) - x - c_b)\} = 0 \qquad (2.27)$$

충분한 정규 조건을 갖추면 이 접근법은 VI들, $V(x)$ 및 $J(x)$에 대한 해가 실제로 최적 정지 문제에 부합하는지 검증할 수 있다(예: Øksendal(2003)의 정리 10.4.1 참조). 그럼에도 불구하고 이 접근법은 후보 최적 타이밍 전략이나 가치 함수를 즉시 제시하지 않으며, 일반적으로 최적 정지 시간의 구조에 대한 추측으로 시작하고 이후에 검증을 해야 한다. 이와 대조적으로 우리의 접근법은 H, W, $\hat{H}$와 $\hat{W}$의 특성을 분석하는 비용은 지불하지만, 가치 함수를 직접 구축할 수 있게 한다.

2.4 해석적 결과

우선 2.4.1절에서 최적의 청산 타이밍을 연구한 후 2.4.2절에서 최적의 진입 타이밍 문제를 연구한다.

2.4.1 최적 청산 타이밍

이제 OU 모델에서 최적의 청산 타이밍 문제 (2.3)을 분석한다. 첫째, F의 항으로 가치 함수 V에 대한 경계를 구한다.

보조정리 2.4 모든 $x \in \mathbb{R}$에 대해 $0 \le V(x) \le KF(x)$인 양의 상수 K가 존재한다.

다음 결과를 준비하기 위해 H의 중요한 특성을 요약한다.

보조정리 2.5 함수 H는 $[0, +\infty)$에서 연속이고, $[0, +\infty)$에서 두 번 미분 가능하고, 다음 특성을 갖는다.

(i) $H(0) = 0$이고,

$$H(z) \begin{cases} \text{만약 } z \in (0, \psi(c_s))\text{이면, } < 0\text{이다.} \\ \text{만약 } z \in (\psi(c_s), +\infty)\text{이면, } > 0\text{이다.} \end{cases}$$

이다.

(ii) x^*가 $G(x) - (x - c_s)G'(x) = 0$의 유일한 해라고 하자. 그러면 다음을 얻는다.

$$H(z) \text{ 엄격하게} \begin{cases} \text{만약 } z \in (0, \psi(x^*))\text{이면 감소한다.} \\ \text{만약 } z \in (\psi(x^*), +\infty)\text{이면 증가한다.} \end{cases}$$

그리고 $x^* < c_s \wedge L^*$이며, 여기서

$$L^* = \frac{\mu\theta + rc_s}{\mu + r}$$

이다.

(iii)

$$H(z) \text{은} \begin{cases} \text{만약 } z \in (0, \psi(L^*)] \text{이면 볼록이다.} \\ \text{만약 } z \in [\psi(L^*), +\infty) \text{이면 오목이다.} \end{cases}$$

보조정리 2.5를 기반으로 그림 2.2의 H를 그린다. H의 특성은 가치 함수와 최적 청산 수준을 도출하는 데 필수적이며, 이를 다음에 보일 것이다.

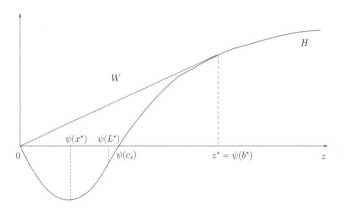

그림 2.2 H와 W의 그림. 보조정리 2.5에 의해 H는 $\psi(L^*)$의 왼쪽에서 볼록하고, 오른쪽에서 오목하다. 최소 오목 상계 함수 W는 $[0, z^*]$ 구간의 z^*에서 H에 접하는 직선이며, $[z^*, +\infty)$에서 H와 일치한다.

정리 2.6 최적 청산 문제 (2.3)은 다음 해를 허용한다.

$$V(x) = \begin{cases} \text{만약 } x \in (-\infty, b^*) \text{이면, } (b^* - c_s)\frac{F(x)}{F(b^*)} \text{이다.} \\ \text{그렇지 않으면 } x - c_s \text{이다.} \end{cases} \tag{2.29}$$

여기서 최적 청산 수준 b^*는 다음 식으로부터 발견된다.

$$F(b) = (b - c_s)F'(b) \tag{2.30}$$

그리고 $L^* \vee c_s$에 의해 아래로부터 유계다. 상응하는 최적 청산 시간은 다음과 같다.

$$\tau^* = \inf\{t \geq 0 \,:\, X_t \geq b^*\} \tag{2.31}$$

증명 보조정리 2.5와 $z \to +\infty$임에 따라 $H'(z) \to 0$라는 사실로부터 다음이 성립하는 유일한 수치 $z^* > \psi(L^*) \vee \psi(c_s)$가 존재한다는 것을 추론한다.

$$\frac{H(z^*)}{z^*} = H'(z^*) \tag{2.32}$$

그러면 최소 오목 상계 함수는 다음과 같다.

$$W(z) = \begin{cases} \text{만약 } z < z^* \text{이면, } z\frac{H(z^*)}{z^*} \text{이다.} \\ \text{만약 } z \geq z^* \text{이면, } H(z) \text{이다.} \end{cases} \tag{2.33}$$

$b^* = \psi^{-1}(z^*)$를 (2.32)에 대입하면 LHS

$$\frac{H(z^*)}{z^*} = \frac{H(\psi(b^*))}{\psi(b^*)} = \frac{b^* - c_s}{F(b^*)} \tag{2.34}$$

와 RHS

$$H'(z^*) = \frac{G(\psi^{-1}(z^*)) - (\psi^{-1}(z^*) - c_s)G'(\psi^{-1}(z^*))}{F'(\psi^{-1}(z^*))G(\psi^{-1}(z^*)) - F(\psi^{-1}(z^*))G'(\psi^{-1}(z^*))}$$
$$= \frac{G(b^*) - (b^* - c_s)G'(b^*)}{F'(b^*)G(b^*) - F(b^*)G'(b^*)}$$

를 얻는다. 동일하게 조건 (2.32)를 b^*로 표현할 수 있다.

$$\frac{b^* - c_s}{F(b^*)} = \frac{G(b^*) - (b^* - c_s)G'(b^*)}{F'(b^*)G(b^*) - F(b^*)G'(b^*)}$$

이는 다음과 같이 더 단순화할 수 있다.

$$F(b^*) = (b^* - c_s)F'(b^*)$$

(2.34)를 (2.33)에 적용하면, 다음을 얻는다.

$$W(\psi(x)) = \begin{cases} \text{만약 } x < b^* \text{이면, } \psi(x)\dfrac{H(z^*)}{z^*} = \dfrac{F(x)}{G(x)}\dfrac{b^*-c_s}{F(b^*)} \text{이다.} \\ \text{만약 } x \geq b^* \text{이면, } H(\psi(x)) = \dfrac{x-c_s}{G(x)} \text{이다.} \end{cases} \quad (2.35)$$

그러면 (2.35)를 (2.19)에 대입함으로써 가치 함수 $V(x)$를 얻을 수 있다. □

다음으로, 우리는 거래 비용 c_s에 대한 투자자의 최적 타이밍 전략의 의존성을 조사한다.

명제 2.7 (2.3)의 가치 함수 $V(x)$는 모든 $x \in \mathbb{R}$에 대해서 거래 비용 c_s에 감소하며, 최적 청산 수준 b^*는 c_s에 증가한다.

증명 어떠한 $x \in \mathbb{R}$과 $\tau \in \mathcal{T}$에 대해서도, 상응하는 할인 보상 $\mathbb{E}_x\{e^{-r\tau}(X_\tau - c_s)\} = \mathbb{E}_x\{e^{-r\tau}X_\tau\} - c_s\mathbb{E}_x\{e^{-r\tau}\}$는 c_s에 감소한다. 이는 $V(x)$가 또한 c_s에 감소한다는 것을 의미한다. 다음 최적 임곗값 $b^*(c_s)$를 c_s의 함수로 취급하고, c_s에 대해 (2.30)을 미분하면 다음을 얻는다.

$$b^{*\prime}(c_s) = \frac{F'(b^*)}{(b^* - c_s)F''(b^*)} > 0$$

$F'(x) > 0$, $F''(x) > 0$((2.11) 참조)이고, 정리 2.6에 따라 $b^* > c_s$이므로, b^*가 c_s에 증가한다고 결론 낼 수 있다. □

다른 말로 하면, 투자자는 거래 비용의 손실을 보상하기 위해 더 높은 수준에서 청산하는 경향이 있을 것이다.

μ와 σ와 같은 다른 파라미터에 대해서 b^*의 의존성은 수치적으로 예시된다. 그림 2.3(a)에서 최적의 청산 수준 b^*는 상이한 장기 평균 θ를 사용해 평균 회귀 속도에 대해 그려진다. 첫째, 우리는 장기 평균에 따라 최적 청산 수준이 증가한다는 것을 관찰한다. 또한 b^*가 평균 회귀 속도에 따라 감소하고 있다는 것을 주목한다. 이것은 가격이 평균으로 더 빨리 돌아온다면, 투자자는 더 낮은 수준에서 청산해야 한다는 것을 의미한다.

그림 2.3(b)에서는 상이한 장기 평균을 사용해 변동성 파라미터 σ에 대한 최적의 청산 수준 b^*가 그려진다. 장기 평균에 따라 최적 청산 수준이 증가함을 확인한다. 또한 변동성이 증가함에 따라 최적 청산 수준이 증가한다는 것을 관찰한다. 프로세스의 변동성이 클수록 평균에서 더 멀리 떨어진 수준에 도달할 가능성이 높기 때문에 더 높은 수준에서 청산함으로써 이익을 얻을 수 있는 기회를 제공한다.

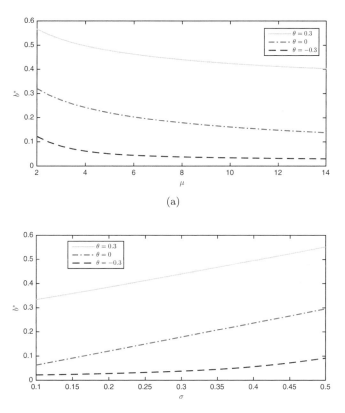

그림 2.3 (a) 평균 회귀 속도 μ 대비 최적 청산 수준 b^*. 파라미터: $\sigma = 0.3$, $r = 0.05$, $c_s = 0.02$ (b) 변동성 σ 대비 최적 청산 수준 b^*. 파라미터: $\mu = 8$, $r = 0.05$, $c_s = 0.02$

2.4.2 최적 진입 타이밍

최적 청산 타이밍에 대해 푼 후, 이제 최적 진입 타이밍 문제로 전환한다. 이 경우 가치 함수는 다음과 같다.

$$J(x) = \sup_{\nu \in \mathcal{T}} \mathbb{E}_x \{ e^{-\hat{r}\nu}(V(X_\nu) - X_\nu - c_b) \}, \quad x \in \mathbb{R}$$

여기서 $V(x)$는 정리 2.6에 의해 주어진다.

보조정리 2.8 모든 $x \in \mathbb{R}$에 대해 $0 \leq J(x) \leq \hat{K}\hat{G}(x)$인 양의 상수 $\hat{K}$가 존재한다.

최적 진입 임곗값을 풀기 위해서는 $\hat{H}$의 몇 가지 특성이 필요하며, 아래에서 요약한다.

보조정리 2.9 함수 $\hat{H}$는 $[0, +\infty)$에서 연속이고, $[0, +\infty)$에서 미분 가능하며, $(0, \hat{\psi}(b^*)) \cup (\hat{\psi}(b^*), +\infty)$에서 두 번 미분 가능하고 다음 특성들을 갖는다.

(i) $\hat{H}(0) = 0$. $\bar{d}$를 $\hat{h}(x) = 0$에 대한 유일해로 표기하면 $\bar{d} < b^*$이며 다음이 성립한다.

$$\hat{H}(z) \begin{cases} \text{만약 } z \in (0, \hat{\psi}(\bar{d})) \text{이면, } > 0 \text{이다.} \\ \text{만약 } z \in (\hat{\psi}(\bar{d}), +\infty) \text{이면, } < 0 \text{이다.} \end{cases}$$

(ii) $\hat{H}(z)$는 $z \in (\hat{\psi}(b^*), +\infty)$에 순감소한다.

(iii) $\underline{b}$를 $(\mathcal{L} - \hat{r})\,\hat{h}(x) = 0$에 대한 유일해로 표기하자. 그러면 $\underline{b} < L^*$이고 다음이 성립한다.

$$\hat{H}(z) \text{는} \begin{cases} \text{만약 } z \in (0, \hat{\psi}(\underline{b})) \text{이면 오목하다.} \\ \text{만약 } z \in (\hat{\psi}(\underline{b}), +\infty) \text{이면 볼록하다.} \end{cases}$$

그림 2.4에서 보조정리 2.9에 따른 $\hat{H}$의 스케치를 제공한다. 이는 최적 진입 수준을 도출하는 데 유용할 것이다.

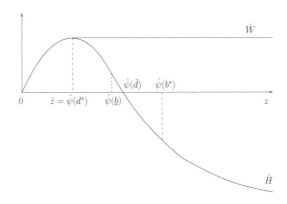

그림 2.4 $\hat{H}$와 $\hat{W}$의 스케치. 함수 $\hat{W}$는 $\hat{H}$와 $[0, \hat{z}]$에서 일치하며, $(\hat{z}, +\infty)$에서 상수 $\hat{H}(\hat{z})$와 같다.

정리 2.10 최적 진입 타이밍 문제 (2.4)는 다음 해를 갖는다.

$$J(x) = \begin{cases} \text{만약 } x \in (-\infty, d^*]\text{이면, } V(x) - x - c_b \text{이다.} \\ \text{만약 } x \in (d^*, +\infty)\text{이면, } \frac{V(d^*) - d^* - c_b}{\hat{G}(d^*)}\hat{G}\text{이다.} \end{cases} \tag{2.36}$$

여기서 최적 진입 수준 d^*는 다음 식으로부터 구한다.

$$\hat{G}(d)(V'(d) - 1) = \hat{G}'(d)(V(d) - d - c_b) \tag{2.37}$$

증명 형태 $J(x) = \hat{G}(x)\hat{W}(\hat{\psi}(x))$의 가치 함수를 살펴본다. 여기서 $\hat{W}$는 $\hat{H}$의 최소 오목 상계 함수다. 보조정리 2.9와 그림 2.4로부터

$$\hat{H}'(\hat{z}) = 0 \tag{2.38}$$

를 만족하는 유일한 수 $\hat{z} < \hat{\psi}(b^*)$가 존재한다는 것을 추론할 수 있다. 이는 다음을 의미한다.

$$\hat{W}(z) = \begin{cases} \text{만약 } z \le \hat{z}\text{이면, } \hat{H}(z)\text{이다.} \\ \text{만약 } z > \hat{z}\text{이면, } \hat{H}(\hat{z})\text{이다.} \end{cases} \tag{2.39}$$

$d^* = \hat{\psi}^{-1}(b^*)$를 (2.38)에 대입하면 다음을 얻는다.

$$\hat{H}'(\hat{z}) = \frac{\hat{G}(d^*)(V'(d^*) - 1) - \hat{G}'(d^*)(V(d^*) - d^* - c_b)}{\hat{F}'(d^*)\hat{G}(d^*) - \hat{F}(d^*)\hat{G}'(d^*)} = 0$$

이는 조건 (2.37)과 동일하다. 더 나아가, (2.23)과 (2.24)를 사용해 다음을 얻는다.

$$\hat{H}(\hat{z}) = \frac{V(d^*) - d^* - c_b}{\hat{G}(d^*)} \tag{2.40}$$

결론을 위해 (2.40)의 $\hat{H}(\hat{z})$와 (2.24)의 $\hat{H}(z)$를 (2.39)의 $\hat{W}$에 대입하면, (2.25)에 의해 (2.36)의 가치 함수 $J(x)$를 산출한다. □

V와 J에 대한 해석적 해를 직접 대입함으로써 (2.29)의 $V(x)$와 (2.36)의 $J(x)$가 (2.26)과 (2.27)을 모두 만족함을 증명할 수 있다.

최적의 진입 타이밍 문제가 또 다른 최적의 정지 문제와 중첩^{nested}되기 때문에 최적의 진입 수준의 파라미터 의존성은 복잡하다. 아래에서 거래 비용의 영향을 설명한다.

명제 2.11 (2.4)의 최적 진입 수준 d^*은 거래 비용 c_b에 감소한다.

증명 최적 진입 수준 d^*를 c_b의 함수로 고려하고, c_b에 대해 (2.37)을 미분하면 다음을 얻는다.

$$d^{*\prime}(c_b) = \frac{-\hat{G}'(d^*)}{\hat{G}(d^*)}[V''(d^*) - \frac{V(d^*) - d^* - c_b}{\hat{G}(d^*)}\hat{G}''(d^*)]^{-1} \tag{2.41}$$

$\hat{G}(d^*) > 0$이고 $\hat{G}'(d^*) < 0$이므로, $d^{*\prime}(c_b)$의 부호는 $V''(d^*) - \frac{V(d^*) - d^* - cb}{\hat{G}(d^*)}\hat{G}'''(d^*)$에 의해 결정된다. $\hat{f}(x) = \frac{V(d^*) - d^* - cb}{\hat{G}(d^*)}\hat{G}(x)$로 표기하자. $\hat{h}(x) = V(x) - x - c_b$를 상기하면,

$$J(x) = \begin{cases} \text{만약 } x \in (-\infty, d^*]\text{이면, } \hat{h}(x)\text{이다.} \\ \text{만약 } x \in (d^*, +\infty)\text{이면, } \hat{f}(x) > \hat{h}(x)\text{이다.} \end{cases}$$

이고, $\hat{f}(x)$는 d^*에서 $\hat{h}(x)$에 매끄럽게 붙는다. $\hat{h}(x)$와 $\hat{f}(x)$ 모두 양의 감소 볼록 함수이므로, $\hat{h}''(d^*) \le \hat{f}''(d^*)$이 성립한다. $\hat{h}''(d^*) = V''(d^*)$이고, $\hat{f}''(d^*) = \frac{V(d^*) - d^* - cb}{\hat{G}(d^*)}\hat{G}''(x)$이므로, $V''(d^*) - \frac{V(d^*) - d^* - cb}{\hat{G}(d^*)}\hat{G}''(d^*) \le 0$이다. 이를 (2.41)에 적용하면, $d^{*\prime}(c_b) \le 0$이라고 결론 낼 수 있다. $\qquad\square$

그림 2.5의 다른 파라미터에 대한 d^*의 의존성을 수치적으로 조사한다. 이들 최적 진입 수준이 그림 2.3의 최적 진입 수준과 동일한 파라미터로 계산된다. 당연히 d^*는 장기 평균 θ에 따라 증가한다. μ와 σ에 대한 d^*의 의존도는 b^*의 의존도와 정확히 반대다. 더 나은 예시를 위해 그림 2.6의 μ와 σ에 대해 최적의 진입 수준 d^*와 최적 청산 수준 b^*를 모두 그린다. 평균 회귀 속도가 빠를수록 매수 및 매도 수준이 더 근접함을 알 수 있다. 반면 변동성이 클수록 매수와 매도 수준은 더 멀어진다. 앞에서 논의한 바와 같이 프로세스가 평균에서 멀리 떨어진 수준에 도달할 가능성이 높을수록 매수 수준과 매도 수준 간의 격차가 더 커진다. 즉, 변동성이 높을 때 투자자가 더 큰 격차를 추구하기 위해 진입 시점과 청산 시점 모두를 지연시키는 것이 가능하다.

비고 2.12 (2.1)의 $\mu = 0$를 사용하는 OU 모델의 특별한 예로 이 절을 마친다. 따라서 X는 브라운 운동으로 축소된다. $X_t = \sigma B_t$, $t \ge 0$. 이 경우 문제 (2.3)의 최적 청산 수준 b^*는 다음이 된다.

$$b^* = c_s + \frac{\sigma}{\sqrt{2r}}$$

이고, 문제 (2.4)에 대한 최적 진입 수준 d^*는 다음 방정식에 대한 근이다.

$$\left(1 + \sqrt{\frac{\hat{r}}{r}}\right) e^{\frac{\sqrt{2r}}{\sigma}(d - c_s - \frac{\sigma}{\sqrt{2r}})} = \frac{\sqrt{2\hat{r}}}{\sigma}(d + c_b) + 1, \quad d \in (-\infty, b^*)$$

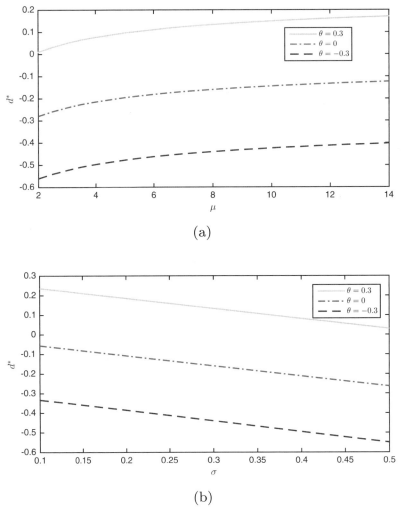

(a)

(b)

그림 2.5 (a) 평균 회귀 속도 μ 대비 최적 진입 수준 d^*. 파라미터: $\sigma = 0.3$, $r = \hat{r} = 0.05$, $c_s = c_b = 0.02$ (b) 변동성 σ 대비 최적 진입 수준 d^*. 파라미터: $\mu = 8$, $r = \hat{r} = 0.05$, $c_s = c_b = 0.02$

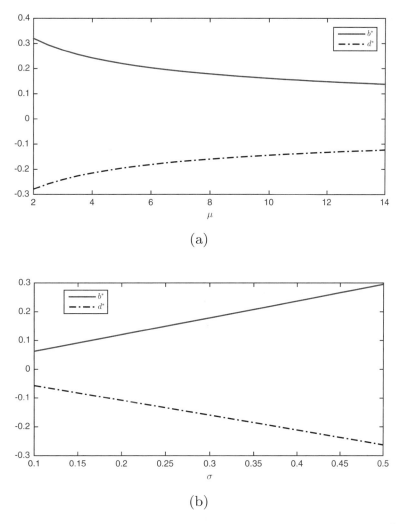

그림 2.6 (a) 평균 회귀 속도 μ 대비 최적 진입 수준 d^*와 최적 청산 수준 b^*. 파라미터: $\theta = 0$, $\sigma = 0.3$, $r = \hat{r} = 0.05$, $c_s = c_b = 0.02$ (b) 변동성 σ 대비 최적 진입 수준 d^*와 최적 청산 수준 b^*. 파라미터: $\theta = 0$, $\mu = 8$, $r = \hat{r} = 0.05$, $c_s = c_b = 0.02$

2.5 손절 청산의 통합

이제 손절 제약 조건을 가진 최적 진입과 청산 문제를 고려한다. 편의상 (2.5)와 (2.6)의 가치 함수를 다시 제시한다.

$$J_L(x) = \sup_{\nu \in \mathcal{T}} \mathbb{E}_x \left\{ e^{-\hat{r}\nu}(V_L(X_\nu) - X_\nu - c_b) \right\} \tag{2.42}$$

$$V_L(x) = \sup_{\tau \in \mathcal{T}} \mathbb{E}_x \left\{ e^{-r(\tau \wedge \tau_L)}(X_{\tau \wedge \tau_L} - c_s) \right\} \tag{2.43}$$

최적 타이밍 전략에 대해 푼 후 최적 청산 임곗값의 손절 수준 L에 대한 의존성을 검토한다.

2.5.1 최적 청산 타이밍

우선 최적 청산 타이밍 문제에 대한 해석적 해를 제공한다.

정리 2.13 손절 수준 L을 이용한 최적 청산 문제 (2.43)은 다음 해를 허용한다.

$$V_L(x) = \begin{cases} \text{만약 } x \in (L, b_L^*) \text{이면}, \ CF(x) + DG(x) \text{이다}. \\ \text{그렇지 않으면 } x - c_s \text{이다}. \end{cases} \tag{2.44}$$

여기서

$$C = \frac{(b_L^* - c_s)G(L) - (L - c_s)G(b_L^*)}{F(b_L^*)G(L) - F(L)G(b_L^*)}, \quad D = \frac{(L - c_s)F(b_L^*) - (b_L^* - c_s)F(L)}{F(b_L^*)G(L) - F(L)G(b_L^*)}$$

최적 청산 수준 b_L^*은 다음 식으로부터 발견된다.

$$[(L - c_s)G(b) - (b - c_s)G(L)]F'(b) + [(b - c_s)F(L) - (L - c_s)F(b)]G'(b)$$
$$= G(b)F(L) - G(L)F(b) \tag{2.45}$$

증명 손절 수준 L 때문에 제약된 정의역 $[\psi(L), +\infty)$에 걸친 최소 오목 상계 함수 $H(z)$를 고려하며 $W_L(z)$로 표기하고, $z \in [0, \psi(L)]$에 대해 $W_L(z) = H(z)$로 설정한다.

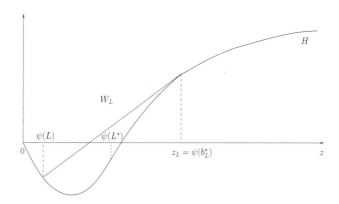

그림 2.7 W_L의 스케치. $[0, \psi(L)] \cup [z_L, +\infty)$에서 W_L은 H와 일치하며, $(\psi(L), z_L)$에서 W_L은 z_L에서 H에 접하는 직선이다.

보조정리 2.5와 그림 2.7로부터 $H(z)$가 $(0, \psi(L^*)]$에서는 볼록이고, $[\psi(L^*), +\infty)$에 오목이라는 것을 알 수 있다. 만약 $L \geq L^*$이면 $[\psi(L), +\infty)$에 대해서 $H(z)$가 오목이며 이는 $z \geq 0$에 대해서 $W_L(z) = H(z)$이고, 따라서 $x \in \mathbb{R}$에 대해서 $V_L(x) = x - c_s$임을 의미한다. 반면 $L < L^*$이면, $H(z)$는 $[\psi(L), \psi(L^*)]$에 대해서 볼록이며, $[\psi(L^*), +\infty)$에서 오목이고 순증가한다. 다음이 성립하는 유일한 수 $z_L > \psi(L^*)$가 존재한다.

$$\frac{H(z_L) - H(\psi(L))}{z_L - \psi(L)} = H'(z_L) \tag{2.46}$$

그러면 최소 오목 상계 함수는 다음 형태를 가진다.

$$W_L(z) = \begin{cases} \text{만약 } z \in (\psi(L), z_L)\text{이면, } H(\psi(L)) + (z - \psi(L))H'(z_L) \text{ 이다.} \\ \text{그렇지 않으면 } H(z) \end{cases} \tag{2.47}$$

$b_L^* = \psi^{-1}(z_L)$를 (2.46)에 대입하는 좌변으로부터 다음을 얻는다.

$$\frac{H(z_L) - H(\psi(L))}{z_L - \psi(L)} = \frac{H(\psi(b_L^*)) - H(\psi(L))}{\psi(b_L^*) - \psi(L)} = \frac{\frac{b_L^* - c_s}{G(b_L^*)} - \frac{L - c_s}{G(L)}}{\frac{F(b_L^*)}{G(b_L^*)} - \frac{F(L)}{G(L)}} = C$$

우변으로부터

$$H'(z_L) = \frac{G(\psi^{-1}(z_L)) - (\psi^{-1}(z_L) - c_s)G'(\psi^{-1}(z_L))}{F'(\psi^{-1}(z_L))G(\psi^{-1}(z_L)) - F(\psi^{-1}(z_L))G'(\psi^{-1}(z_L))}$$
$$= \frac{G(b_L^*) - (b^* - c_s)G'(b_L^*)}{F'(b_L^*)G(b_L^*) - F(b_L^*)G'(b_L^*)}$$

따라서 동일한 (2.46)을 b_L^*의 항으로 표현할 수 있다.

$$\frac{(b_L^* - c_s)G(L) - (L - c_s)G(b_L^*)}{F(b_L^*)G(L) - F(L)G(b_L^*)} = \frac{G(b_L^*) - (b_L^* - c_s)G'(b_L^*)}{F'(b_L^*)G(b_L^*) - F(b_L^*)G'(b_L^*)}$$

이를 재배열하면 즉시 (2.45)로 단순화할 수 있다.

더 나아가 $x \in (L, \, b_L^*)$에 대해 $H'(z_L) = C$는 다음을 의미한다.

$$W_L(\psi(x)) = H(\psi(L)) + (\psi(x) - \psi(L))C$$

이를 $V_L(x) = G(x)W_L(\psi(x))$에 대입하면 가치 함수는 다음과 같이 된다.

$$V_L(x) = G(x)\big[H(\psi(L)) + (\psi(x) - \psi(L))C\big]$$
$$= CF(x) + G(x)\big[H(\psi(L)) - \psi(L)C\big]$$

다음 관찰을 고려하면 이는 (2.44)와 유사하다.

$$H(\psi(L)) - \psi(L)C = \frac{L - c_s}{G(L)} - \frac{F(L)}{G(L)}\frac{(b_L^* - c_s)G(L) - (L - c_s)G(b_L^*)}{F(b_L^*)G(L) - F(L)G(b_L^*)}$$
$$= \frac{(L - c_s)F(b_L^*) - (b_L^* - c_s)F(L)}{F(b_L^*)G(L) - F(L)G(b_L^*)} = D$$

□

우리는 투자자의 타이밍 전략을 세 가지 가격 구간, 즉 청산 영역 $[b_L^*, \, +\infty)$, 지연 영역 $(L, \, b_L^*)$ 및 손절 영역 $(-\infty, \, L]$의 관점에서 해석할 수 있다. 청산 및 정지 손실 영역 모두에서 가치 함수 $V_L(x) = x - c_s$이므로 투자자는 즉시 포지션을 청산한다. 정리 2.13으로부터 만약 $L \geq L^* = \frac{\mu\theta + rc_s}{\mu + r}$(2.28 참조)이면, $V_L(x) = x - c_s, \forall x \in \mathbb{R}$이다. 즉, 만약 손절 수준이 너무 높으면 지연 영역은 완전히 사라지며, 투자자는 모든 초깃값 $x \in \mathbb{R}$에 대해 즉시 청산할 것이다.

따름정리 2.14 만약 $L < L^*$이면 (2.45)를 푸는 유일해 $b_L^* = (L*, +\infty)$가 존재한다. 만약 $L < L^*$이면 $x \in \mathbb{R}$에 대해서 $V_L(x) = x - c_s$이다.

손절 청산 제약 조건의 직접적인 효과는 가격 프로세스가 상단의 청산 수준 b_L^*보다 먼저 L에 도달할 때마다 강제 청산되는 것이다. 흥미롭게도 추가적인 간접 효과가 있다. 더 높은 손절 수준은 투자자가 더 낮은 이익 실현 수준에서 자발적으로 더 일찍 청산하도록 유도할 것이다.

명제 2.15 (2.43)의 최적 청산 수준 b_L^*은 손절 수준 L이 증가함에 따라 순감소한다.

증명 $z_L = \psi(b_L^*)$이고 ψ가 엄격한 증가함수임을 상기하자. 따라서 $\tilde{L} := \psi(L)$이 증가함에 따라 z_L이 순감소를 보이면 충분하다. 이와 같이 $\tilde{L}$에 대한 의존성을 강조하기 위해 $z_L(\tilde{L})$로 표기한다. (2.46)을 미분하면 다음을 얻는다.

$$z_L'(\tilde{L}) = \frac{H'(z_L) - H'(\tilde{L})}{H''(z_L)(z_L - \tilde{L})} \tag{2.48}$$

W_L과 z_L의 정의로부터 $H'(z_L) > H'(\tilde{L})$와 $z_L > \tilde{L}$이 성립한다. 또한 H가 z_L에 오목이므로, $H''(z) < 0$이다. 이들을 (2.48)에 적용하면, $z_L'(\tilde{L}) < 0$의 결론을 얻을 수 있다. □

그림 2.8은 서로 다른 장기 평균에 대한 손절 수준 L의 함수로서 최적 청산 가격 수준 b_L^*을 보여준다. b_L^*이 L보다 클 때(직선의 왼쪽) 지연 영역은 비어 있지 않다. L이 증가할수록 b_L^*은 순감소하고 둘은 L^*(직선상)에서 만나 지연 영역이 사라진다.

또한 장기 평균과 거래 비용이 상이한 경우 간에 흥미로운 연관성이 있다. 이를 위해 가치 함수 $V_L(x; \theta, c_s)$로 표기해 θ와 c_s에의 의존성을 강조하고, 상응하는 최적 청산 수준을 $b_L^*(\theta, c_s)$로 표기한다. 어떠한 $\theta_1, \theta_2 \in \mathbb{R}$, $c_1, c_2 > 0$, $L_1 \leq \frac{\mu\theta_1 + rc_1}{\mu + r}$와 $L_2 \leq \frac{\mu\theta_2 + rc_2}{\mu + r}$에 대

해서도, 관련 가치 함수와 최적 청산 수준은 $\theta_1 - \theta_2 = c_1 - c_2 = L_1 - L_2$인 한, 다음 관계를 만족한다는 것을 발견한다.

$$V_{L_1}(x + \theta_1; \theta_1, c_1) = V_{L_2}(x + \theta_2; \theta_2, c_2) \tag{2.49}$$

$$b_{L_1}^*(\theta_1, c_1) - \theta_1 = b_{L_2}^*(\theta_2, c_2) - \theta_2 \tag{2.50}$$

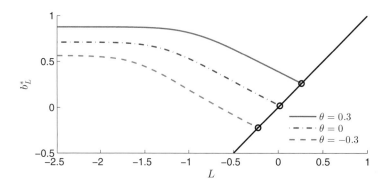

그림 2.8 최적 청산 임곗값 b_L^*은 손절 수준 L에 대해 순감소한다. 직선은 $b_L^* = L$인 곳에 해당하며 3개 원 각각은 임계 손절 수준 L^*의 위치를 가리킨다.

2.5.2 최적 진입 타이밍

이제 (2.42)에 정의된 최정 타이밍 문제 $J_L(x)$를 논의한다. $\sup_{x \in \mathbb{R}}(V_L(x) - x - c_b) < 0$가 $x \in \mathbb{R}$에 대해 $J_L(x) = 0$를 의미하므로 다음의 경우에 초점을 맞추고,

$$\sup_{x \in \mathbb{R}}(V_L(x) - x - c_b) > 0 \tag{2.51}$$

비자명한 최적 타이밍 전략을 찾는다.

시장 진입으로부터의 보상 함수 $\hat{h}_L(x) := V_L(x) - x - c_b$에 연관해 (2.17)에서와 같이 함수 $\hat{H}_L$을 정의하며, 이들의 특성은 다음 보조정리에 요약해놓았다.

보조정리 2.16 함수 $\hat{H}_L$은 $[0, +\infty)$에서 연속이고, $(0, \hat{\psi}(L)) \cup (\hat{\psi}(L), +\infty)$에서 미분 가능하며, $(0, \hat{\psi}(L)) \cup (\hat{\psi}(L), \hat{\psi}(b_L^*)) \cup (\hat{\psi}(b_L^*), +\infty)$에서 두 번 미분 가능하고 다음 특성들을 가진다.

(i) $z \in (0, \hat{\psi}(L)] \cup [\hat{\psi}(b_L^*), +\infty)$에 대해서 $\hat{H}_L(0) = 0$, $\hat{H}_L(z) < 0$이다.

(ii) $\hat{H}_L(z)$는 $z \in (0, \hat{\psi}(L)] \cup [\hat{\psi}(b_L^*), +\infty)$에 대해서 순감소한다.

(iii) 다음을 만족하는 어떤 상수 $\bar{d}_L \in (L, b_L^*)$가 존재한다. $(\mathcal{L} - \hat{r})\hat{h}_L(\bar{d}_L) = 0$와

$$\hat{H}_L(z)은 \begin{cases} \text{만약 } z \in (0, \hat{\psi}(L)) \cup (\hat{\psi}(\bar{d}_L), +\infty)\text{이면, 볼록이다.} \\ \text{만약 } z \in (\hat{\psi}(L), \hat{\psi}(\bar{d}_L))\text{이면, 오목이다.} \end{cases}$$

추가로 $\hat{z}_1 \in (\hat{\psi}(L), \hat{\psi}(\bar{d}_L))$이며, 여기서 $\hat{z}_1 := \operatorname{argmax}_{z \in [0, +\infty)} \hat{H}_L(z)$이다.

정리 2.17 최적 진입 타이밍 문제 (2.42)는 다음 해를 가진다.

$$J_L(x) = \begin{cases} \text{만약 } x \in (-\infty, a_L^*)\text{이면, } P\hat{F}(x). \\ \text{만약 } x \in [a_L^*, d_L^*]\text{이면, } V_L(x) - x - c_b. \\ \text{만약 } x \in (d_L^*, +\infty)\text{이면, } Q\hat{G}(x). \end{cases} \tag{2.52}$$

여기서

$$P = \frac{V_L(a_L^*) - a_L^* - c_b}{\hat{F}(a_L^*)}, \quad Q = \frac{V_L(d_L^*) - d_L^* - c_b}{\hat{G}(d_L^*)}$$

최적 진입 시점은 다음으로 주어진다.

$$\nu_{a_L^*, d_L^*} = \inf\{t \geq 0 : X_t \in [a_L^*, d_L^*]\} \tag{2.53}$$

여기서 임계 수준 a_L^*과 d_L^*은 다음을 각각 만족한다.

$$\hat{F}(a)(V_L'(a) - 1) = \hat{F}'(a)(V_L(a) - a - c_b) \tag{2.54}$$

와

$$\hat{G}(d)(V_L'(d) - 1) = \hat{G}'(d)(V_L(d) - d - c_b) \tag{2.55}$$

증명 다음 형태의 가치 함수를 찾는다. $J_L(x) = \hat{G}(x)\hat{W}_L(\hat{\psi}(x))$. 여기서 $\hat{W}_L$는 $\hat{H}_L$의 최소 비음 오목 상계 함수다. 보조정리 2.16과 그림 2.9의 $\hat{H}_L$의 스케치로부터 $\hat{H}_L$, $\hat{z}_1$의 최적 점은 다음을 만족한다.

$$\hat{H}_L'(\hat{z}_1) = 0 \tag{2.56}$$

또한 다음을 만족하는 유일해 $\hat{z}_0 \in (\hat{\psi}(L), \hat{z}_1)$가 존재한다.

$$\frac{\hat{H}_L(\hat{z}_0)}{\hat{z}_0} = \hat{H}_L'(\hat{z}_0) \tag{2.57}$$

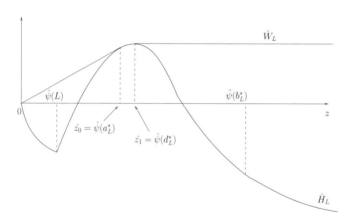

그림 2.9 $\hat{H}_L$과 $\hat{W}_L$의 스케치. $\hat{W}_L$는 $[0, \hat{z}_0]$의 $\hat{z}_0$에서 $\hat{H}_L$와 접하는 직선이고, $[\hat{z}_0, \hat{z}_1]$에서 $\hat{H}_L$와 일치하며, $(\hat{z}_1, +\infty)$에서 상수 $\hat{H}_L$와 같다. $\hat{H}_L$가 $\hat{\psi}(L)$에서 미분 가능하지 않음을 주의하라.

이번에는 최소 비음 오목 상계 함수는 다음의 형태를 가진다.

$$\hat{W}_L(z) = \begin{cases} \text{만약 } z \in [0, \hat{z}_0) \text{이면,} & z \in [0, \hat{z}_0), \\ \text{만약 } z \in [\hat{z}_0, \hat{z}_1] \text{이면,} & \hat{H}_L(z), \\ \text{만약 } z \in (\hat{z}_1, +\infty) \text{이면,} & \hat{H}_L(\hat{z}_1) \end{cases}$$

$a_L^* = \hat{\psi}^{-1}(\hat{z}_0)$를 (2.57)에 대입하면 다음을 얻는다.

$$\frac{\hat{H}_L(\hat{z}_0)}{\hat{z}_0} = \frac{V_L(a_L^*) - a_L^* - c_b}{\hat{F}(a_L^*)},$$

$$\hat{H}_L'(\hat{z}_0) = \frac{\hat{G}(a_L^*)(V_L'(a_L^*) - 1) - \hat{G}'(a_L^*)(V_L(a_L^*) - a_L^* - c_b)}{\hat{F}'(a_L^*)\hat{G}(a_L^*) - \hat{F}(a_L^*)\hat{G}'(a_L^*)}$$

동일하게 조건 (2.57)을 a_L^*의 항으로 표현할 수 있다.

$$\frac{V_L(a_L^*) - a_L^* - c_b}{\hat{F}(a_L^*)} = \frac{\hat{G}(a_L^*)(V_L'(a_L^*) - 1) - \hat{G}'(a_L^*)(V_L(a_L^*) - a_L^* - c_b)}{\hat{F}'(a_L^*)\hat{G}(a_L^*) - \hat{F}(a_L^*)\hat{G}'(a_L^*)}$$

이를 단순화하면 a_L^*이 (2.54)를 푸는 것을 보인다. 또한 $H_L^*(\hat{z}_0)$를 a_L^*의 항으로 표현할 수 있다.

$$\hat{H}_L'(\hat{z}_0) = \frac{\hat{H}_L(\hat{z}_0)}{\hat{z}_0} = \frac{V_L(a_L^*) - a_L^* - c_b}{\hat{F}(a_L^*)} = P$$

게다가 $d_L^* = \hat{\psi}^{-1}(\hat{z}_1)$를 (2.56)에 대입하면 다음을 얻는다.

$$\hat{H}_L'(\hat{z}_1) = \frac{\hat{G}(d_L^*)(V_L'(d_L^*) - 1) - \hat{G}'(d_L^*)(V_L(d_L^*) - d_L^* - c_b)}{\hat{F}'(d_L^*)\hat{G}(d_L^*) - \hat{F}(d_L^*)\hat{G}'(d_L^*)} = 0$$

이는 간단히 단순화하면 (2.55)와 같아진다. 또한 $\hat{H}_L(\hat{z}_1)$는 다음과 같이 표현할 수 있다.

$$\hat{H}_L(\hat{z}_1) = \frac{V_L(d_L^*) - d_L^* - c_b}{\hat{G}(d_L^*)} = Q$$

이들을 $J_L(x) = \hat{G}(x)\hat{W}_L(\hat{\psi}(x))$에 대입하면 (2.52)에 도달한다. $\square$

정리 2.17에 따르면 최적 진입 영역은 손절 수준 L보다 높고 최적 청산 수준 b_L^*보다 낮은 가격 구간 $[a_L^*, d_L^*]$로 특징지어진다. 특히 현재 자산 가격이 L과 a_L^* 사이라면 가격은 낮더라도 투자자는 기다리는 것이 최적이다. 이는 직관적인데, 만약 진입 가격이 L에 너무 가까우면 투자자는 그 후에 손해를 보고 강제로 청산당할 가능성이 매우 높기 때문이다. 게다가 진입을 연기하는 것은 또한 거래 비용을 할인한다. 결과적으로 시장 진입을 기다리는 투자자의 지연 영역은 분리된다.

그림 2.10은 두 개의 시뮬레이션 경로와 관련 행사 시점을 보여준다. 우리는 L을 장기 평균 θ보다 2 표준편차 낮도록 선택했고, 다른 파라미터들은 우리의 페어 트레이딩 예제에서 추출한다. 정리 2.17에 의해 투자자는 $\nu_{a_L^*, d_L^*}$에서 시장에 진입할 것이다(2.53 참조). 두 경로 모두 $X_0 > d_L^*$로 시작하므로 투자자는 패널 (a)와 (b)에서 ν_d^*로 표시된 것처럼 OU 경로가 위에서 d_L^*에 도달할 때까지 진입을 기다린다. 진입 후, 그림 2.10(a)는 투자자가 최적 수준 b_L^*에서 자발적으로 청산하는 시나리오를 기술하고 있으며, 그림 2.10(b)에서는 투자자가 손절 수준 L에서 청산하도록 강제하고 있다. 이러한 최적 수준은 주어진 추정된 파라미터에 기초해 정리 2.13과 2.17에서 계산된다.

마지막으로는 최적 수준 a_L^*, d_L^*와 b_L^*이 파라미터 (μ, θ, σ)와 정지 손실 수준 L의 선택에 따른 모델의 출력이라는 점에 주목한다. 모델 파라미터는 2.1절에서 논의된 우도최대화 포트폴리오를 기반으로 추정된다는 점을 기억하라. 다른 추정 방법론과 가격 데이터를 사용할 수 있으며, 서로 다른 포트폴리오 전략 (α, β)과 추정 파라미터 값 (μ, θ, σ)을 산출할 수 있다. 그러면 최적 진입과 청산 임곗값이 그에 따라 변경될 수도 있다.

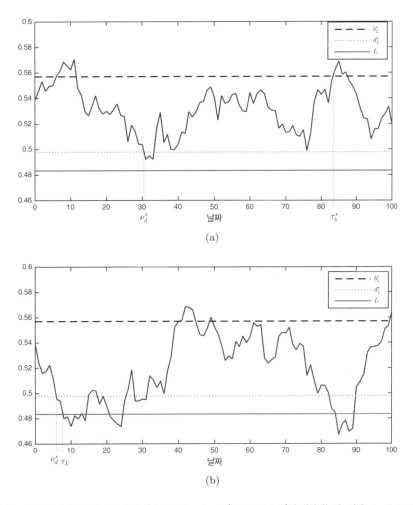

그림 2.10 시뮬레이션 OU 경로 행사 시점. (a) 투자자는 $\nu_d^* = \inf\{t \geq 0 : X_t \leq d_L^*\}$에 진입하는데, 이때 $d_L^* = 0.4978$이며, $\tau_b^* = \inf\{t \geq \nu_d^* : X_t \leq b_L^*\}$에서 청산하는데, 이때 $b_L^* = 0.5570$이다. (b) 투자자는 $\nu_d^* = \inf\{t \geq 0 : X_t \leq d_L^*\}$에 진입하지만 손절 수준 $L = 0.4834$에서 청산한다. 파라미터: $\theta = 0.5388$, $\mu = 16.6677$, $\sigma = 0.1599$와 $c_s = c_b = 0.05$

2.5.3 상대적 손절 청산

일부 투자자의 경우 진입 수준에 따라 손절 조건을 설정하는 것이 더 바람직할 수 있다. 즉, 진입 시 X의 값이 x라면 투자자는 어떤 상수 $\ell > 0$로 더 낮은 손절 수준 $x - \ell$을 할 당할 것이다. 따라서 투자자는 최적 진입 타이밍 문제에 직면한다.

$$\mathcal{J}_\ell(x) = \sup_{\nu \in \mathcal{T}} \mathbb{E}_x \left\{ e^{-\hat{r}\nu} (\mathcal{V}_\ell(X_\nu) - X_\nu - c_b) \right\}$$

여기서 $\mathcal{V}_\ell(x) = V_{x-\ell}(x)$((2.43) 참조)는 손절 수준이 $x - \ell$을 가진 최적 청산 타이밍 문제다. $V_{x-\ell}(x)$의 x에 대한 의존성은 $V(x)$이나 $V_L(x)$보다 더 크게 복잡하므로, 문제를 더욱 취급하기 어렵게 만든다.

그림 2.11에서 최적 타이밍 전략을 수치적으로 예시한다. 투자자는 여전히 더 낮은 수준 d^*에서 진입할 것이다. 진입 이후 투자자는 손절 수준 $d^* - \ell$ 또는 더 높은 수준 b^*에서의 청산을 기다릴 것이다.

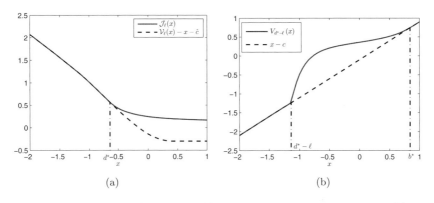

그림 2.11 (a) 최적 진입 가치 함수 $\mathcal{J}_\ell(x)$가 보상 함수 $\mathcal{V}_\ell(x) - x - c_b$를 지배하며, $x \leq d^*$에 대해 일치한다. (b) 청산 문제의 경우 손절 수준은 $d^* - \ell$이고 최적 청산 수준은 b^*다.

2.5.4 손절 청산이 있는 최적 전환[3]

평균 회귀하에서 거래에 대한 우리의 이중 정지 접근법의 대안으로, 최적 전환 접근법은 투자자가 손절 수준에 도달하기 전에 무한 수의 거래를 수행하기로 약속했다고 가정한다. 이 문제는 Song과 Zhang(2013)이 연구했으며, 여기서 그들의 주요 결과를 요약한다.

---

3 'Optimal switching'은 일반적으로 전환 시기를 결정할 때 최적의 시기를 찾는 것을 의미한다. 이 용어는 다양한 맥락에서 사용될 수 있으며 특히 경제, 금융 및 에너지 관련 분야에서 주로 사용한다. 경제적인 관점에서 보통 투자자가 자산 간 전환을 언제 수행해야 하는지 결정하는 것을 의미한다. 주식과 채권 사이에서 포트폴리오의 구성을 전환하는 것이 한 예다. – 옮긴이

순차적 거래 시간을 정지 시간 $\nu_1,\ \tau_1,\ \nu_2,\ \tau_2,\cdots \in \mathcal{T}$로 모델링해 $0 \le \nu_1 \le \tau_1 \le \nu_2 \le \tau_2 \le \cdots \le \tau_L$로 한다. 위험 자산의 지분은 각각 ν_i와 $\tau_i,\ i \in \mathbb{N}$에서 매수 혹은 매도된다. 투자자의 최적 거래 타이밍은 초기 포지션에 따라 달라질 것이다. 만약 투자자가 0의 포지션으로 시작한다면, 첫 번째 거래 결정은 언제 매수를 하는가(매수 시점)이다. 최적 전환 문제는 다음과 같다.

$$\tilde{J}_L(x) = \sup_{\Lambda_0} \mathbb{E}_x \left\{ \sum_{n=1}^{\infty} [e^{-r\tau_n}(X_{\tau_n} - c) - e^{-r\nu_n}(X_{\nu_n} + c)]\mathbf{1}_{\{\nu_n < \tau_L\}} \right\}$$

여기서 허용 가능한 정지 시간은 $\Lambda_0 = (\nu_1,\ \tau_1,\ \nu_2,\ \tau_2, \ldots)$이다. Song과 Zhang(2013)에서 c로 표기된 동일한 거래 비용이 자산을 매수 및 매도할 때 발생한다.

한편 만약 투자자가 최초에 자산의 지분을 보유하고 있다면, 투자자는 우선 언제 매각할 것인가(매도 시점)를 결정하고, 이후에 매수와 매도 포지션을 전환한다. 이는 다음의 최적 전환 문제로 이어진다.

$$\tilde{V}_L(x) = \sup_{\Lambda_1} \mathbb{E}_x \Bigg\{ e^{-r\tau_1}(X_{\tau_1} - c) \\ + \sum_{n=2}^{\infty} [e^{-r\tau_n}(X_{\tau_n} - c) - e^{-r\nu_n}(X_{\nu_n} + c)]\mathbf{1}_{\{\nu_n < \tau_L\}} \Bigg\}$$

여기서 $\Lambda_1 = (\tau_1,\ \nu_2,\ \tau_2,\ \nu_3, \ldots)$이다. 처음 정지 시간 τ_1은 자산을 처음 매도하는 시간이고, $(\nu_i,\ \tau_i)$는 각각 i번째 시점에 매수와 매도하는 정지 시간이다.

정리 2.18 Song과 Zhang(2013). $\tilde{a}_L^*,\ \tilde{d}_L^*,\ \tilde{b}_L^*,\ \tilde{A},\ \tilde{B}_1,\ \tilde{C}_1,\ \tilde{C}_2$를 다음의 비선형 시스템의 해라고 하고,

$$\tilde{B}_1 F(\tilde{a}_L^*) + \tilde{B}_2 G(\tilde{a}_L^*) = \tilde{C}_1 F(\tilde{a}_L^*) + \tilde{C}_2 G(\tilde{a}_L^*) - \tilde{a}_L^* - c,$$
$$\tilde{B}_1 F'(\tilde{a}_L^*) + \tilde{B}_2 G'(\tilde{a}_L^*) = \tilde{C}_1 F'(\tilde{a}_L^*) + \tilde{C}_2 G'(\tilde{a}_L^*) - 1,$$
$$\tilde{A} G(\tilde{d}_L^*) = \tilde{C}_1 F(\tilde{d}_L^*) + \tilde{C}_2 G(\tilde{d}_L^*) - \tilde{d}_L^* - c,$$
$$\tilde{A} G'(\tilde{d}_L^*) = \tilde{C}_1 F'(\tilde{d}_L^*) + \tilde{C}_2 G'(\tilde{d}_L^*) - 1,$$

$$\tilde{C}_1 F(\tilde{b}_L^*) + \tilde{C}_2 G(\tilde{b}_L^*) = \tilde{A}G(\tilde{b}_L^*) + \tilde{b}_L^* - c,$$
$$\tilde{C}_1 F'(\tilde{b}_L^*) + \tilde{C}_2 G'(\tilde{b}_L^*) = \tilde{A}G'(\tilde{b}_L^*) + 1,$$
$$\tilde{B}_1 F(L) + \tilde{B}_2 G(L) = 0,$$
$$\tilde{C}_1 F(L) + \tilde{C}_2 G(L) = L - c.$$

다음을 만족한다고 하자.

$$\tilde{d}_L^* \le \frac{\mu\theta - rc}{\mu + r} \quad \text{와} \quad \tilde{b}_L^* \ge L^* = \frac{\mu\theta + rc}{\mu + r}$$

그리고

$$|(\tilde{C}_1 - \tilde{B}_1 F(x) + (\tilde{C}_2 - \tilde{B}_2 G(x) - x| \le c \quad on \ (L, \tilde{a}_L^*),$$
$$|\tilde{C}_1 F(x) + (\tilde{C}_2 - \tilde{A})G(x) - x| \le c \quad on \ (\tilde{d}_L^*, \tilde{b}_L^*)$$

게다가

$$\tilde{j}_L = \begin{cases} \text{만약 } x \in (L, \tilde{a}_L^*)\text{이면, } \tilde{B}_1 F(x) + \tilde{B}_2 G(x)\text{이다.} \\ \text{만약 } x \in [\tilde{a}_L^*, \tilde{d}_L^*]\text{이면, } \tilde{C}_1 F(x) + \tilde{C}_2 G(x) - x - c \text{ 이다.} \\ \text{만약 } x \in (\tilde{d}_L^*, +\infty)\text{이면, } \tilde{A}G(x)\text{이다.} \end{cases}$$

$$\tilde{v}_L = \begin{cases} \text{만약 } x \in (L, \tilde{d}_L^*)\text{이면, } \tilde{C}_1 F(x) + \tilde{C}_2 G(x)\text{이다.} \\ \text{만약 } x \in (\tilde{b}_L^*, +\infty)\text{이면, } \tilde{A}G(x) + x - c\text{이다.} \end{cases}$$

이라고 하고, $\tilde{j}_L \ge 0$이라고 가정하자. 그러면 $\tilde{j}_L(x) = \tilde{J}_L(x)$이고 $\tilde{v}_L(x) = \tilde{V}_L(x)$이다.
게다가,

(i) 만약 투자자가 0 포지션에서 시작하면 $\Lambda_0^* = (\nu_1^*, \tau_1^*, \nu_2^*, \tau_2^*, \ldots)$이라고 하고 이들 정지 시간은 $i \ge 1$에 대해서 다음을 만족한다.

$$\nu_1^* = \inf\{t \ge 0 : X_t \in [\tilde{a}_L^*, \tilde{d}_L^*]\} \wedge \tau_L,$$
$$\tau_i^* = \inf\{t > \nu_i^* : X_t \notin (L, \tilde{b}_L^*)\} \wedge \tau_L,$$
$$\nu_{i+1}^* = \inf\{t > \tau_i^* : X_t \in [\tilde{a}_L^*, \tilde{d}_L^*]\} \wedge \tau_L$$

(ii) 만약 투자자가 롱 포지션을 시작하면 $\Lambda_1^* = (\nu_1^*, \tau_1^*, \nu_2^*, \tau_2^*, \ldots)$이라 하고, 이들 정지 시간은 $i \geq 2$에 대해서 다음을 만족한다.

$$\tau_1^* = \inf\{t \geq 0 : X_t \notin (L, \tilde{b}_L^*)\} \wedge \tau_L,$$
$$\nu_i^* = \inf\{t > \tau_{i-1}^* : X_t \in [\tilde{a}_L^*, \tilde{d}_L^*]\} \wedge \tau_L,$$
$$\tau_i^* = \inf\{t > \nu_i^* : X_t \notin (L, \tilde{b}_L^*)\} \wedge \tau_L$$

그러면 Λ_0^*과 Λ_1^*는 (i)과 (ii)의 경우에 대해서 각각 최적이다.

2.6 추가 응용

여기서 연구된 최적 거래 문제는 수많은 확장에 대해 수정 가능하다. 우리의 모델은 임의의 유한한 수의 순차적 거래의 문제에 대한 빌딩 블록으로 간주될 수 있다. 주요 도전 과제는 우리가 처음에 가치 함수, 즉 J와 V에 대해 했던 것처럼 최적 진입과 청산을 위한 가치 함수를 분석하고 계산하는 것이다. 우리는 최소 보유 기간 또는 타이밍 페널티의 통합에 대해 간략하게 논의하면서 결론을 내릴 것이다.

2.6.1 최소 보유 기간

또 다른 실무적 관심 대상의 타이밍 제약은 최소 보유 기간이다. 최근 규제당국과 거래소는 고빈도 거래를 억제하기 위해 이 규칙을 적용하기를 고려하고 있다. 이러한 움직임은 거래에 대한 타이밍 제약의 효과를 더 잘 이해할 것을 요구한다. 직관적으로 최소 보유 기간은 항상 청산 시기를 지연시키지만, 그것이 투자자의 시장 진입 시기에 어떤 영향을 미칠까?

투자자가 일단 포지션에 진입하면 미리 지정된 기간 δ이 지난 후에만 청산할 수 있다고 가정하자. 최소 유지 기간의 포함은 다음의 제약하의 최적 정지 문제로 이어진다.

$$V^\delta(x) = \sup_{\tau \geq \delta} \mathbb{E}_x\{e^{-r\tau}(X_\tau - c_s)\} = \mathbb{E}_x\{e^{-r\delta}V(X_\delta)\}$$

여기서 $V^\delta(x)$는 (2.3)의 제약이 없는 문제이며 해는 정리 2.6에 주어진다. 두 번째 등식은 X의 강한 마르코프 특성과 $V(x)$의 최적성에서 나온다. 제약 없는 문제에 비해, $V^\delta(x)$에 대한 최적 청산 타이밍은 단순히 δ만큼 지연되는데, 그렇지 않은 경우에는 (2.31)의 $\tau*$와 동일하다. 또한, $V(x)$의 슈퍼 마팅게일과 음이 아닌 성질에 의해, $0 \leq V^\delta(x) \leq V(x)$와 $V^\delta(x)$가 δ에 따라 감소하는 것을 볼 수 있다.

최적의 진입 타이밍으로 눈을 돌리면 투자자는 다음을 푼다.

$$J^\delta(x) = \sup_{\nu \in \mathcal{T}} \mathbb{E}_x\{e^{-\hat{r}\nu}(V^\delta(X_\nu) - X_\nu - c_b)\} \tag{2.58}$$

다음 결과는 최소 보유 기간의 영향을 반영한다.

명제 2.19 모든 $x \in \mathbb{R}$에 대해서 $J^\delta(x) \leq J(x)$이고 $d^\delta \leq d^*$이다. 이는 최소 보유 기간으로 인해 (2.4)의 원래 가치 함수에 비해 낮은 최적 진입 수준과 낮은 가치 함수로 이어짐을 의미한다. 다음에 우리는 증명을 제시한다.

증명 정리 2.10에서와 같이 최적 진입 타이밍 문제 (2.58)은 다음 해를 가짐을 증명할 수 있다.

$$J^\delta(x) = \begin{cases} \text{만약 } x \in (-\infty, d^\delta]\text{이면, } V^\delta(x) - x - c_b \text{ 이다.} \\ \text{만약 } x \in (d^\delta, +\infty)\text{이면, } \frac{V^\delta(d^\delta) - d^\delta - c_b}{\hat{G}(d^\delta)}\hat{G}(x)\text{이다.} \end{cases}$$

여기서 최적 진입 수준 d^δ는 다음 식으로부터 구한다.

$$\hat{G}(d)(V^{\delta'}(d) - 1) = \hat{G}'(d)(V^\delta(d) - d - c_b)$$

원래의 경우와 비교하기 위해 $h_2(x) = -x - c_b$를 정의한다.

$$\hat{H}^\delta(z) = (\frac{V^\delta + h_2}{\hat{G}}) \circ \hat{\psi}^{-1}(z)$$

그리고 $\hat{W}^\delta(z)$를 $\hat{H}^\delta(z)$의 최소 오목 상계 함수라고 표기한다. 정리 2.10과 유사한 증명을 따라 다음을 보일 수 있다.

$$\hat{W}^\delta(z) = \begin{cases} \text{만약 } z \in [0, \hat{z}^\delta]\text{이면, } \hat{H}^\delta(z)\text{이다.} \\ \text{만약 } z \in (\hat{z}^\delta, +\infty)\text{이면, } \hat{H}^\delta(\hat{z}^\delta)\text{이다.} \end{cases}$$

여기서 $\hat{z}^\delta = \hat{\psi}(d^\delta)$은 $\hat{H}^{\delta'}(\hat{z}^\delta) = 0$을 만족한다. $\hat{z} = \hat{\psi}(d^*)$이 $\hat{H}'(\hat{z}) = 0$을 만족함을 상기하라.

$d^\delta \le d^*$를 증명하기 위해, $\hat{H}^\delta$와 $\hat{H}$의 오목성을 검토한다. (2.24)의 $\hat{H}$를 h_2의 항으로 다시 쓰면

$$\hat{H}(z) = (\frac{V + h_2}{\hat{G}}) \circ \hat{\psi}^{-1}(z)$$

이며, 이에 미분을 취하면 다음을 얻는다.

$$\hat{H}''(z) = \frac{2}{\sigma^2 \hat{G}(x)(\hat{\psi}'(x))^2}(\mathcal{L} - \hat{r})(V + h_2)(x), \quad z = \hat{\psi}(x) \tag{2.59}$$

유사하게 V를 V^δ로 대체하면, (2.59)가 $\hat{H}^\delta$에 대해서 성립한다. 이는 $(\mathcal{L} - \hat{r})(V + h_2)(x)$와 $(\mathcal{L} - \hat{r})(V^\delta + h_2)(x)$를 분석할 수 있도록 한다. 보조정리 2.9와 그림 2.4에서 보인 바와 같이, $\hat{H}(z)$은 $z \in (0, \hat{\psi}(\underline{b}))$에 대해 오목이다. 여기서 $\underline{b} < L^*$는 $(\mathcal{L} - \hat{r})(V + h_2)(x) = 0$와 $z < \hat{\psi}(\underline{b})$를 만족한다.

게다가 V의 슈퍼 마팅게일 특성으로부터 다음이 성립한다.

$$\mathbb{E}_x\{e^{-rt}V^\delta(X_t)\} = \mathbb{E}_x\{e^{-r(t+\delta)}V(X_{t+\delta})\} \le \mathbb{E}_x\{e^{-r\delta}V(X_\delta)\} = V^\delta(x)$$

이것과 Dayanik과 Karatzas(2003)의 명제 5.9로부터 $(\mathcal{L} - r)V^\delta(x) \le 0$을 추론할 수 있다. 그러면 $x < \underline{b}$에 대해서 다음을 얻는다.

$$\begin{aligned} (\mathcal{L} - \hat{r})(V^\delta + h_2)(x) &= (\mathcal{L} - r)V^\delta(x) + (r - \hat{r})V^\delta(x) + (\mathcal{L} - \hat{r})h_2(x) \\ &\le (r - \hat{r})V^\delta(x) + (\mathcal{L} - \hat{r})h_2(x) \\ &\le (r - \hat{r})V(x) + (\mathcal{L} - \hat{r})h_2(x) \\ &= (\mathcal{L} - \hat{r})(V + h_2)(x) \end{aligned}$$

여기서 마지막 등식은 $x < b^*$에 대해서 $(\mathcal{L} - r)V(x) = 0$이라는 사실로부터 도출된다. 이는 W가 $z \leq \psi(b^*)$과 $\underline{b} < L^* < b^*$에 대해 직선이기 때문이다. 따라서 $z \in (0, \hat{\psi}(\underline{b}))$에 대해서 $\hat{H}^{\delta\prime\prime}(z) \leq \hat{H}''(z) \leq 0$이고 $\hat{H}^\delta(z)$는 또한 오목이다.

$V(x) \geq V^\delta(x) \geq 0$이므로, $z \in (0, +\infty)$에 대해서 $\hat{H}(z) \geq \hat{H}^\delta(z)$이다. $\hat{H}(0) \geq \hat{H}^\delta(0) = 0$과 $\hat{H}(0+)$, $\hat{H}^\delta(0+) > 0$를 고려하면 $\hat{H}'(0+) \geq \hat{H}^{\delta\prime}(0+) \geq 0$이다. 이는 $z \in (0, \hat{\psi}(\underline{b}))$에 대해 $\hat{H}^{\delta\prime\prime}(z) \leq \hat{H}''(z) \leq 0$과 함께 $z \in (0, \hat{\psi}(\underline{b}))$에 대해 $\hat{H}'(z) \geq \hat{H}^{\delta\prime}(z)$임을 의미한다. 따라서 $\hat{H}^{\delta\prime}(\hat{z}) \leq \hat{H}'(\hat{z}) = 0$이다. $\hat{H}^{\delta\prime}(\hat{z}^\delta) = 0$와 $\hat{H}^\delta$의 오목성을 고려하면, $\hat{z}^\delta \leq \hat{z}$임을 결론을 내며, 이는 $\hat{\psi}$의 단조성에 의해 $d^\delta \leq d^*$와 같다.

$J^\delta(x) \leq J(x)$를 증명하는 것은 모든 $z \in [0, \infty)$에 대해 $\hat{W}^\delta(z) \leq \hat{W}(z)$임을 증명하는 것과 같다. (i) $z \in [0, \hat{z}^\delta]$에 대해 $\hat{W}^\delta(z) = \hat{H}^\delta(z)$, $\hat{W}(z) = \hat{H}(z)$, $\hat{H}^\delta(z) \leq \hat{H}(z)$이므로 이는 성립한다. (ii) $z \in (\hat{z}^\delta, \hat{z}]$에 대해서 $\hat{W}^\delta(z) = \hat{H}^\delta(\hat{z}^\delta) \leq \hat{H}(\hat{z}^\delta) \leq \hat{H}(z) = \hat{W}(z)$이며, 여기서 마지막 부등식은 $z \in (\hat{z}^\delta, \hat{z}]$에 대해서 $\hat{H}'(z) \geq 0$이라는 사실에 따른다. (iii) $z \in (\hat{z}, +\infty)$에 대해서 $\hat{W}^\delta(z) = \hat{H}^\delta(\hat{z}^\delta) \leq \hat{H}(\hat{z}) = \hat{W}(z)$이다. $\qquad\square$

2.6.2 경로 의존 위험 페널티

기대 청산 가치를 극대화하는 것 외에도 위험에 민감한 투자자는 시간에 따른 가격 변동을 우려할 수 있으므로 가격의 경로 행태에 따라 청산 타이밍을 조정하려고 할 것이다. 이는 청산 시간 τ까지의 경로 의존적 위험 페널티를 통합하는 동기를 부여한다. 이 아이디어를 예시하기 위해 우리는 $q(x)$가 임의의 양의 페널티 함수일 수 있는 $\mathbb{E}_x\{\int_0^\tau e^{-ru} q(X_u)\,du\}$ 형태의 페널티 항을 적용한다. 이 위험 페널티는 투자자가 그 포지션을 보유하고 있을 때만 적용되며, 진입 전에는 적용되지 않는다.

따라서 투자자는 다음의 페널티가 있는 최적 타이밍 문제를 푼다.

$$
\begin{aligned}
\mathcal{J}^q(x) &= \sup_{\nu \in \mathcal{T}} \mathbb{E}_x\left\{ e^{-r\tau}(\mathcal{V}^q(X_\nu) - X_\nu - c_b) \right\}, \\
\mathcal{V}^q(x) &= \sup_{\tau \in \mathcal{T}} \mathbb{E}_x\left\{ e^{-r\tau}(X_\tau - c_s) - \int_0^\tau e^{-ru} q(X_u)\,du \right\}
\end{aligned} \tag{2.60}
$$

특별한 경우로, $q(x) \equiv q$를 양의 상수라 하자. 그러면 (2.60)의 적분을 계산함으로써 다음을 얻는다.

$$\mathcal{V}^q(x) = \sup_{\tau \in \mathcal{T}} \mathbb{E}_x \left\{ e^{-r\tau} (X_\tau - (c_s - \frac{q}{r})) \right\} - \frac{q}{r} \tag{2.61}$$

이것은 (2.61)의 페널티가 있는 문제 $\mathcal{V}^q(x)$와 (2.3)의 페널티가 없는 최적 정지 문제 V 사이에 흥미로운 연관성을 제시한다. 실제로는 페널티 항이 양의 상수 $\frac{q}{r}$만큼 거래 비용 c_s를 줄이는 것에 상응한다는 것을 관찰한다. 즉, $\mathcal{V}^q(x)$에 대한 최적 정지 시간 τ_q^*는 (2.3)의 $V(x)$에 대한 최적 정지 시간 τ^*와 동일하지만 c_s는 $c_s - \frac{q}{r}$로 대체된다. 또한 b^*가 c_s에 따라 증가하기 때문에, 페널티 q가 높을수록 최적 청산 수준이 낮아진다. 진입 문제 $\mathcal{J}^q$에 대해서는 거래 비용을 $c_s + \frac{q}{r}$로 수정해 정리 2.10에서 해를 찾는다. 더 정교한 경로 의존 위험 페널티가 이 공식하에서 고려될 수 있다. 이는 $q(x) = \rho((m - x)^+)$의 (통합) 미달 위험shortfall을 기반으로 하는 것들을 포함한다. 여기서 m은 상수 벤치마크고, ρ은 증가 볼록 손실함수다(Föllmer와 Schied(2004)의 4.9절을 참조하라).

2.7 보조정리들의 증명

이 마지막 절에서 V, J, H와 $\hat{H}$의 특성에 관한 여러 보조정리와 명제의 증명을 제시한다.

보조정리 2.4의 증명(V의 한계) 우선 $F(-\infty) = G(+\infty) = 0$과 $F(+\infty) = G(-\infty) = +\infty$을 관찰하자. 극한은 다음과 같다.

$$\limsup_{x \to +\infty} \frac{(h(x))^+}{F(x)} = \limsup_{x \to +\infty} \frac{x - c_s}{F(x)} = \limsup_{x \to +\infty} \frac{1}{F'(x)} = 0$$

따라서 $x \in (x_0, +\infty)$에 대해 $(h(x))^+ < F(x)$인 x_0가 존재한다. $x \leq x_0$에 대해서 $(h(x))^+$는 상수 $(x_0, c_s)^+$에 의해 위로 유계다. 결과적으로, 모든 $x \in \mathbb{R}$에 대해 $(h(x))^+ < KF(x)$인 상수 K를 항상 찾을 수 있다.

정의에 의해 프로세스 $(e^{-rt}F(Xt))_{t\geq0}$는 마팅게일이다. 이는 모든 $x \in \mathbb{R}$과 $\tau \in \mathcal{T}$에 대해 다음이 성립한다.

$$KF(x) = \mathbb{E}_x\{e^{-r\tau}KF(X_\tau)\} \geq \mathbb{E}_x\{e^{-r\tau}(h(X_\tau))^+\} \geq \mathbb{E}_x\{e^{-r\tau}h(X_\tau)\}$$

따라서 $V(x) \leq KF(x)$이다. 마지막으로 $\tau = +\infty$를 후보 정지 시간을 선택하는 것은 $V(x) \geq 0$임을 의미한다.

보조정리 2.5의 증명(*H*의 특성) H의 $(0, +\infty)$에서의 연속성과 두 번 미분 가능성은 h, G와 ψ 로부터 직접 도출된다. H의 0에서의 연속성을 보이기 위해, $H(0) = \lim_{x\to-\infty}\frac{(x-c_s)^+}{G(x)} = 0$ 이므로 $\lim_{y\to0}H(z) = 0$만을 보이면 된다. $x \to -\infty$임에 따라 $z = \psi(x) \to 0$임을 주목하라. 따라서

$$\lim_{z\to0}H(z) = \lim_{x\to-\infty}\frac{h(x)}{G(x)} = \lim_{x\to-\infty}\frac{x-c_s}{G(x)} = \lim_{x\to-\infty}\frac{1}{G'(x)} = 0$$

H는 또한 0에서 연속이라고 결론짓는다.

(i) $x \in \mathbb{R}$ 대해서 $\psi(x) \in (0, +\infty)$이고 순증가함수임을 보일 수 있다. 그러면 특성 (i)는 $G(x) > 0$라는 사실로부터 바로 도출된다.

(ii) H의 정의에 의해,

$$H'(z) = \frac{1}{\psi'(x)}\left(\frac{h}{G}\right)'(x) = \frac{h'(x)G(x) - h(x)G'(x)}{\psi'(x)G^2(x)}, \quad z = \psi(x)$$

$\psi'(x)$와 $G^2(x)$가 모두 양이므로 $h'(x)G(x) - h(x)G'(x) = G(x) - (x - c_s)G'(x)$의 부호 만 결정하면 된다.

$u(x) := (x - c_s) - \frac{G(x)}{G'(x)}$로 정의하자. $u(x) + c_s$는 $G(x)$의 접선의 x축에서의 교차점 이고, $u'(x) = \frac{G(x)G''(x)}{(G'(x))^2}$임을 주목하라. $G(\cdot)$가 양이고 순감소하며, 볼록함수이므로, $u(x)$는 순증가하며 $x \to -\infty$임에 따라 $u(x) < 0$이다. 또한 다음을 주목하라.

$$u(c_s) = -\frac{G(c_s)}{G'(c_s)} > 0,$$

$$u(L^*) = (L^* - c_s) - \frac{G(x)}{G'(x)} = \frac{\mu}{r}(\theta - L^*) - \frac{G(L^*)}{G'(L^*)} = -\frac{\sigma^2}{2r}\frac{G''(L^*)}{G'(L^*)} > 0$$

따라서 $u(x) = 0$를 푸는 유일한 근 x^*가 존재하며, $x^* < c_s \wedge L^*$이며, 다음을 만족한다.

$$G(x) - (x - c_s)G'(x) \begin{cases} \text{만약 } x \in (-\infty, x^*)\text{이면, } < 0. \\ \text{만약 } x \in (x^*, +\infty)\text{이면, } > 0. \end{cases}$$

따라서 $z \in (0, \psi(x^*))$이면 $H(z)$는 순감소하며, 그렇지 않으면 증가한다.

(iii) H의 정의에 의해,

$$H''(z) = \frac{2}{\sigma^2 G(x)(\psi'(x))^2}(\mathcal{L} - r)h(x), \quad z = \psi(x)$$

σ^2, $G(x)$와 $(\psi'(x))^2$가 모두 양이므로, 단지 $(\mathcal{L} - r)h(x)$의 부호만 결정하면 된다.

$$(\mathcal{L} - r)h(x) = \mu(\theta - x) - r(x - c_s)$$
$$= (\mu\theta + rc_s) - (\mu + r)x \begin{cases} \text{만약 } x \in (-\infty, L^*]\text{이면, } \geq 0\text{이다.} \\ \text{만약 } x \in [L^*, +\infty)\text{이면, } \leq 0\text{이다.} \end{cases}$$

따라서 $z(0, \psi(L^*)]$이면 $H(z)$는 볼록이고, 아니면 오목이다.

보조정리 2.8의 증명(J의 한계) $\hat{F}(-\infty) = \hat{G}(+\infty) = 0$이고, $\hat{F}(+\infty) = \hat{G}(-\infty) = +\infty$ 이다. 다음 극한

$$\limsup_{x \to -\infty} \frac{(\hat{h}(x))^+}{\hat{G}(x)} = \limsup_{x \to -\infty} \frac{\hat{h}(x)}{\hat{G}(x)} = 0$$

으로부터 모든 $x \in (-\infty, \hat{x}_0)$에 대해 $(\hat{h}(x))^+ < \hat{G}(x)$인 어떤 $\hat{x}_0$가 존재한다. $(\hat{h}(x))^+$가 $x \in [\hat{x}_0, +\infty)$에 대해 $[0, (V(\hat{x}_0) - \hat{x}_0 - c_b)^+]$ 사이에 유계이므로, 모든 $x \in \mathbb{R}$에 대해

$(\hat{h}(x))^+ \leq \hat{K}\hat{G}(x)$인 어떤 상수 $\hat{K}$가 존재한다.

$\hat{G}$의 정의에 의해, 어떠한 $\tau \in \mathcal{T}$에 대해서도 $\hat{G}(x) = \mathbb{E}_x\{e^{-\hat{r}\tau}\hat{G}(X_\tau)\}$으로 쓸 수 있다. 이는 모든 $x \in \mathbb{R}$와 $\tau \in \mathcal{T}$에 대해서 다음 부등식을 산출한다.

$$\hat{K}\hat{G}(x) = \mathbb{E}_x\{e^{-\hat{r}\tau}\hat{K}\hat{G}(X_\tau)\} \geq \mathbb{E}_x\{e^{-\hat{r}\tau}(\hat{h}(X_\tau))^+\} \geq \mathbb{E}_x\{e^{-\hat{r}\tau}\hat{h}(X_\tau)\}$$

따라서 $J(x) \leq \hat{K}\hat{G}(x)$이다. $\tau = +\infty$가 후보 정지 시간이므로, $J(x) \geq 0$를 가진다.

보조정리 2.9의 증명($\hat{H}$의 특성) 우선 $V(x)$와 $\hat{h}(x)$이 $x = b^*$를 제외한 모든 곳에서 두 번 미분 가능함을 보인다. 다음을 상기하자.

$$V(x) = \begin{cases} \text{만약 } x \in (-\infty, b^*)\text{이면, } (b^* - c_s)\dfrac{F(x)}{F(b^*)} \\ \text{그렇지 않으면 } x - c_s \end{cases} \quad \text{그리고} \quad \hat{h}(x) = V(x) - x - c_b$$

따라서 (2.30)으로부터 다음이 성립한다.

$$V'(x) = \begin{cases} \text{만약 } x \in (-\infty, b^*)\text{이면, } (b^* - c_s)\dfrac{F'(x)}{F(b^*)} = \dfrac{F'(x)}{F'(b^*)} \\ \text{만약 } x \in (b^*, +\infty)\text{이면, } 1 \end{cases}$$

이는 $V(b^*-) = 1 = V(b^*+)$를 의미한다. 따라서 $V(x)$는 모든 곳에서 미분 가능하며, $\hat{h}$도 마찬가지다. 그러나 $V(x)$는 두 번 미분 가능하지 않다. 이는

$$V''(x) = \begin{cases} \text{만약 } x \in (-\infty, b^*)\text{이면, } \dfrac{F''(x)}{F'(b^*)} \\ \text{만약 } x \in (b^*, +\infty)\text{이면, } 0 \end{cases}$$

이고, $V''(b^*-) \neq V''(b^*+)$이기 때문이다. 결과적으로 $\hat{h}(x) = V(x) - x - c_b$는 b^*에서 두 번 미분 가능하지 않다.

$\hat{G}$와 $\hat{\psi}$의 두 번 미분 가능성은 매우 간단하다. $\hat{H}$의 $(0, +\infty)$에서의 연속성과 미분 가능성 및 $(0, \hat{\psi}(b^*)) \cup (\hat{\psi}(b^*), +\infty)$에서의 두 번 미분 가능성은 직접 이를 따른다. $x \to -\infty$임에 따라 $\hat{h}(x) > 0$이므로, $\hat{H}$는 정의에 의해 0에서 연속이다. 이제 $\hat{H}$의 특성을 확립한다.

(i) 우선 $\hat{H}$의 0에서의 값을 증명한다.

$$\hat{H}(0) = \lim_{x \to -\infty} \frac{(\hat{h}(x))^+}{\hat{G}(x)} = \limsup_{x \to -\infty} \frac{\frac{(b^* - c_s)}{F(b^*)} F(x) - x - c_b}{\hat{G}(x)}$$

$$= \limsup_{x \to -\infty} \frac{\frac{(b^* - c_s)}{F(b^*)} F'(x) - 1}{\hat{G}'(x)} = 0$$

다음 $x \in [b^*, +\infty)$에 대해서 $\lim_{x \to -\infty} \hat{h}(x) = +\infty$이고, $\hat{h}(x) = +(c_s + c_b)$임을 관찰한다. $F'(x)$가 순증가하고, $x \in \mathbb{R}$에 대해서 $F'(x) > 0$이므로, $x < b^*$에 대해 대해

$$\hat{h}'(x) = V'(x) - 1 = \frac{F'(x)}{F'(b^*)} - 1 < \frac{F'(b^*)}{F'(b^*)} - 1 = 0$$

이며, 이는 $x \in (-\infty,\ b^*)$에 대해서 $\hat{h}(x)$가 순감소함을 의미한다. 따라서 $\hat{h}(x) = 0$에 대한 유일해 $\bar{d}$이 존재하며 $\bar{d} < b^*$이며, 만약 $x \in (-\infty,\ \bar{d})$이면, $\hat{h}(x) > 0$이고 $x \in (\bar{d},\ +\infty)$이면, $\hat{h}(x) < 0$이다. $x \in \mathbb{R}$에 대해서 자명하게 $\hat{\psi}(x) \in (0,\ +\infty)$이며, 순증가함수다. 따라서 $\hat{G}(x) > 0$라는 사실과 함께 특성 (i)가 직접 따른다.

(ii) $x > b^*$에 대해서 $z = \hat{\psi}(x)$이며,

$$\hat{H}'(z) = \frac{1}{\hat{\psi}'(x)} \left(\frac{\hat{h}}{\hat{G}}\right)'(x) = \frac{1}{\hat{\psi}'(x)} \left(\frac{-(c_s + c_b)}{\hat{G}(x)}\right)' = \frac{1}{\hat{\psi}'(x)} \frac{(c_s + c_b)\hat{G}'(x)}{\hat{G}^2(x)} < 0$$

이는 $\hat{\psi}'(x) > 0$, $\hat{G}'(x) < 0$ 그리고 $\hat{G}^2(x) > 0$이기 때문이다. 따라서 $\hat{H}(z)$는 $z > \hat{\psi}(b^*)$에 대해서 순감소한다.

(iii) $\hat{H}$의 정의에 의해,

$$\hat{H}''(z) = \frac{2}{\sigma^2 \hat{G}(x)(\hat{\psi}'(x))^2} (\mathcal{L} - \hat{r})\hat{h}(x), \quad z = \hat{\psi}(x)$$

σ^2, $\hat{G}(x)$와 $(\hat{\psi}'(x))^2$가 모두 양이므로, $(\mathcal{L} - \hat{r})\hat{h}(x)$의 부호만 결정하면 된다.

$$
\begin{aligned}
(\mathcal{L} - \hat{r})\hat{h}(x) &= \frac{1}{2}\sigma^2 V''(x) + \mu(\theta - x)V'(x) - \mu(\theta - x) - \hat{r}(V(x) - x - c_b) \\
&= \begin{cases} \text{만약 } x < b^* \text{이면, } (r - \hat{r})V(x) + (\mu + \hat{r})x - \mu\theta + \hat{r}c_b \text{이다.} \\ \text{만약 } x > b^* \text{이면, } \hat{r}(c_s + c_b) > 0 \text{이다.} \end{cases}
\end{aligned}
$$

$(-\infty,\, b^*)$의 $(\mathcal{L} - \hat{r})\hat{h}(x)$의 부호를 결정하기 위해, 우선 $[(\mathcal{L} - \hat{r})\hat{h}(x)](x)$가 $(-\infty,\, b^*)$에서 순증가하는 함수라는 것을 주목하자. 이는 $V(x)$가 순증가하는 함수이고, 가정에 의해 $r \geq \hat{r}$이기 때문이다. 다음 $x \in [L^*,\, b^*)$에 대해 다음을 주목하자.

$$
\begin{aligned}
(\mathcal{L} - \hat{r})\hat{h}(x) &= (r - \hat{r})V(x) + (\mu + \hat{r})x - \mu\theta + \hat{r}c_b \\
&\geq (r - \hat{r})(x - c_s) + (\mu + \hat{r})x - \mu\theta + \hat{r}c_b \\
&= (r + \mu)x - (\mu\theta + rc_s) + \hat{r}(c_s + c_b) \\
&\geq (r + \mu)L^* - (\mu\theta + rc_s) + \hat{r}(c_s + c_b) = \hat{r}(c_s + c_b) > 0
\end{aligned}
$$

또한 $x \to -\infty$임에 따라 $(\mathcal{L} - \hat{r})\hat{h}(x) \to -\infty$이다. 따라서 만약 $x \in (-\infty,\, \underline{b})$이면, $(\mathcal{L} - \hat{r})\hat{h}(x) < 0$이며, $\underline{b} < L^*$이 손익분기점이다. 이로부터 특성 (iii)가 증명된다.

보조정리 2.16의 증명($\hat{H}_L$의 특성)

(i) $\hat{H}_L(z)$의 $(0,\, +\infty)$에서의 연속성은 $\hat{h}_L$, $\hat{G}$과 $\hat{\psi}$의 연속성에 의해 내재된다. $\hat{H}_L(z)$의 연속성은 다음으로부터 도출된다.

$$
\hat{H}_L(0) = \lim_{x \to -\infty} \frac{(\hat{h}_L(x))^+}{\hat{G}(x)} = \lim_{x \to -\infty} \frac{0}{\hat{G}(x)} = 0,
$$

$$
\lim_{z \to 0} \hat{H}_L(z) = \lim_{x \to -\infty} \frac{\hat{h}_L}{\hat{G}}(x) = \lim_{x \to -\infty} \frac{-(c_s + c_b)}{\hat{G}(x)} = 0
$$

여기서 $x \to -\infty$임에 따라 $z = \hat{\psi}(x) \to 0$을 사용했다.

게다가 $x \in (-\infty,\, L] \cup [b_L^*,\, +\infty)$에 대해서 $V_L(x) = x - c_s$이며, $\hat{h}_L(x) = -(c_s + c_b)$이다. 또한 $\hat{\psi}(x)$는 순증가하는 함수이며, $\hat{G}(x) > 0$라는 사실로 특성 (i)이 성립한다.

76

(ii) $\hat{H}_L$의 정의에 의해 $\hat{G}$과 $\hat{\psi}$이 모든 곳에서 미분 가능하므로, $V_L(x)$의 미분 가능성만 보이면 된다. 이를 위해 $V_L(x)$가 (2.44)–(2.45)에 의해 b_L^*에서 미분 가능하지만 L에서 그렇지 않다. 따라서 $\hat{H}_L$는 $z \in (0, \hat{\psi}(L)) \cup (\hat{\psi}(L), +\infty)$에 대해서 미분 가능하다.

$\hat{G}(x) < 0$, $\hat{\psi}(x) > 0$와 $\hat{G}^2(x) > 0$라는 사실의 관점에서 $x \in (-\infty, L) \cup (b_L^*, +\infty)$에 대해

$$\hat{H}_L'(z) = \frac{1}{\hat{\psi}'(x)}\left(\frac{\hat{h}_L}{\hat{G}}\right)'(x) = \frac{1}{\hat{\psi}'(x)}\left(\frac{-(c_s + c_b)}{\hat{G}(x)}\right)' = \frac{(c_s + c_b)\hat{G}'(x)}{\hat{\psi}'(x)\hat{G}^2(x)} < 0$$

이다. 따라서 $\hat{H}_L(z)$는 $z \in (0, \hat{\psi}(L)) \cup [\hat{\psi}(b_L^*), +\infty)$에 대해 순감소한다.

(iii) $\hat{G}$와 $\hat{\psi}$ 모두 모든 곳에서 두 번 미분 가능한 반면 $V_L(x)$은 b_L^*과 L을 제외한 모든 곳에서 두 번 미분 가능하며, $\hat{h}_L(x)$도 그렇다. 따라서 $\hat{H}_L(z)$는 $(0, \hat{\psi}(L)) \cup (\hat{\psi}(L), \hat{\psi}(b_L^*)) \cup (\hat{\psi}(b_L^*), +\infty)$에서 두 번 미분 가능하다.

$\hat{H}_L$의 볼록성/오목성을 결정하기 위해 2차 미분을 본다.

$$\hat{H}_L''(z) = \frac{2}{\sigma^2 \hat{G}(x)(\hat{\psi}'(x))^2}(\mathcal{L} - \hat{r})\hat{h}_L(x)$$

이 부호는 다음에 의해 결정된다.

$(\mathcal{L} - \hat{r})\hat{h}_L(x)$
$= \frac{1}{2}\sigma^2 V_L''(x) + \mu(\theta - x)V_L'(x) - \mu(\theta - x) - \hat{r}(V_L(x) - x - c_b)$
$= \begin{cases} \text{만약 } x \in (L, b_L^*)\text{이면, } (r - \hat{r})V_L(x) + (\mu + \hat{r})x - \mu\theta + \hat{r}c_b\text{이다.} \\ \text{만약 } x \in (-\infty, L) \cup (b_L^*, +\infty)\text{이면, } \hat{r}(c_s + c_b) > 0\text{이다.} \end{cases}$

이는 $\hat{H}_L$이 $z \in (0, \hat{\psi}(L)) \cup (\hat{\psi}(b_L^*), +\infty)$에 대해 볼록임을 의미한다.

한편, 조건 $\sup_{x \in \mathbb{R}} \hat{h}_L(x) > 0$은 다음을 의미한다.

$$\sup_{z \in [0, +\infty)} \hat{H}_L(z) > 0$$

특성 (i)과 $\hat{H}_L(z)$의 $z \in (\hat{\psi}(L), \hat{\psi}(b_L^*))$에 대한 두 번 미분 가능성에 의해 $\hat{H}_L(z)$가 $\hat{z}_1 \in (\hat{\psi}(\underline{a}_L), \hat{\psi}(\bar{d}_L))$에 대해 오목이고, 최대화되는 구간 $(\hat{\psi}(\underline{a}_L), \hat{\psi}(\bar{d}_L)) \subseteq (\hat{\psi}(L), \hat{\psi}(b_L^*))$이 존재한다.

게다가 만약 $V_L(x)$이 (L, b^*)에서 순증가하면, $(\mathcal{L} - \hat{r})\hat{h}_L(x)$ 역시 순증가한다. 이를 증명하기 위해 우선 보조정리 2.5로부터 $H(z)$가 $(\psi(L^*), +\infty)$에서 순증가하고 오목임을 상기하자. 명제 2.15에 의해, $b_L^* < b^*$이며, 이는 $z_L < z^*$를 의미하고, 따라서 $H'(z_L) > H'(z^*)$이다.

그러면 (2.32)와 (2.33)과 (2.47)로부터 다음이 성립한다.

$z \in (\psi(L), z_L)$에 대해서 $W_L'(z) = H'(z_L) > H'(z^*) = W'(z)$이다.

다음

$$W_L(z) = \frac{V_L}{G} \circ \psi^{-1}(z)$$

이므로, 미분을 통해 다음을 얻는다.

$$W_L'(z) = \frac{1}{\psi'(x)}\left(\frac{V_L}{G}\right)'(x) = \frac{1}{\psi'(x)}\left(\frac{V_L'(x)G(x) - V_L(x)G'(x)}{G^2(x)}\right)$$

$V_L(x)$을 $V(x)$로 대체하면, 동일한 것이 $W'(z)$에 대해서도 성립한다. $\psi'(x)$와 $G^2(x)$가 모두 양이므로, $W_L'(z) > W'(z)$는 $V_L'(x)G(x) - V_L(x)G'(x) > V'(x)G(x) - V(x)G'(x)$와 동일하다. 이는 다음을 의미한다.

$$V_L'(x) - V'(x) = -\frac{G'(x)}{G(x)}(V(x) - V_L(x)) > 0$$

이는 $G(x) > 0$, $G'(x) < 0$이고 $V(x) > V_L(x)$이기 때문이다. $V'(x) > 0$임을 상기해, $V_L(x)$이 순증가함수이고, $(\mathcal{L} - \hat{r})\hat{h}_L(x)$도 마찬가지임을 확립한다. $\hat{H}(z)$가 오목이거나 동일하게 $(\mathcal{L} - \hat{r})\ddot{h}_L(x) < 0$이고, $x = \ddot{\psi}^{-1}(z)$인 구간 $(\ddot{\psi}(\underline{a}_L), \ddot{\psi}(\bar{d}_L)) \subseteq (\hat{\psi}(L),$

$\hat{\psi}(b_L^*))$의 존재를 증명했으므로, $(\mathcal{L} - \hat{r})\hat{h}_L(x)$의 순증가하는 특성을 사용해 $\underline{a}_L = 0$이고, $\bar{d}_L \in (L,\ b_L^*)$가 $(\mathcal{L} - \hat{r})\hat{h}_L(x) = 0$의 유일해이고,

$$(\mathcal{L} - \hat{r})\hat{h}_L(x) \begin{cases} \text{만약 } x \in (L, \bar{d}_L)\text{이면, } < 0\text{이다.} \\ \text{만약 } x \in (-\infty, L) \cup (\bar{d}_L, b_L^*) \cup (b_L^*, +\infty)\text{이면, } > 0\text{이다.} \end{cases}$$

임을 결론 낸다. 따라서 함수 $\hat{H}_L$의 볼록성과 오목성을 증명한다.

03

지수 OU 모델하에서의 트레이딩

널리 사용되는 또 다른 평균 회귀 프로세스는 지수 올스타인-울렌벡^{XOU, eXponential Ornstein-Uhlenbeck} 프로세스다.

$$\xi_t = e^{X_t}, \qquad t \geq 0 \tag{3.1}$$

여기서 X는 (2.1)에서 정의된 OU 프로세스다. 즉 X는 양의 XOU 프로세스 ξ의 로그 가격이다. 3장에서는 가격이 XOU 프로세스에 의해 주도될 때 시장에 진입하고 그 후에 청산하는 최적 타이밍을 결정하기 위해 최적 이중 정지 문제를 푼다. 또한 거래의 무한 시퀀스를 포함하는 관련 최적 전환 문제^{optimal switching problem}를 분석한다. 결과 중 투자자는 일반적으로 가격이 낮을 때 진입하지만, 현재 가격이 충분히 0에 가까울 경우 기다리는 것이 최적임을 발견할 수 있다. 즉, 진입을 위한 지속(대기) 영역이 분리된다. 파라미터 및 거래 비용에 대한 타이밍 전략의 의존성을 설명하기 위해 수치 결과가 제공된다.

3.1절에서 최적 이중 정지 및 최적 전환 문제를 모두 공식화한다. 그런 다음 분석 및 수치 결과를 3.2절에 제시한다. 주요 결과의 증명은 3.3절과 3.4절에 자세히 설명해놨다.

3.1 최적 트레이딩 문제

XOU 가격 프로세스가 (3.1)을 충족한다고 하면, 표준 브라운 운동 B에 의해 생성된 여과집합^{filtration}을 $\mathbb{F}$로 나타내고((2.1) 참조), 모든 $\mathbb{F}$-정지 시간의 집합을 $\mathcal{T}$로 나타낸다.

3.1.1 최적 이중 정지 접근법

먼저 최적의 매도 타이밍을 고려한다. 만약 어떤 지점 τ에서 자산 한 주가 팔린다면, 투자자는 가치 $\xi_\tau = e^{X_\tau}$를 받고 상수인 거래 비용 $c_s > 0$을 지불하게 될 것이다. 기대 할인 가치를 최대화하기 위해 투자자는 다음의 최적 정지 문제를 푼다.

$$V^\xi(x) = \sup_{\tau \in \mathcal{T}} \mathbb{E}_x \big\{ e^{-r\tau}(e^{X_\tau} - c_s) \big\} \tag{3.2}$$

여기서 $r > 0$는 상수인 할인율이고, $\mathbb{E}_x\{\cdot\} \equiv \mathbb{E}\{\cdot | X_0 = x\}$이다.

가치 함수 $V^\xi(x)$은 ξ에 관련된 기대 청산 가치를 표현한다. 한편, 현재 가격 더하기 거래 비용은 거래에 진입하기 위한 총 비용을 구성한다. 위험 자산을 보유하기 전에 투자자는 항상 거래를 시작하는 최적 타이밍을 선택할 수 있다. 또는 진입하지 않는 것을 선택할 수 있다. 이는 트레이딩 문제에 있어 내재적인 진입 타이밍을 분석하도록 이끈다. 정확하게 다음을 푼다.

$$J^\xi(x) = \sup_{\nu \in \mathcal{T}} \mathbb{E}_x \big\{ e^{-r\nu}(V^\xi(X_\nu) - e^{X_\nu} - c_b) \big\} \tag{3.3}$$

여기서 상수 거래 비용 $c_b > 0$는 매수 시점에 발생한다. 즉, 트레이더는 가치 함수 $V^\xi(X_\nu)$와 현재 e^{X_ν}의 기대 차이에 거래 비용 c_b를 차감한 것을 최대화하고자 한다. 가치 함수 $J^\xi(x)$는 거래 비용 c_b와 c_s가 각각 진입과 청산 시 발생하는 가격 프로세스 ξ에서의 투자 기회의 최대 기댓값을 나타낸다. 우리의 분석에서 거래 비용 c_b와 c_s는 다를 수 있다. 표현을 용이하게 하기 위해 함수를 다음과 같이 표기한다.

$$h_s^\xi(x) = e^x - c_s \quad \text{와} \quad h_b^\xi(x) = e^x + c_b \tag{3.4}$$

어떤 초깃값 X_0에 대해 $J^\xi(X_0) \leq 0$인 것으로 판명되면 투자자는 X를 거래를 개시하지 않는다. 예제 2.1의 관점에서, 주어진 동학하에서 자명한 경우를 식별하는 것이 중요하다. XOU 모델에서 $\sup_{x \in \mathbb{R}}(V^\xi(x) - h_b^\xi(x)) \leq 0$은 $x \in \mathbb{R}$에 대해 $J^\xi(x) \leq 0$을 의미하기 때문에, 따라서 다음의 경우에 초점을 맞추고 비자명한 최적 타이밍 전략을 푼다.

$$\sup_{x \in \mathbb{R}}(V^\xi(x) - h_b^\xi(x)) > 0 \tag{3.5}$$

3.1.2 최적 전환 접근법

최적 전환 접근법하에서 투자자는 무한한 수의 거래를 실행할 수 있는 것으로 가정한다. 순차적 거래 시간은

$$0 \leq \nu_1 \leq \tau_1 \leq \nu_2 \leq \tau_2 \leq \ldots$$

다음과 같은 정지 시간 $\nu_1, \tau_1, \nu_2, \tau_2, \cdots \in \mathcal{T}$에 의해 모델링된다.

위험 자산 한 주가 각각 ν_i와 τ_i에 각각 매수 및 매도된다. 여기서 $i \in \mathbb{N}$이다. 투자자의 최적 거래 타이밍은 초기 포지션에 의존한다. 정확하게 XOU 모델하에서 만약 투자자가 0의 포지션으로 시작하면, 첫째 거래 결정은 언제 매수할 것인가이며 상응하는 최적 전환 문제는 다음과 같다.

$$\tilde{J}^\xi(x) = \sup_{\Lambda_0} \mathbb{E}_x \left\{ \sum_{n=1}^{\infty} [e^{-r\tau_n} h_s^\xi(X_{\tau_n}) - e^{-r\nu_n} h_b^\xi(X_{\nu_n})] \right\} \tag{3.6}$$

여기서 허용 가능한 정지 시간의 집합 $\Lambda_0 = (\nu_1, \tau_1, \nu_2, \tau_2, \cdots)$과 보상 함수 h_s^ξ와 h_b^ξ는 (3.4)에 정의된다. 한편 만약 투자자가 자산 한 주를 초기에 보유하면 투자자는 우선 매도할 시점을 결정해야 하며 다음을 푼다.

$$\tilde{V}^\xi(x) = \sup_{\Lambda_1} \mathbb{E}_x \left\{ e^{-r\tau_1} h_s^\xi(X_{\tau_1}) + \sum_{n=2}^{\infty} [e^{-r\tau_n} h_s^\xi(X_{\tau_n}) - e^{-r\nu_n} h_b^\xi(X_{\nu_n})] \right\} \tag{3.7}$$

여기서 $\Lambda_1 = (\tau_1, \nu_2, \tau_2, \nu_3, \cdots)$이다.

요약하면, 최적의 이중 정지 및 전환 문제에 있어 거래 수가 다르다. 이 중 정지 문제 (3.2)와 (3.3)에 대한 모든 전략이 각각 전환 문제 (3.7)과 (3.6)에 대한 후보 전략이기도 하다는 점에 유의하라. 따라서 $V^\xi(x) \leq \tilde{V}^\xi(x)$과 $J^\xi(x) \leq \tilde{J}^\xi(x)$이 성립한다. 우리의 목적은 이 두 가지 접근법하에서 상응하는 최적 타이밍 전략을 도출하고 비교하는 것이다.

3.2 해석적 결과의 요약

먼저 해석적 결과를 요약하고 최적 거래 전략을 설명한다. 해의 방법과 그 증명은 3.3절에서 논의될 것이다. XOU 모델하에서 최적 정지 문제 (3.2)와 (3.3)로 시작한다.

3.2.1 최적 이중 정지 문제

이제 XOU 모델에 따라 최적 청산 타이밍 문제에 대한 결과를 제시한다. 먼저 가치 함수 V^ξ에 대한 한계를 구한다.

보조정리 3.1 모든 $x \in \mathbb{R}$에 대해 $0 \leq V^\xi(x) \leq e_x + K^\xi$이 성립하는 양의 상수 K^ξ가 존재한다.

정리 3.2 최적 청산 문제 (3.2)는 해를 허용한다.

$$V^\xi(x) = \begin{cases} \text{만약 } x < b^{\xi*}\text{이면, } \dfrac{e^{b^{\xi*}} - c_s}{F(b^{\xi*})} F(x)\text{이다.} \\ \text{만약 } x \geq b^{\xi*}\text{이면, } e^x - c_s\text{이다.} \end{cases} \tag{3.8}$$

여기서 청산에 대한 최적 로그 가격 수준 $b^{\xi*}$는 다음 식으로부터 유일하게 구해진다.

$$e^b F(b) = (e^b - c_s)F'(b) \tag{3.9}$$

최적 청산 시간은 다음으로 주어진다.

$$\tau^{\xi*} = \inf\{\, t \geq 0 \,:\, X_t \geq b^{\xi*} \,\} = \inf\{\, t \geq 0 \,:\, \xi_t \geq e^{b^{\xi*}} \,\}$$

이제 최적 진입 타이밍에 초점을 맞추고, 가치 함수 J^{ξ}에 대한 한계를 제공한다.

보조정리 3.3 모든 $x \in \mathbb{R}$에 대해 $0 \leq J^{\xi}(x) \leq \hat{K}^{\xi}$가 성립하는 양의 상수 $\hat{K}^{\xi}$가 존재한다.

정리 3.4 XOU 모델하에서, 최적 진입 타이밍 문제 (3.3)은 다음 해를 허용한다.

$$J^{\xi}(x) = \begin{cases} \text{만약 } x \in (-\infty, a^{\xi*}) \text{이면, } P^{\xi}F(x)\text{이다.} \\ \text{만약 } x \in [a^{\xi*}, d^{\xi*}] \text{이면, } V^{\xi}(x) - (e^x + c_b)\text{이다.} \\ \text{만약 } x \in (d^{\xi*}, +\infty) \text{이면, } Q^{\xi}G(x)\text{이다.} \end{cases} \quad (3.10)$$

여기서 상수는 다음과 같으며,

$$P^{\xi} = \frac{V^{\xi}(a^{\xi*}) - (e^{a^{\xi*}} + c_b)}{F(a^{\xi*})}, \quad Q^{\xi} = \frac{V^{\xi}(d^{\xi*}) - (e^{d^{\xi*}} + c_b)}{G(d^{\xi*})}$$

임계 수준 $a^{\xi*}$과 $d^{\xi*}$는 각각 다음을 만족한다.

$$F(a)(V^{\xi'}(a) - e^a) = F'(a)(V^{\xi}(a) - (e^a + c_b)) \quad (3.11)$$

$$G(d)(V^{\xi'}(d) - e^d) = G'(d)(V^{\xi}(d) - (e^d + c_b)) \quad (3.12)$$

최적 진입 시간은 다음으로 주어진다.

$$\nu_{a^{\xi*}, d^{\xi*}} := \inf\{\, t \geq 0 \,:\, X_t \in [a^{\xi*}, d^{\xi*}] \,\}$$

요약하면, 투자자는 가격이 상위 수준 $e^{b^{\xi}}$이 도달하자마자 시장에서 나가야 한다. 대조적으로 최적 진입 타이밍은 XOU 가격 ξ이 구간 $[e^{a^{\xi*}}, e^{d^{\xi*}}]$에 진입하는 처음 시점이다. 즉, 현재 가격 ξ_t이 0에 너무 가깝다면 즉, $\xi_t < e^{a^{\xi*}}$이면 기다리는 것이 최적이다. 게다가 구간 $[e^{a^{\xi*}}, e^{d^{\xi*}}]$이 $(0, e^{b^{\xi}})$에 포함되고, 따라서 시장 진입을 위한 지속 영역이 분리된다. 이러한 현상의 한 가지 이유는 시장 진입을 기다리는 것이 할인으로 인해 유효 거래 비용을 줄이는 데 도움이 되기 때문이다. 이 경우 이 효과는 가치 함수와 현재 자산 가치 사이의

가치의 스프레드를 초과한다.

3.2.2 최적 전환 문제

이제 XOU 모델에서 (3.6)과 (3.7)에 정의된 최적 전환 문제로 돌아간다. 표현을 용이하게 하기 위해, 다음과 같이 표기한다.

$$f_s(x) := (\mu\theta + \frac{1}{2}\sigma^2 - r) - \mu x + rc_s e^{-x},$$
$$f_b(x) := (\mu\theta + \frac{1}{2}\sigma^2 - r) - \mu x - rc_b e^{-x}$$

연산자 $\mathcal{L}$((2.9) 참조)을 h_s^ξ와 h_b^ξ(3.4) 참조)에 적용하면 $(\mathcal{L} - r)h_s^\xi(x) = e^x f_s(x)$과 $(\mathcal{L} - r)h_b^\xi(x) = e^x f_b(x)$이 성립한다. 따라서 $f_s(f_b)$는 $(\mathcal{L} - r)h_s^\xi((\mathcal{L} - r)h_b^\xi)$의 부호를 보존한다. $f_s(x) = 0$가 유일 근을 가지는 것을 증명할 수 있다. 그러나

$$f_b(x) = 0 \tag{3.13}$$

은 근이 없거나, 하나의 근을 가지거나 또는 존재하면, x_{b1}과 x_{b2}로 표기되는 두 개의 상이한 근을 가질 수 있다. 다음 관찰 역시 유용할 것이다.

$$f_s(x) \begin{cases} \text{만약 } x < x_s\text{이면, } > 0 \\ \text{만약 } x > x_s\text{이면, } < 0 \end{cases} \text{와 } f_b(x) \begin{cases} \text{만약 } x \in (-\infty, x_{b1}) \cup (x_{b2}, +\infty)\text{이면, } < 0 \\ \text{만약 } x \in (x_{b1}, x_{b2})\text{이면, } > 0 \end{cases} \tag{3.14}$$

우리는 우선 가치 함수 $\tilde{J}^\xi$와 $\tilde{V}^\xi$에 대한 한계를 얻는다.

보조정리 3.5 다음이 성립하는 양의 상수 C_1과 C_2가 존재한다.

$$0 \le \tilde{J}^\xi(x) \le C_1,$$
$$0 \le \tilde{V}^\xi(x) \le e^x + C_2$$

최적 전환 문제는 문제 데이터에 따라 두 개의 상이한 해 집합을 가진다.

정리 3.6 (3.6)-(3.7)에 정의된 최적 전환 문제는 다음 해를 허용한다.

$$x \in \mathbb{R}\text{에 대해서 } \tilde{J}^{\xi}(x) = 0 \text{ 과}$$

$$\tilde{V}^{\xi}(x) = \begin{cases} \text{만약 } x < b^{\xi*}\text{이면, } \frac{e^{b^{\xi*}} - c_s}{F(b^{\xi*})} F(x)\text{이다.} \\ \text{만약 } x \geq b^{\xi*}\text{이면, } e^x - c_s\text{이다.} \end{cases} \tag{3.15}$$

여기서 $b^{\xi*}$는 만약 다음 상호 배타적인 조건이 중 어느 하나라도 성립하면 (3.9)를 만족한다.

(i) 식 (3.13)에 대해 근이 없거나 하나의 근이 존재한다.

(ii) 식 (3.13)에 대해 두 개의 상이한 근이 존재한다. 또한

$$F(\tilde{a}^*)e^{\tilde{a}^*} = F'(\tilde{a}^*)(e^{\tilde{a}^*} + c_b) \tag{3.16}$$

과

$$\frac{e^{\tilde{a}^*} + c_b}{F(\tilde{a}^*)} \geq \frac{e^{b^{\xi*}} - c_s}{F(b^{\xi*})} \tag{3.17}$$

이 성립하는 $\tilde{a}^* \in (x_{b1}, x_{b2})$이 존재한다.

(iii) (3.13)에 대해 두 개의 상이한 근이 존재하지만, (3.16)은 성립하지 않는다.

정리 3.6에서 $\tilde{J}^{\xi} = 0$는 시장에 전혀 진입하지 않는 것이 최적임을 의미한다. 반면 기초자산의 단위로 시작하는 경우, 최적 전환 문제는 최적 단일 정지 문제로 축소된다. 실제로 투자자는 청산 후 시장에 재진입하지 않을 것이다. 이는 단일 (청산) 거래만 있는 최적 청산 문제 (3.2)와 동일하다. 이 경우 최적 전략은 (3.8)의 V^{ξ}와 동일하다. 즉, 로그 가격 X가 임곗값 $b^{\xi*}$에 도달하는 즉시 시장에서 나가는 것이 가장 좋다.

우리는 또한 정리 3.6의 어떤 조건도 성립하지 않는 나머지 경우를 다룬다. 다음에 보여주는 바와 같이, 최적 전략은 진입 및 청산 임곗값을 모두 포함한다.

정리 3.7 만약 (3.13)에 대한 두 개의 상이한 근, x_{b1}과 x_{b2}가 존재하고, (3.16)을 만족하는 수 $\tilde{a}^* \in (x_{b1}, x_{b2})$가 존재해 다음을 만족하면,

$$\frac{e^{\tilde{a}^*} + c_b}{F(\tilde{a}^*)} < \frac{e^{b^{\xi *}} - c_s}{F(b^{\xi *})} \tag{3.18}$$

최적 전환 문제 (3.6)–(3.7)은 다음의 해를 허용한다.

$$\tilde{J}^\xi(x) = \begin{cases} \text{만약 } x \in (-\infty, \tilde{a}^*) \text{이면, } \tilde{P}F(x) \text{이다.} \\ \text{만약 } x \in [\tilde{a}^*, \tilde{d}^*] \text{이면, } \tilde{K}F(x) - (e^x + c_b) \text{이다.} \\ \text{만약 } x \in (\tilde{d}^*, +\infty) \text{이면, } \tilde{Q}G(x) \text{이다.} \end{cases} \tag{3.19}$$

$$\tilde{V}^\xi(x) = \begin{cases} \text{만약 } x \in (-\infty, \tilde{b}^*) \text{이면, } \tilde{K}F(x) \text{이다.} \\ \text{만약 } x \in [\tilde{b}^*, +\infty) \text{이면, } \tilde{Q}G(x) + e^x - c_s \text{이다.} \end{cases} \tag{3.20}$$

여기서 $\tilde{a}^*$는 (3.16)을 만족하고,

$$\tilde{P} = \tilde{K} - \frac{e^{\tilde{a}^*} + c_b}{F(\tilde{a}^*)},$$

$$\tilde{K} = \frac{e^{\tilde{d}^*} G(\tilde{d}^*) - (e^{\tilde{d}^*} + c_b)G'(\tilde{d}^*)}{F'(\tilde{d}^*)G(\tilde{d}^*) - F(\tilde{d}^*)G'(\tilde{d}^*)},$$

$$\tilde{Q} = \frac{e^{\tilde{d}^*} F(\tilde{d}^*) - (e^{\tilde{d}^*} + c_b)F'(\tilde{d}^*)}{F'(\tilde{d}^*)G(\tilde{d}^*) - F(\tilde{d}^*)G'(\tilde{d}^*)}$$

이다. 다음의 비선형 방정식 시스템으로부터 구할 수 있는 유일한 임계 수준 $\tilde{d}^*$와 $\tilde{b}^*$가 존재한다.

$$\frac{e^d G(d) - (e^d + c_b)G'(d)}{F'(d)G(d) - F(d)G'(d)} = \frac{e^b G(b) - (e^b - c_s)G'(b)}{F'(b)G(b) - F(b)G'(b)} \tag{3.21}$$

$$\frac{e^d F(d) - (e^d + c_b)F'(d)}{F'(d)G(d) - F(d)G'(d)} = \frac{e^b F(b) - (e^b - c_s)F'(b)}{F'(b)G(b) - F(b)G'(b)} \tag{3.22}$$

게다가 임계 수준은 $\tilde{d}^* \in (x_{b1}, x_{b2})$과 $\tilde{b}^* \in x_s$이다.

정리 3.7의 최적 전략은 정지 시간 $\Lambda_0^* = (\nu_1^*, \tau_1^*, \nu_2^*, \tau_2^*, \cdots)$과 $\Lambda_1^* = (\tau_1^*, \nu_1^*, \tau_2^*, \nu_3^*, \cdots)$으로 기술된다.

여기서

$i \geq 1$에 대해서 $\quad \nu_1^* = \inf\{t \geq 0 : X_t \in [\tilde{a}^*, \tilde{d}^*]\}$,

$\tau_i^* = \inf\{t \geq \nu_i^* : X_t \geq \tilde{b}^*\}$ 그리고 $\quad \nu_{i+1}^* = \inf\{t \geq \tau_i^* : X_t \leq \tilde{d}^*\}$

이다.

즉, 만약 가격이 $[e^{\tilde{a}^*}, e^{\tilde{d}^*}]$ 안에 있으면 매수하고, 가격 ξ가 $e^{\tilde{b}^*}$에 도달하면 매도하는 것이 최적이다. 매수/매도 영역의 구조는 이중 정지 경우와 유사하다(정리 3.2와 3.4를 참조하라). 특히 $\tilde{a}^*$는 정리 3.4의 $a^{\xi*}$과 같다. 식 (3.11)과 (3.16)이 같기 때문이다. 수준 $\tilde{a}^*$은 처음 매수에만 관련이 있다. 수학적으로 $\tilde{a}^*$는 $\tilde{d}^*$과 $\tilde{b}^*$으로부터 별도로 결정된다. 만약 0의 포지션으로 시작하면 가격 ξ이 구간 $[e^{\tilde{a}^*}, e^{\tilde{d}^*}]$에 있다면 진입하는 것이 최적이다. 그러나 모든 후속 거래에서 가격이 위로부터 $e^{\tilde{d}^*}$에 도달하는 즉시 시장에 진입한다. (이전에 $e^{\tilde{b}^*}$에서 청산한 후) 따라서 더 낮은 수준 $\tilde{a}^*$는 처음 진입 이후 관련이 없어진다.

정리 3.6과 3.7을 구별하는 조건은 포괄적이고 상호 배타적이다. 정리 3.6의 조건들이 위배되면 정리 3.7의 조건이 반드시 성립해야 한다. 특히 정리 3.6의 조건 (3.16)은 다음이 성립하면 그리고 그러한 경우에만 성립한다.

$$\left| \int_{-\infty}^{x_{b1}} \Psi(x) e^x f_b(x) dx \right| < \int_{x_{b1}}^{x_{b2}} \Psi(x) e^x f_b(x) dx \tag{3.23}$$

여기서

$$\Psi(x) = \frac{2F(x)}{\sigma^2 \mathcal{W}(x)} \text{와} \quad \mathcal{W}(x) = F'(x)G(x) - F(x)G'(x) > 0 \tag{3.24}$$

부등식 (3.23)은 모델 입력이 주어질 때 수치적으로 증명될 수 있다.

3.2.3 수치 예

정리 3.2, 3.4 및 3.7을 수치적으로 구현하고 관련 진입/청산 임곗값을 예시한다. 그림 3.1(a)에서 평균 회귀 속도 μ가 0.5에서 1로 증가함에 따라, 최적 진입 수준 $d^{\xi*}$와 $\tilde{d}^{*}$는 각각 0.7425에서 0.7912로, 0.8310에서 0.8850으로 증가한다. 반면 임계 청산 수준 $b^{\xi*}$와 $\tilde{b}^{*}$는 상대적으로 μ에 대해서 평평하게 유지된다. 최적 이중 정지 문제에서 발생하는 더 낮은 임계 수준 $a^{\xi*}$에 대해서는 그림 3.1(b)가 μ에 감소하고 있음을 보여준다. 위에서 주목한 바와 같이 더 낮은 임계 수준 $\tilde{a}^{*}$가 $a^{\xi*}$와 동일하기 때문에 최적 전환 문제에 대해서도 동일한 패턴이 유지된다.

이제 그림 3.2에서 거래 비용의 영향을 살펴본다. 왼쪽 패널에서는 거래 비용 c_b가 증가함에 따라 최적의 전환 진입 및 청산 수준인 $\tilde{d}^{*}$와 $\tilde{b}^{*}$ 사이의 간격이 넓어지는 것을 관찰한다. 이는 진입과 청산을 모두 지연시키는 것이 최적임을 의미한다. 직관적으로 거래 비용 상승에 따른 수익률 하락에 대응하기 위해서는 더 낮은 가격에 사고 더 높은 가격에 팔아야 더 넓은 스프레드를 모색할 수 있다. 이에 비해 이중 정지 문제로부터의 청산 수준 $b^{\xi*}$는 진입 비용과 무관한 것으로 분석적으로 알려져 있으므로, 그림에서 c_b가 증가할 때 일정하게 유지된다. 대조적으로, 진입 수준 $d^{\xi*}$는 c_b가 증가할수록 감소하지만 $\tilde{d}^{*}$보다 훨씬 덜 유의하다. 그림 3.2(b)는 최적 이중 정지 및 전환 문제에서 모두 동일한 $a^{\xi*}$가 c_b와 함께 단조롭게 증가함을 보여준다.

그림 3.1과 3.2 모두에서 최적 전환 문제와 관련된 진입과 청산 수준의 구간 $(\tilde{d}^{*}, \tilde{b}^{*})$는 최적 이중 정지 문제로부터 상응하는 구간 $(d^{\xi*}, b^{\xi*})$ 내에 놓여 있다. 직관적으로, 현재 거래가 완료되면 다시 시장에 진입할 의도로 트레이더는 더 일찍 진입/청산할 의향이 있으며, 이는 좁은 대기 영역을 의미한다.

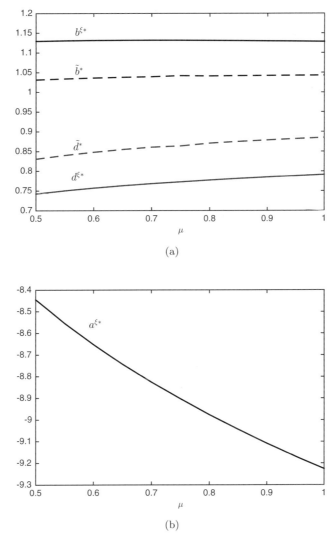

(a)

(b)

그림 3.1 (a) 평균 회귀 속도 μ 대비 최적 진입과 청산 수준. 파라미터: $\sigma = 0.2$, $\theta = 1$, $r = 0.05$, $c_s = 0.02$, $c_b = 0.02$ (b) 진입 영역의 더 낮은 임계 수준 $a^{\xi*}$는 μ이 0.5에서 1로 증가함에 따라 −8.4452에서 −9.2258로 단조 감소한다. 파라미터: $\sigma = 0.2$, $\theta = 1$, $r = 0.05$, $c_s = 0.02$, $c_b = 0.02$

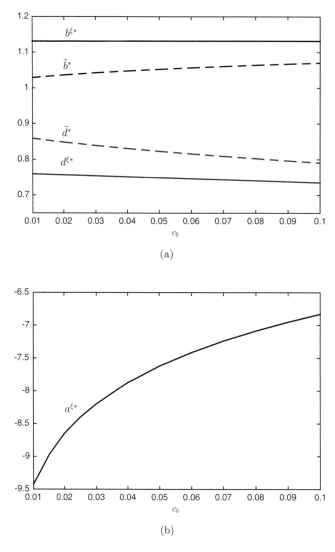

(a)

(b)

그림 3.2 (a) 거래 비용 c_b 대비 최적 진입과 청산 수준. 파라미터: $\mu = 0.6$, $\sigma = 0.2$, $\theta = 1$, $r = 0.05$, $c_s = 0.02$ (b) 진입 영역의 더 낮은 임계 수준 $a^{\xi*}$는 μ이 0.5에서 1로 증가함에 따라 −8.4452에서 −9.2258로 단조 감소한다. 파라미터: $\mu = 0.6$, $\sigma = 0.2$, $\theta = 1$, $r = 0.05$, $c_s = 0.02$

그림 3.3은 시뮬레이션된 경로 및 관련 진입/청산 수준을 보여준다. 경로가 $\xi_0 = 2.6011$ $> e^{\tilde{d}^*} > e^{d^{\xi*}}$에서 시작하므로, 정리 3.4와 3.7에 따라 투자자는 경로가 더 낮은 수준

$e^{d^{\xi*}}$(이중 정지) 또는 $e^{\tilde{d}*}$(전환)에 도달할 때까지 진입을 기다린다. 진입 후 투자자는 최적 수준 $e^{b^{\xi*}}$(이중 정지) 또는 $e^{\tilde{b}*}$(전환)에서 청산한다. 최적 전환 임곗값은 기초 자산 가격이 2.3847인 188일에 투자자가 처음 시장에 진입하는 것을 의미한다. 대조적으로 최적 이중 정지 타이밍은 가격이 처음 $e^{d^{\xi*}} = 2.1754$에 도달하는 845일에서의 더 늦은 진입을 산출한다. 청산 타이밍에 대해서는 최적 전환 설정하에서 투자자는 가격이 처음 $e^{\tilde{b}*} = 2.8323$에 도달하는 268일에 더 일찍 시장에서 청산한다. 이중 정지 타이밍은 가격이 $e^{b^{\xi*}} = 3.0988$에 도달하는 1,160일에 훨씬 더 늦다. 게다가 최적 전환 문제하에, 투자자는 동일한 시간 스팬 내에서 더 많은 거래를 실행한다. 그림에서 보는 바와 같이 이중 정지 투자자가 처음으로 청산하기 전에 투자자는 시장에서 두 "왕복"(매수와 매도) 거래를 완료했을 것이다.

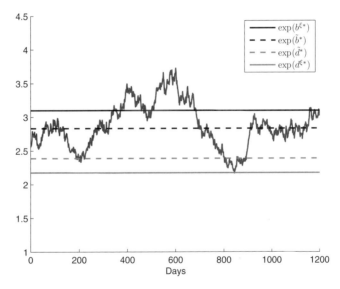

그림 3.3 진입과 청산 수준과 함께 그려진 샘플 지수 OU 경로. 이중 정지 설정하에서 투자자는 $\nu_{d^{\xi*}} = \inf\{t \geq 0 : \xi_t \leq e^{d^{\xi*}} = 2.1754\}$에서 진입하고(여기서 $d^{\xi*} = 0.7772$이다) $\tau_{b^{\xi*}} = \inf\{t \geq \nu_{d^{\xi*}} : \xi_t \leq e^{b^{\xi*}} = 3.0988\}$에서 청산한다(여기서 $b^{\xi*} = 1.1310$이다). 최적 전환 투자자는 $\nu_{\tilde{d}*} = \inf\{t \geq 0 : \xi_t \leq e^{\tilde{d}*} = 2.3888\}$에서 진입하고 (여기서 $\tilde{d}* = 0.8708$이다), $\tau_{\tilde{b}*} = \inf\{t \geq \nu_{\tilde{d}*} : \xi_t \leq e^{\tilde{b}*} = 2.8323\}$에서 청산한다(여기서 $\tilde{b}* = 1.0411$이다). 진입 영역의 더 낮은 임곗값은 $e^{a^{\xi*}} = 1.264 \cdot 10^{-4}$이다(여기서 $a^{\xi*} = -8.9760$이며, 이 그림에서는 보이지 않는다). 파라미터: $\mu = 0.8$, $\sigma = 0.2$, $\theta = 1$, $r = 0.05$, $c_s = 0.02$, $c_b = 0.02$

3.3 해의 방법

우리는 이제 최적 이중 정지 문제에 대해 정리 3.2와 3.4로 시작해 3.2절의 해석적 결과에 대한 자세한 증명을 제공한다.

3.3.1 최적 이중 정지 문제

3.3.1.1 최적 청산 타이밍

표현을 용이하게 하기 위해 H에 대한 (2.17)(h_s^ξ를 h로 대체함)에 따라 보상 함수 h_s^ξ(3.4 참조)와 관련된 함수 H^ξ를 정의한다. H^ξ의 함수적 특성을 요약한다.

보조정리 3.8 함수 H^ξ은 $[0, +\infty)$에 연속이고, $(0, +\infty)$에 두 번 미분 가능하고, 다음 특성을 보유한다.

(i) $H^\xi(0) = 0$과

$$H^\xi(z) \begin{cases} \text{만약 } z \in (0, \psi(\ln c_s)) \text{이면, } < 0 \text{ 이다.} \\ \text{만약 } z \in (\psi(\ln c_s), +\infty) \text{이면, } > 0 \text{ 이다.} \end{cases}$$

(ii) $H^\xi(z)$는 $z \in (\psi(\ln c_s), +\infty)$에 대해서 순증가하고, $z \to +\infty$에 따라 $H^\xi(z) \to 0$이다.

(iii)

$$H^\xi(z) \text{은} \begin{cases} z \in (0, \psi(x_s)] \text{인 경우 볼록이다.} \\ z \in [\psi(x_s), +\infty) \text{인 경우 오목이다.} \end{cases}$$

보조정리 3.8로부터 H^ξ는 H와 동일한 매우 유사한 구조를 갖고 있음을 알 수 있다. 이제 H^ξ의 특성을 사용해 최적 청산 타이밍에 대해서 푼다.

정리 3.2의 증명 다음 형태의 가치 함수를 찾는다. $V^\xi(x) = G(x)W^\xi(\psi(x))$. 여기서 W^ξ는 W^ξ의 최소 오목 상계 함수다. 보조정리 3.8에 의해 H^ξ는, $[\psi(x_s), +\infty)$에 대해 오목이고, $(\psi(\ln c_s), +\infty)$에 대해 양이며, $z \to +\infty$임에 따라 $H^{\xi'}(z) \to 0$이다. 따라서 유일한 수 $z^{\xi*} > \psi(x_s) \vee \psi(\ln c_s)$가 존재하며 다음을 성립한다.

$$\frac{H^\xi(z^{\xi*})}{z^{\xi*}} = H^{\xi'}(z^{\xi*}) \tag{3.25}$$

그러면 H^ξ의 최소 오목 상계 함수는 다음으로 주어진다.

$$W^\xi(z) = \begin{cases} z \in [0, z^{\xi*})\text{인 경우 } z\frac{H^\xi(z^{\xi*})}{z^{\xi*}} \\ z \in [z^{\xi*}, +\infty)\text{인 경우 } H^\xi(z) \end{cases}$$

$b^{\xi*} = \psi^{-1}(z^{\xi*})$를 (3.25)에 대입하면 다음을 얻는다.

$$\frac{H^\xi(z^{\xi*})}{z^{\xi*}} = \frac{H^\xi(\psi(b^{\xi*}))}{\psi(b^{\xi*})} = \frac{e^{b^{\xi*}} - c_s}{F(b^{\xi*})}$$

그리고

$$\begin{aligned}
H^{\xi'}(z^{\xi*}) &= \frac{e^{\psi^{-1}(z^{\xi*})}G(\psi^{-1}(z^{\xi*})) - (e^{\psi^{-1}(z^{\xi*})} - c_s)G'(\psi^{-1}(z^{\xi*}))}{F'(\psi^{-1}(z^{\xi*}))G(\psi^{-1}(z^{\xi*})) - F(\psi^{-1}(z^{\xi*}))G'(\psi^{-1}(z^{\xi*}))} \\
&= \frac{e^{b^{\xi*}}G(b^{\xi*}) - (e^{b^{\xi*}} - c_s)G'(b^{\xi*})}{F'(b^{\xi*})G(b^{\xi*}) - F(b^{\xi*})G'(b^{\xi*})}
\end{aligned}$$

이다.

동일하게 (3.25)를 $b^{\xi*}$의 항으로 표현하면 다음과 같다.

$$\frac{e^{b^{\xi*}} - c_s}{F(b^{\xi*})} = \frac{e^{b^{\xi*}}G(b^{\xi*}) - (e^{b^{\xi*}} - c_s)G'(b^{\xi*})}{F'(b^{\xi*})G(b^{\xi*}) - F(b^{\xi*})G'(b^{\xi*})}$$

이는 단순화하면 (3.9)와 동일하다. 결과적으로 다음을 얻는다.

$$W^\xi(\psi(x)) = \begin{cases} x \in (-\infty, b^{\xi*}) \text{인 경우} \ \psi(x)\frac{H^\xi(z^{\xi*})}{z^{\xi*}} = \frac{F(x)}{G(x)}\frac{e^{b^{\xi*}} - c_s}{F(b^{\xi*})} \\ x \in [b^{\xi*}, +\infty) \text{인 경우} \ H^\xi(\psi(x)) = \frac{e^x - c_s}{G(x)} \end{cases}$$

그러면 가치 함수 $V^\xi(x) = G(x)W^\xi(\psi(x))$는 (3.8)로 주어진다.

3.3.1.2 최적 진입 타이밍

여기서 직접 정리 2.3을 산출하는 논리를 따를 수 있다. 그러나 $\hat{h}^\xi(x) = V^\xi(x) - h^\xi_b(x) = V^\xi(x) - (e^x + c_b)$와 같은 보상을 사용해,

$\hat{H}^\xi$는 H와 유사하게 정의한다.

$$\hat{H}^\xi(z) := \begin{cases} z > 0 \text{인 경우} \ \frac{\hat{h}^\xi}{G} \circ \psi^{-1}(z) \\ z = 0 \text{인 경우} \ \lim_{x \to -\infty} \frac{(\hat{h}^\xi(x))^+}{G(x)} \end{cases}$$

다음 형태를 가진 가치 함수를 살펴볼 것이다. $J^\xi(x) = G(x)\hat{W}^\xi(\psi(x))$. 여기서 $\hat{W}^\xi$는 $\hat{H}^\xi$의 최소 오목 상계 함수다. $\hat{H}^\xi$의 특성은 다음 보조정리에 주어진다.

보조정리 3.9 함수 $\hat{H}^\xi$는 $[0, +\infty)$에 연속이고, $(0, +\infty)$에 미분 가능하며, $(0, \psi(b^{\xi*})) \cup (\psi(b^{\xi*}), +\infty)$에서 두 번 미분 가능하며, 다음 특성을 가진다.

(i) $\hat{H}^\xi(0) = 0$이며, $z \in (0, \psi(\underline{b}^{\xi*})) \cup (\psi(b^{\xi*}), +\infty)$에 대해서 $\hat{H}^\xi(z) < 0$인 어떤 $\underline{b}^{\xi*} < b^{\xi*}$이 존재한다.

(ii) $\hat{H}^\xi(z)$이 $z \in [\psi(b^{\xi*}), +\infty)$에 대해서 순감소한다.

(iii) 다음 상수를 정의하자.

$$x^{\xi*} = \theta + \frac{\sigma^2}{2\mu} - \frac{r}{\mu} - 1$$

$f_b(x) = 0$을 푸는 $-\infty < x_{b1} < x^{\xi*} < x_{b2} < x_s$인 어떤 상수 x_{b1}와 x_{b2}가 존재하며, 다음을 만족한다.

$$\hat{H}^{\xi}(z) \text{ 은} \begin{cases} y \in (0, \psi(x_{b1})) \cup (\psi(x_{b2})) \text{인 경우 볼록이다.} \\ z \in (\psi(x_{b1}), \psi(x_{b2})) \text{인 경우 오목이다.} \end{cases}$$

그리고 $\hat{z}_1^{\xi} := \operatorname{argmax}_{y \in [0, +\infty)} \hat{H}^{\xi}(y) \in (\psi(x_{b1}), \psi(x_{b2}))$이다.

그림 3.4는 보조정리 3.9에 따라 $\hat{H}^{\xi}$의 스케치를 제공하고, 상응하는 최소 오목 상계 함수 $\hat{W}^{\xi}$를 예시한다.

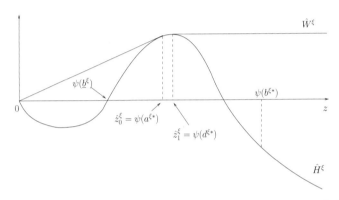

그림 3.4 $\hat{H}^{\xi}$와 $\hat{W}^{\xi}$의 스케치. $[0, \hat{z}_0^{\xi})$의 $\hat{z}_0^{\xi}$에서 최소 오목 상계 함수 $\hat{W}^{\xi}$는 $\hat{H}^{\xi}$에 접하는 직선이며, $[\hat{z}_0^{\xi}, \hat{z}_1^{\xi}]$에서는 $\hat{H}^{\xi}$와 일치하며, $(\hat{z}_1^{\xi}, +\infty)$에서는 $\hat{H}^{\xi}(\hat{z}_1^{\xi})$과 동일하다.

정리 3.4의 증명 보조정리 3.9와 그림 3.4에서와 같이, $\hat{H}^{\xi}$의 최대점의 정의에 의해 $\hat{z}_1^{\xi}$는 다음 식을 만족한다.

$$\hat{H}^{\xi'}(\hat{z}_1^{\xi}) = 0 \tag{3.26}$$

다음을 만족하는 유일한 수 $\hat{z}_0^{\xi} \in (x_{b1}, \hat{z}_1^{\xi})$가 존재한다.

$$\frac{\hat{H}^{\xi}(\hat{z}_0^{\xi})}{\hat{z}_0^{\xi}} = \hat{H}^{\xi'}(\hat{z}_0^{\xi}) \tag{3.27}$$

(3.26)과 (3.27) 그리고 그림 3.4를 사용하면 $\hat{W}^{\xi}$는 $[0, \hat{z}_1^{\xi})$의 $\hat{z}_0^{\xi}$에서 $\hat{H}^{\xi}$에 접하는 직선이며, $[\hat{z}_0^{\xi}, \hat{z}_1^{\xi}]$에서 $\hat{H}^{\xi}$와 일치하며, $(\hat{z}_1^{\xi}, +\infty)$에서 $\hat{H}^{\xi}(\hat{z}_1^{\xi})$와 동일하다. 결과적으로 다음을 얻는다.

$$\hat{W}^\xi(z) = \begin{cases} \text{만약 } z \in [0, \hat{z}_0^\xi)\text{이면, } z\hat{H}^{\xi'}(\hat{z}_0^\xi)\text{이다.} \\ \text{만약 } z \in [\hat{z}_0^\xi, \hat{z}_1^\xi]\text{이면, } \hat{H}^\xi(z)\text{이다.} \\ \text{만약 } z \in (\hat{z}_1^\xi, +\infty)\text{이면, } \hat{H}^\xi(\hat{z}_1^\xi)\text{이다.} \end{cases}$$

$a^{\xi*} = \psi^{-1}(\hat{z}_0^\xi)$를 (3.27)에 대입하면 다음을 얻는다.

$$\frac{\hat{H}^\xi(\hat{z}_0^\xi)}{\hat{z}_0^\xi} = \frac{V^\xi(a^{\xi*}) - (e^{a^{\xi*}} + c_b)}{F(a^{\xi*})}$$

그리고

$$\hat{H}^{\xi'}(\hat{z}_0^\xi) = \frac{G(a^{\xi*})(V^{\xi'}(a^{\xi*}) - e^{a^{\xi*}}) - G'(a^{\xi*})(V^\xi(a^{\xi*}) - (e^{a^{\xi*}} + c_b))}{F'(a^{\xi*})G(a^{\xi*}) - F(a^{\xi*})G'(a^{\xi*})}$$

이다. 동일하게 조건 (3.27)을 $a^{\xi*}$의 항으로 표현할 수 있다.

$$\frac{V^\xi(a^{\xi*}) - (e^{a^{\xi*}} + c_b)}{F(a^{\xi*})}$$
$$= \frac{G(a^{\xi*})(V^{\xi'}(a^{\xi*}) - e^{a^{\xi*}}) - G'(a^{\xi*})(V^\xi(a^{\xi*}) - (e^{a^{\xi*}} + c_b))}{F'(a^{\xi*})G(a^{\xi*}) - F(a^{\xi*})G'(a^{\xi*})}$$

이는 단순화하면 (3.11)과 동일하다. 또한 $\hat{H}^\xi(\hat{z}_0^\xi)$를 $a^{\xi*}$의 항으로 표현할 수 있다.

$$\hat{H}^{\xi'}(\hat{z}_0^\xi) = \frac{\hat{H}^\xi(\hat{z}_0^\xi)}{\hat{z}_0^\xi} = \frac{V^\xi(a^{\xi*}) - (e^{a^{\xi*}} + c_b)}{F(a^{\xi*})} = P^\xi$$

추가로, $d^{\xi*} = \psi^{-1}(\hat{z}_1^\xi)$를 (3.26)에 대입하면 다음을 얻는다.

$$\frac{G(d^{\xi*})(V^{\xi'}(d^{\xi*}) - e^{d^{\xi*}}) - G'(d^{\xi*})(V^\xi(d^{\xi*}) - (e^{d^{\xi*}} + c_b))}{F'(d^{\xi*})G(d^{\xi*}) - F(d^{\xi*})G'(d^{\xi*})} = 0$$

이는 (3.12)로 더 단순화될 수 있다. 게다가 $\hat{H}^\xi(\hat{z}_1^\xi)$는 $d^{\xi*}$의 항으로 표현할 수 있다.

$$\hat{H}^\xi(\hat{z}_1^\xi) = \frac{V^\xi(d^{\xi*}) - (e^{d^{\xi*}} + c_b)}{G(d^{\xi*})} = Q^\xi$$

$\hat{W}^\xi$과 연관 함수들에 대한 표현을 직접 대입하면 (3.10)의 가치 함수를 얻는다.

3.3.2 최적 전환 문제

이전 절에서 도출한 결과들을 이용해 전환 문제의 매수와 매도 영역의 구조를 추론할 수 있으며 그 최적성을 증명할 것이다. 이 절에서 정리 3.6과 3.7에 대한 자세한 증명을 제공한다.

정리 3.6의 증명(1부)   우선 $h_s^\xi(x) = e^x - c_s$을 사용해 미분하면 다음을 얻는다.

$$\left(\frac{h_s^\xi}{F}\right)'(x) = \frac{(e^x - c_s)F'(x) - e^x F(x)}{F^2(x)} \tag{3.28}$$

한편, 이토 보조정리를 이용해 다음을 얻는다.

$$h_s^\xi(x) = \mathbb{E}_x\{e^{-rt}h_s^\xi(X_t)\} - \mathbb{E}_x\left\{\int_0^t e^{-ru}(\mathcal{L} - r)h_s^\xi(X_u)du\right\}$$

다음을 주목하자.

$t \to +\infty$임에 따라,

$$\mathbb{E}_x\{e^{-rt}h_s^\xi(X_t)\} = e^{-rt}\left(e^{(x-\theta)e^{-\mu t}+\theta+\frac{\sigma^2}{4\mu}(1-e^{-2\mu t})} - c_s\right) \to 0$$

이는 다음을 의미한다.

$$\begin{aligned}
h_s^\xi(x) &= -\mathbb{E}_x\left\{\int_0^{+\infty} e^{-ru}(\mathcal{L} - r)h_s^\xi(X_u)du\right\} \\
&= -G(x)\int_{-\infty}^x \Psi(s)(\mathcal{L} - r)h_s^\xi(s)ds \\
&\quad - F(x)\int_x^{+\infty} \Phi(s)(\mathcal{L} - r)h_s^\xi(s)ds
\end{aligned} \tag{3.29}$$

여기서 Ψ는 (3.24)에 정의되며,

$$\Phi(x) := \frac{2G(x)}{\sigma^2 \mathcal{W}(x)} \qquad (3.30)$$

이다. 마지막 행은 Rogers와 Williams(2000)의 정리 50.7에서 나오며, (3.29)의 우변을 미분하면 다음을 얻는다.

$$\begin{aligned}
\left(\frac{h_s^\xi}{F}\right)'(x) &= -\left(\frac{G}{F}\right)'(x) \int_{-\infty}^{x} \Psi(s)(\mathcal{L}-r)h_s^\xi(s)ds \\
&\quad - \frac{G}{F}(x)\Psi(x)(\mathcal{L}-r)h_s^\xi(x) - \Phi(x)(\mathcal{L}-r)h_s^\xi(x) \\
&= \frac{\mathcal{W}(x)}{F^2(x)} \int_{-\infty}^{x} \Psi(s)(\mathcal{L}-r)h_s^\xi(s)ds = \frac{\mathcal{W}(x)}{F^2(x)}q(x)
\end{aligned}$$

여기서

$$q(x) := \int_{-\infty}^{x} \Psi(s)(\mathcal{L}-r)h_s^\xi(s)ds$$

이다. $\mathcal{W}(x)$, $F(x) > 0$이므로, $\left(\frac{h_s^\xi}{F}\right)'(x) = 0$는 $q(x) = 0$와 같음을 추론한다. (3.28)을 이용해 (3.9)가 $q(b^{\xi*}) = 0$와 같음을 안다.

다음 (3.14)로부터 다음이 성립한다.

$$q'(x) = \Psi(x)(\mathcal{L}-r)h_s^\xi(x) \begin{cases} \text{만약 } x < x_s \text{이면, } > 0 \text{이다.} \\ \text{만약 } x > x_s \text{이면, } < 0 \text{이다.} \end{cases} \qquad (3.31)$$

이는 $\lim_{x \to -\infty} q(x) = 0$인 사실과 함께 $\lim_{x \to +\infty} q(x) < 0$이면, 그러한 경우에만 $q(b^{\xi*}) = 0$가 성립하는 유일한 수 $b^{\xi*}$이 존재함을 의미한다. 다음에서 이 부등식이 성립함을 증명한다. h_s^ξ와 F의 정의에 의해 다음을 얻는다.

$x > \ln c_s$에 대해 $\dfrac{h_s^\xi(x)}{F(x)} = \dfrac{e^x - c_s}{F(x)} > 0$이며, $\displaystyle\lim_{x \to +\infty} \frac{h_s^\xi(x)}{F(x)} = 0$이고,

$$\left(\frac{h_s^\xi}{F}\right)'(x) = \frac{\mathcal{W}(x)}{F^2(x)} \int_{-\infty}^{x} \Psi(s)(\mathcal{L}-r)h_s^\xi(s)ds = \frac{\mathcal{W}(x)}{F^2(x)}q(x) \qquad (3.32)$$

이다. q가 $(x_s, +\infty)$에서 순증가하므로, $\lim_{x \to +\infty} q(x) < 0$이고 이 경우에만 앞의 식이 성립한다. 따라서 $e^b F(b) = (e^b - c_s)F'(b)$를 만족하는 유일한 $b^{\xi*}$가 존재한다. (3.31)을 사용해 다음을 알 수 있다.

$$\text{모든 } x < b^{\xi*}\text{에 대해 } b^{\xi*} > x_s\text{이고 } q(x) > 0\text{이다.} \tag{3.33}$$

$e^{b^{\xi*}}$, $F(b^{\xi*})$, $F'(b^{\xi*}) > 0$이므로, $h_s^\xi(b^{\xi*}) = e^{b^{\xi*}} - c_s > 0$ 또는 동일하게 $b^{\xi*} > \ln c_s$임을 결론 낼 수 있다.

우리는 이제 직접 대입함으로써 (3.15)의 $\tilde{V}^\xi(x)$와 $\tilde{J}^\xi(x)$가 다음 쌍의 변분부등식을 만족함을 증명한다.

$$\min\{r\tilde{J}^\xi(x) - \mathcal{L}\tilde{J}^\xi(x), \tilde{J}^\xi(x) - (\tilde{V}^\xi(x) - h_b^\xi(x))\} = 0 \tag{3.34}$$

$$\min\{r\tilde{V}^\xi(x) - \mathcal{L}\tilde{V}^\xi(x), \tilde{V}^\xi(x) - (\tilde{J}^\xi(x) + h_s^\xi(x))\} = 0 \tag{3.35}$$

우선 $\tilde{J}^\xi(x)$이 항등적으로 0이어서 다음 등식을 만족함을 주목한다.

$$(r - \mathcal{L})\tilde{J}^\xi(x) = 0 \tag{3.36}$$

$\tilde{J}^\xi(x) - (\tilde{V}^\xi(x) - h_b^\xi(x)) \geq 0$을 증명하기 위해 분리된 구간 $(-\infty, b^{\xi*})$와 $[b^{\xi*}, \infty)$를 별도로 살펴본다. $x \geq b^{\xi*}$에 대해, 다음을 얻는다.

$$\tilde{V}^\xi(x) - h_b^\xi(x) = -(c_b + c_s)$$

이는 $\tilde{J}^\xi(x) - (\tilde{V}^\xi(x) - h_b^\xi(x)) = c_b + c_s \geq 0$임을 의미한다. $x < b^{\xi*}$일 때 다음 부등식

$$\tilde{J}^\xi(x) - (\tilde{V}^\xi(x) - h_b^\xi(x)) \geq 0$$

은 다음과 같이 쓸 수 있다.

$$\frac{h_b^\xi(x)}{F(x)} = \frac{e^x + c_b}{F(x)} \geq \frac{e^{b^{\xi*}} - c_s}{F(b^{\xi*})} = \frac{h_s^\xi(b^{\xi*})}{F(b^{\xi*})} \tag{3.37}$$

이것이 성립하기 위한 필요조건을 결정하기 위해 (3.37)의 좌변의 미분을 고려한다.

$$\left(\frac{h_b^\xi}{F}\right)'(x) = \frac{\mathcal{W}(x)}{F^2(x)} \int_{-\infty}^x \Psi(s)(\mathcal{L} - r)h_b^\xi(s)ds$$

$$= \frac{\mathcal{W}(x)}{F^2(x)} \int_{-\infty}^x \Psi(s)e^s f_b(s)ds \qquad (3.38)$$

만약 $f_b(x) = 0$의 근이 없으면, $(\mathcal{L} - r)h_b^\xi(x)$는 모든 $x \in \mathbb{R}$에 대해 음이다. 한편, 단 하나의 근 $\tilde{x}$가 존재하면, $(\mathcal{L} - r)h_b^\xi(\tilde{x}) = 0$이며, 모든 다른 x에 대해 $(\mathcal{L} - r)h_b^\xi(x) < 0$이다. 이 모든 경우에, $h_b^\xi(x)/F(x)$는 엄격한 감소 함수이며, (3.37)이 참이다.

그렇지 않고 만약 $f_b(x) = 0$이 두 개의 근 x_{b1}과 $x_{b2}(x_{b1} < x_{b2})$를 가지면, 다음이 성립한다.

$$(\mathcal{L} - r)h_b^\xi(x) \begin{cases} \text{만약 } x \in (-\infty, x_{b1}) \cup (x_{b2}, +\infty)\text{이면, } < 0\text{이다.} \\ \text{만약 } x \in (x_{b1}, x_{b2})\text{이면, } > 0\text{이다.} \end{cases} \qquad (3.39)$$

(3.39)를 (3.38)에 적용하면, (3.38)의 적분 대상이 음이므로 미분 $(h_b^\xi/F)'(x)$은 $(-\infty, x_{b1})$에서 음이다. 따라서 $h_b^\xi(x)/F(x)$는 $(-\infty, x_{b1})$에서 순감소한다. 더 나아가, $b^{\xi*} > x_s > x_{b2}$임을 주목한다. 구간 (x_{b1}, x_{b2})에서 적분 대상은 양이다. 따라서 $(h_b^\xi/F)'$이 어떤 $x \in (x_{b1}, x_{b2})$에서 부호를 바꾸는 것이 가능하다. 이것이 일어나려면 적분의 양의 부분이 음의 부분의 절댓값보다 더 커야만 한다. 즉, (3.23)이 반드시 성립해야 한다. 만약 (3.23)이 성립하면, $(h_b^\xi/F)'(\tilde{a}^*) = 0$ 또는 동일하게 (3.16)이 성립하는 $\tilde{a}^* \in (x_{b1}, x_{b2})$가 반드시 존재해야 한다. 즉,

$$\left(\frac{h_b^\xi}{F}\right)'(\tilde{a}^*) = \frac{h_b^{\xi'}(\tilde{a}^*)}{F(\tilde{a}^*)} - \frac{h_b^\xi(\tilde{a}^*)F'(\tilde{a}^*)}{F^2(\tilde{a}^*)} = \frac{e^{\tilde{a}^*}}{F(\tilde{a}^*)} - \frac{(e^{\tilde{a}^*} + c_b)F(\tilde{a}^*)'}{F^2(\tilde{a}^*)}$$

만약 (3.16)이 성립하면, 다음을 얻는다.

$$\left|\int_{-\infty}^{x_{b1}} \Psi(x)e^x f_b(x)dx\right| = \int_{x_{b1}}^{\tilde{a}^*} \Psi(x)e^x f_b(x)dx$$

게다가

$$\int_{\tilde{a}^*}^{x_{b2}} \Psi(x)e^x f_b(x)dx > 0$$

이므로, 다음이 성립한다.

$$\left| \int_{-\infty}^{x_{b1}} \Psi(x)e^x f_b(x)dx \right| < \int_{x_{b1}}^{x_{b2}} \Psi(x)e^x f_b(x)dx$$

이는 (3.16)과 (3.23)이 같음을 확립한다. 이 조건하에서 h_b^ξ/F는 $(x_{b1}, \tilde{a}^*)$에서 순감소한다. 그러면 $(\tilde{a}^*, b^{\xi*})$에서 순증가하거나, 또는 $h_b^\xi(x)/F(x)$가 $(\tilde{a}^*, \bar{x})$에서 순증가하고, $(\bar{x}, b^{\xi*})$에서 순감소하는 어떤 $\bar{x} \in (x_{b2}, b^{\xi*})$가 존재한다. 이 모든 경우에, (3.37)은 만약 (3.17)이 성립하면, 또한 그러한 경우에만 참이다.

또는 만약 (3.23)이 성립하지 않으면, (3.38)에 의해 적분 $(h_b^\xi/F)'$ $h_b^\xi(x)/F(x)$이 모든 $x \in (-\infty, b^{\xi*})$에 대해서 순감소한다는 것을 의미하며, 이 경우 (3.37)이 성립한다.

따라서 (3.34)가 성립하는 것을 증명할 수 있다. 특히 0 최소점이 (3.36)이 결과로 달성된다는 것을 증명할 수 있다. (3.35)를 증명하기 위해 유사한 절차를 겪는다. 다음이 성립하는 것을 확인하기 위해 두 가지 경우를 고려한다.

$$(r - \mathcal{L})\tilde{V}^\xi(x) \geq 0$$

우선 $x < b^{\xi*}$일 때, 다음을 얻는다.

$$(r - \mathcal{L})\tilde{V}^\xi(x) = \frac{e^{b^{\xi*}} - c_s}{F(b^{\xi*})}(r - \mathcal{L})F(x) = 0$$

한편 $x \geq b^{\xi*}$일 때, 다음 부등식이 성립한다.

$$(r - \mathcal{L})\tilde{V}^\xi(x) = (r - \mathcal{L})h_s^\xi(x) > 0$$

이는 $b^{\xi*} \geq x_s$이기 때문이다((3.33)의 처음 부등식).

유사하게, $x \geq b^{\xi*}$일 때, 다음을 얻는다.

$$\tilde{V}^\xi(x) - (\tilde{J}^\xi(x) + h_s^\xi(x)) = h_s^\xi(x) - h_s^\xi(x) = 0$$

$x < b^{\xi*}$일 때, 다음 부등식이 성립한다.

$$\tilde{V}^\xi(x) - (\tilde{J}^\xi(x) + h_s^\xi(x)) = \frac{h_s^\xi(b^{\xi*})}{F(b^{\xi*})} F(x) - h_s^\xi(x) \geq 0$$

이는 (3.32)와 (3.33)로 인해 $\frac{h_s^\xi(x)}{F(x)} \leq \frac{h_s^\xi(b^{\xi*})}{F(b^{\xi*})}$와 같다.

정리 3.7의 증명(1부)　다음 함수를 정의하자.

$$q_G(x,z) = \int_x^{+\infty} \Phi(s)(\mathcal{L}-r)h_b^\xi(s)ds - \int_z^{+\infty} \Phi(s)(\mathcal{L}-r)h_s^\xi(s)ds,$$
$$q_F(x,z) = \int_{-\infty}^x \Psi(s)(\mathcal{L}-r)h_b^\xi(s)ds - \int_{-\infty}^z \Psi(s)(\mathcal{L}-r)h_s^\xi(s)ds$$

여기서 Φ와 Ψ는 (3.30)과 (3.24)에 각각 주어진다.

$$q_G(\tilde{d}^*, \tilde{b}^*) = 0 \text{ 와 } q_F(\tilde{d}^*, \tilde{b}^*) = 0$$

를 만족하는 점들 $\tilde{d}^* < \tilde{b}^*$를 살펴본다. 이는 두 식이 각각 (3.21)과 (3.22)와 동일하기 때문이다.

이제 우선 $\tilde{d}^*$와 $\tilde{b}^*$의 범위를 좁힘으로써 두 식을 풀기 시작한다. 다음을 관찰하자. $x_{b2} \leq x < z$인 모든 x와 z에 대해

$$\begin{aligned}
q_G(x,z) &= \int_x^z \Phi(s)(\mathcal{L}-r)h_b^\xi(s)ds + \int_z^\infty \Phi(s)[(\mathcal{L}-r)(h_b^\xi(s) - h_s^\xi(s)]ds \\
&= \int_x^z \Phi(s)(\mathcal{L}-r)h_b^\xi(s)ds - r(c_b + c_s)\int_z^\infty \Phi(s)ds \\
&< 0 \qquad\qquad\qquad\qquad\qquad\qquad\qquad\qquad\qquad (3.40)
\end{aligned}$$

이다. 따라서 $\tilde{d}^* \in (-\infty, x_{b2})$이다.

$b^{\xi*} \geq x_s$가 $q(b^{\xi*}) = 0$를 만족하고, $\tilde{a}^* < x_{b2}$가 (3.16)을 만족하므로, 다음을 얻는다. 즉 모든 $x \in (\tilde{a}^*, x_{b2})$에 대해서,

$$\lim_{z \to +\infty} q_F(x, z)$$
$$= \int_{-\infty}^{x} \Psi(s)(\mathcal{L} - r)h_b^{\xi}(s)ds - q(b^{\xi*}) - \int_{b^{\xi*}}^{+\infty} \Psi(s)(\mathcal{L} - r)h_s^{\xi}(s)ds$$
$$> 0$$

또한 다음을 주목한다.

$$\frac{\partial q_F}{\partial z}(x, z) = -\Psi(z)(\mathcal{L} - r)h_s^{\xi}(z) \begin{cases} \text{만약 } z < x_s\text{이면, } < 0\text{이다.} \\ \text{만약 } z > x_s\text{이면, } > 0\text{이다.} \end{cases} \tag{3.41}$$

와

$$q_F(x, x) = \int_{-\infty}^{x} \Psi(s)(\mathcal{L} - r)\left[h_b^{\xi}(s) - h_s^{\xi}(s)\right]ds$$
$$= -r(c_b + c_s)\int_{-\infty}^{x} \Psi(s)ds < 0 \tag{3.42}$$

그러면 (3.41)과 (3.42)는 유일한 함수 β가 존재하는 것을 의미한다. 즉 $\beta(x) > x_s$ 제약하에 $[\tilde{a}^*, x_{b2}) \mapsto \mathbb{R}$이고

$$q_F(x, \beta(x)) = 0 \tag{3.43}$$

이다. (3.43)을 x에 대해 미분하면 다음을 알 수 있다. 모든 $x \in (x_{b1}, x_{b2})$에 대해

$$\beta'(x) = \frac{\Psi(x)(\mathcal{L} - r)h_b^{\xi}(x)}{\Psi(\beta(x))(\mathcal{L} - r)h_s^{\xi}(\beta(x))} < 0$$

이다. 게다가 $b^{\xi*} > x_s$이 $q(b^{\xi*}) = 0$를 만족하고, $\tilde{a}^*$가 (3.16)과 q_F의 정의를 만족한다는 사실에 의해 다음을 얻는다.

$$\beta(\tilde{a}^*) = b^{\xi*}$$

(3.40)에 의해 $\lim_{x \uparrow x_{b2}} q_G(x, \beta(x)) < 0$이 성립한다. 다음을 계산할 수 있다. 모든 $x \in (x_{b1}, x_{b2})$에 대해

$$
\begin{aligned}
\frac{d}{dx} q_G(x, \beta(x)) &= -\frac{\Phi(x)\Psi(\beta(x)) - \Phi(\beta(x))\Psi(x)}{\Psi(\beta(x))} (\mathcal{L} - r) h_b^\xi(x) \\
&= -\Psi(x)\left[\frac{G(x)}{F(x)} - \frac{G(\beta(x))}{F(\beta(x))}\right](\mathcal{L} - r)h_b^\xi(x) < 0
\end{aligned}
$$

따라서

$$
q_G(\tilde{a}^*, \beta(\tilde{a}^*)) > 0
$$

이면, 또한 그러한 경우에만, $q_G(\tilde{d}^*, \beta(\tilde{d}^*)) = 0$인 유일한 $\tilde{d}^*$가 존재한다.

만약 (3.18)이 성립하면, 위의 부등식이 성립한다. 실제로 직접 계산은 다음의 동등성을 산출한다.

$$
\begin{aligned}
&q_G(\tilde{a}^*, \beta(\tilde{a}^*)) \\
&= \int_{\tilde{a}^*}^{+\infty} \Phi(s)(\mathcal{L} - r)h_b^\xi(s)ds - \int_{b^{\xi*}}^{+\infty} \Phi(s)(\mathcal{L} - r)h_s^\xi(s)ds \\
&= -\frac{h_b^\xi(\tilde{a}^*)}{F(\tilde{a}^*)} - \frac{G(b^{\xi*})}{F(b^{\xi*})}\int_{-\infty}^{b^{\xi*}} \Psi(s)(\mathcal{L} - r)h_s^\xi(s)ds - \int_{b^{\xi*}}^{+\infty} \Phi(s)(\mathcal{L} - r)h_s^\xi(s)ds \\
&= -\frac{e^{\tilde{a}^*} + c_b}{F(\tilde{a}^*)} + \frac{e^{b^{\xi*}} - c_s}{F(b^{\xi*})}
\end{aligned}
$$

해가 존재할 때, 다음을 얻는다.

$$
\tilde{d}^* \in (x_{b1}, x_{b2})\text{와 } \tilde{b}^* := \beta(\tilde{d}^*) > x_s
$$

(3.19)와 (3.20)에 주어진 함수 $\tilde{J}^\xi$와 $\tilde{V}^\xi$는 (3.34)와 (3.35)의 변분부등식 (VI) 쌍을 만족한다. $\tilde{J}^\xi(x)$이 상이한 형태를 취하는 3개의 분리된 영역을 검토함으로써 정리 3.6에 대한 증명과 같은 맥락에서 다음을 증명한다.

$$
(r - \mathcal{L})\tilde{J}^\xi(x) \geq 0
$$

$x < \tilde{a}^*$일 때,

$$(r - \mathcal{L})\tilde{J}^\xi(x) = \tilde{P}(r - \mathcal{L})F(x) = 0$$

다음 $x > \tilde{d}^*$일 때,

$$(r - \mathcal{L})\tilde{J}^\xi(x) = \tilde{Q}(r - \mathcal{L})G(x) = 0$$

마지막으로 $\tilde{a}^*, \tilde{d}^* \in (x_{b1}, x_{b2})$이므로 $x \in [\tilde{a}^*, \tilde{d}^*]$에 대해서 (3.39)의 결과로

$$(r - \mathcal{L})\tilde{J}^\xi(x) = (r - \mathcal{L})(\tilde{K}F(x) - h_b^\xi(x)) = -(r - \mathcal{L})h_b^\xi(x) > 0$$

그러고 나서 다음을 증명한다.

$$(r - \mathcal{L})\tilde{V}^\xi(x) \geq 0$$

실제로 $(r - \mathcal{L})\tilde{V}^\xi(x) = \tilde{K}(r - \mathcal{L})F(x) = 0$, $x < \tilde{b}^*$이다. $x \geq \tilde{b}^*$일 때, 부등식 $(r - \mathcal{L})\tilde{V}^\xi(x)$ $= (r - \mathcal{L})(\tilde{Q}G(x) + h_s^\xi(x)) = (r - \mathcal{L})(h_s^\xi(x) > 0$을 얻는다. 이는 $\tilde{b}^* < x_s$이고, (3.14)에 기인하기 때문이다.

이제 $\tilde{J}^\xi(x) - (\tilde{V}^\xi(x) - h_s^\xi(x)) \geq 0$와 $\tilde{V}^\xi(x) - (\tilde{J}^\xi(x) + h_s^\xi(x)) \geq 0$를 증명하는 것만 남았다. $x < \tilde{a}^*$일 때, 다음을 얻는다.

$$\begin{aligned} \tilde{J}^\xi(x) - (\tilde{V}^\xi(x) - h_b^\xi(x)) &= (\tilde{P} - \tilde{K})F(x) + (e^x + c_b) \\ &= -F(x)\frac{e^{\tilde{a}^*} + c_b}{F(\tilde{a}^*)} + (e^x + c_b) \geq 0 \end{aligned}$$

이 부등식은 성립하며, 이는 $\frac{h_b^\xi(x)}{F(x)}$가 $x < \tilde{a}^*$에 대해서 순감소한다는 것을 정리 3.6의 증명에서 증명했기 때문이다. 게다가

$$\tilde{V}^\xi(x) - (\tilde{J}^\xi(x) + h_s^\xi(x)) = F(x)\frac{e^{\tilde{a}^*} + c_b}{F(\tilde{a}^*)} - (e^x - c_s) \geq 0$$

이는 (3.31)(뒤에 따르는 설명과 함께)은 $\frac{h_s^\xi(x)}{F(x)}$이 모든 $x \leq \tilde{a}^*$에 대해 증가하는 것을 의미하기 때문이다.

$x \in [\tilde{a}^*, \tilde{d}^*]$인 다른 영역에서 다음을 얻는다.

$$\tilde{J}^\xi(x) - (\tilde{V}^\xi(x) - h_b^\xi(x)) = 0,$$
$$\tilde{V}^\xi(x) - (\tilde{J}^\xi(x) + h_s^\xi(x)) = h_b^\xi(x) - h_s^\xi(x) = c_b + c_s \geq 0$$

$x > \tilde{b}^*$일 때, 다음은 명백하다.

$$\tilde{J}^\xi(x) - (\tilde{V}^\xi(x) - h_b^\xi(x)) = h_b^\xi(x) - h_s^\xi(x) = c_b + c_s \geq 0,$$
$$\tilde{V}^\xi(x) - (\tilde{J}^\xi(x) + h_s^\xi(x)) = 0$$

$x \in (\tilde{d}^*, \tilde{b}^*)$에 대해 부등식을 확립하기 위해, 우선 다음과 같이 표기한다.

$$g_{\tilde{J}^\xi}(x) := \tilde{J}^\xi(x) - (\tilde{V}^\xi(x) - h_b^\xi(x)) = \tilde{Q}G(x) - \tilde{K}F(x) + h_b^\xi(x)$$
$$= F(x)\int_{\tilde{d}^*}^x \Phi(s)(\mathcal{L} - r)h_b^\xi(s)ds - G(x)\int_{\tilde{d}^*}^x \Psi(s)(\mathcal{L} - r)h_b^\xi(s)ds$$

$$g_{\tilde{V}^\xi}(x) := \tilde{V}^\xi(x) - (\tilde{J}^\xi(x) + h_s^\xi(x)) = \tilde{K}F(x) - \tilde{Q}G(x) - h_s^\xi(x)$$
$$= F(x)\int_x^{\tilde{b}^*} \Phi(s)(\mathcal{L} - r)h_s^\xi(s)ds - G(x)\int_x^{\tilde{b}^*} \Psi(s)(\mathcal{L} - r)h_s^\xi(s)ds$$

그러면 다음과 같이 계산할 수 있다.

$$g'_{\tilde{J}^\xi}(x) = F'(x)\int_{\tilde{d}^*}^x \Phi(s)(\mathcal{L} - r)h_b^\xi(s)ds - G'(x)\int_{\tilde{d}^*}^x \Psi(s)(\mathcal{L} - r)h_b^\xi(s)ds,$$
$$g'_{\tilde{V}^\xi}(x) = F'(x)\int_x^{\tilde{b}^*} \Phi(s)(\mathcal{L} - r)h_s^\xi(s)ds - G'(x)\int_x^{\tilde{b}^*} \Psi(s)(\mathcal{L} - r)h_s^\xi(s)ds$$

x_{b2}와 x_s의 정의와 $G' < 0 < F'$라는 사실을 상기하라. 그러면 $x \in (\tilde{d}^*, x_{b2})$에 대해서 $g'_{\tilde{J}^\xi}(x) > 0$이고, $x \in (x_s, \tilde{b}*)$에 대해서 $g'_{\tilde{V}^\xi}(x) < 0$이다. $g'_{\tilde{J}^\xi}(\tilde{d}^*) = g'_{\tilde{V}^\xi}(\tilde{d}^*) = 0$인 사실과 함께 이들은 다음을 의미한다.

$x \in (x_s, \tilde{b}^*)$에 대해서 $g_{\tilde{V}^\xi}(x) > 0$ 그리고 $x \in (\tilde{d}^*, x_{b2})$에 대해서 $g_{\tilde{J}^\xi}(x) > 0$

게다가

$$g_{\tilde{J}^\xi}(\tilde{b}^*) = c_b + c_s \geq 0, \quad g_{\tilde{V}^\xi}(\tilde{d}^*) = c_b + c_s \geq 0 \tag{3.44}$$

이므로

$$\text{모든 } x \in (x_{b2}, \tilde{b}^*) \text{에 대해서 } (\mathcal{L} - r)g_{\tilde{J}^\xi}(x) = (\mathcal{L} - r)h_b^\xi(x) < 0$$
$$\text{모든 } x \in (\tilde{d}^*, x_s) \text{에 대해서 } (\mathcal{L} - r)g_{\tilde{V}^\xi}(x) = -(\mathcal{L} - r)h_s^\xi(x) < 0 \tag{3.45}$$

이다. 부등식 (3.44)–(3.45)의 관점에서 최대 원리^{maximum principle}는 모든 $x \in (\tilde{d}^*, \tilde{b}^*)$에 대해 $g'_{\tilde{J}^\xi}(x) \geq 0$이고 $g'_{\tilde{V}^\xi}(x) \geq 0$임을 의미한다. 따라서 $x \in (\tilde{d}^*, \tilde{b}^*)$에 대해서, $\tilde{J}(x) - (\tilde{V}(x) - h_s^\xi(x)) \geq 0$이고, $\tilde{V}(x) - (\tilde{J}(x) + h_s^\xi(x)) \geq 0$이라고 결론 낼 수 있다.

정리 3.6과 3.7의 증명(2부) 이제 $\tilde{j}^\xi$와 $\tilde{v}^\xi$으로 표기한 정리 3.6과 3.7의 후보 해는 (3.6) 과 (3.7)의 최적 전환 가치 함수 $\tilde{J}^\xi$와 $\tilde{V}^\xi$와 같다는 것을 증명할 것이다. 우선 $\tilde{j}^\xi < \tilde{J}^\xi$이고 $\tilde{v}^\xi < \tilde{V}^\xi$임을 주목하라. 이는 $\tilde{J}^\xi$와 $\tilde{V}^\xi$가 어떠한 허용 가능한 전략으로부터의 기대 할인 현금 흐름보다 우월하기 때문이다.

다음에 부등식의 역을 증명한다. 1부에서 $\tilde{j}^\xi$와 $\tilde{v}^\xi$가 변분부등식 (3.34)와 (3.35)를 만족하는 것을 증명했다. 특히 우리는 $(r - \mathcal{L})\tilde{j}^\xi \geq 0$와 $(r - \mathcal{L})\tilde{v}^\xi \geq 0$임을 안다. 그러면 Øksendal(2003, 226쪽)의 딘킨^{Dynkin}의 공식과 파투^{Fatou}의 보조정리에 의해 $0 \leq \zeta_1 \leq \zeta_2$가 거의 확실히^{almost surely} 성립하는 어떠한 정지 시간 ζ_1와 ζ_2에 대해서도 다음 부등식을 가진다.

$$\mathbb{E}_x\{e^{-r\zeta_1}\tilde{j}^\xi(X_{\zeta_1})\} \geq \mathbb{E}_x\{e^{-r\zeta_2}\tilde{j}^\xi(X_{\zeta_2})\} \tag{3.46}$$

$$\mathbb{E}_x\{e^{-r\zeta_1}\tilde{v}^\xi(X_{\zeta_1})\} \geq \mathbb{E}_x\{e^{-r\zeta_2}\tilde{v}^\xi(X_{\zeta_2})\} \tag{3.47}$$

$\Lambda_0 = (\nu_1, \tau_1, \nu_2, \tau_2, \dots)$에 대해서 거의 확실히 $\nu_1 \leq \tau_1$이므로, 다음을 가진다.

$$\tilde{j}^\xi(x) \geq \mathbb{E}_x\{e^{-r\nu_1}\tilde{j}^\xi(X_{\nu_1})\} \tag{3.48}$$

$$\geq \mathbb{E}_x\{e^{-r\nu_1}(\tilde{v}^\xi(X_{\nu_1}) - h_b^\xi(X_{\nu_1}))\} \tag{3.49}$$

$$\geq \mathbb{E}_x\{e^{-r\tau_1}\tilde{v}^\xi(X_{\tau_1})\} - \mathbb{E}_x\{e^{-r\nu_1}h_b^\xi(X_{\nu_1})\} \tag{3.50}$$

$$\geq \mathbb{E}_x\{e^{-r\tau_1}(\tilde{j}^\xi(X_{\tau_1}) + h_s^\xi(X_{\tau_1}))\} - \mathbb{E}_x\{e^{-r\nu_1}h_b^\xi(X_{\nu_1})\} \qquad (3.51)$$

$$= \mathbb{E}_x\{e^{-r\tau_1}\tilde{j}^\xi(X_{\tau_1})\} + \mathbb{E}_x\{e^{-r\tau_1}h_s^\xi(X_{\tau_1}) - e^{-r\nu_1}h_b^\xi(X_{\nu_1})\} \qquad (3.52)$$

여기서 (3.48)과 (3.50)은 (3.46)과 (3.47)로부터 각각 도출된다. 또한 (3.49)와 (3.51)은 (3.34)와 (3.35)로부터 각각 도출된다. 정리 3.6과 3.7 모두에서 (3.52)가 재귀식이고, $\tilde{j}^\xi(x) \geq 0$임을 관찰하라. 그러면 다음을 얻는다.

$$\tilde{j}^\xi(x) \geq \mathbb{E}_x\left\{\sum_{n=1}^{\infty}[e^{-r\tau_n}h_s^\xi(X_{\tau_n}) - e^{-r\nu_n}h_b^\xi(X_{\nu_n})]\right\}$$

모든 Λ_0에 대해서 최대화하면, $\tilde{j}^\xi \geq \tilde{J}^\xi$을 얻는다. 유사한 증명으로 $\tilde{v}^\xi < \tilde{V}^\xi$을 도출한다.

비고 3.10 만약 진입에 대한 거래 비용이 없으면, 즉 $c_b = 0$이면, 영이 아닌 기울기를 가진 선형함수인 f_b는 하나의 근 x_0를 가진다. $x \in (-\infty, x_0)$에 대해서 $f_b(x) > 0$이고, $x \in (x_0, +\infty)$에 대해서 $f_b(x) < 0$이다. 이는 진입 영역이 어떤 수 d_0에 대해 $(-\infty, d_0)$의 형태를 가져야만 한다는 것을 의미한다. 따라서 진입에 대한 지속 영역은 연결된 구간 (d_0, ∞)이다.

비고 3.11 $\mathcal{L}^\xi$을 XOU 프로세스 $\xi = e^X$의 무한소 생성자라 하고, 함수 $H_b(\varsigma) := \varsigma + c_b \equiv h_b^\xi(\ln \varsigma)$를 정의하자. 즉 다음 항등식을 가진다.

$$(\mathcal{L}^\xi - r)H_b(\varsigma) \equiv (\mathcal{L} - r)h_b^\xi(\ln \varsigma)$$

(3.13)과 (3.14)를 참고하면 다음 중 하나를 가진다.

$$(\mathcal{L}^\xi - r)H_b(\varsigma) \begin{cases} \varsigma \in (\varsigma_{b1}, \varsigma_{b2})\text{에 대해서} \ > 0 \\ \varsigma \in (0, \varsigma_{b1}) \cup (\varsigma_{b2}, +\infty)\text{에 대해서} \ < 0 \end{cases} \qquad (3.53)$$

여기서 $\varsigma_{b1} = e^{x_{b1}} > 0$이고, $\varsigma_{b2} = e^{x_{b2}}$이며, $x_{b1} < x_{b2}$는 (3.13)에 대한 두 개의 상이한 근이다. 또는

$$\varsigma \in (0, \varsigma^*) \cup (\varsigma^*, +\infty)\text{에 대해서 } (\mathcal{L}^\xi - r)H_b(\varsigma) < 0 \qquad (3.54)$$

이며, 여기서 $\varsigma^* = e^{x_b}$이고, x_b는 (3.13)에 대한 단일 근이다. 두 경우 모두 Zervos et al. (2013)의 가정 4가 위배되고, 결과가 적용될 수 없다.

실제로 이들은 $(\mathcal{L}^\xi - r)H_b(\varsigma)$이 어떤 $\varsigma_0 \geq 0$에 대해 (ς_0, ∞) 형태의 연결된 구간에 걸쳐 음이다. 그러나 (3.53)과 (3.54)로부터 이와 같은 영역이 분리돼 있음은 명백하다.

실제로 Zervos et al.(2013)에 의한 접근법이 최적 전환 문제에 적용되는데, 여기서 (로그 가격으로) 최적 진입 대기 영역은 XOU 기초 자산의 경우와 같이 $(-\infty, \tilde{a}^*) \cup (\tilde{d}^*, \infty)$의 분리된 형태가 아니라 $(\tilde{d}^*, \infty)$의 형식이다. 새롭게 추론된 진입 대기 영역 구조를 사용해 Zervos et al.(2013)의 논리를 수정함으로써 최적 전환 문제 정리 3.6과 3.7의 문제를 풀었다.

3.4 보조정리의 증명

이제 V^ξ, f^ξ, H^ξ과 $\hat{H}^\xi$의 특성에 대한 자세한 증명을 제시한다.

보조정리 3.1의 증명(V^ξ의 한계) 우선 딘킨의 공식에 의해 도는 $x \in \mathbb{R}$와 $\tau \in \mathcal{T}$에 대해 다음을 가진다.

$$\begin{aligned}
\mathbb{E}_x\{e^{-r\tau}e^{X_\tau}\} - e^x &= \mathbb{E}_x\left\{\int_0^\tau e^{-rt}(\mathcal{L} - r)e^{X_t}dt\right\} \\
&= \mathbb{E}_x\left\{\int_0^\tau e^{-rt}e^{X_t}\left(\frac{\sigma^2}{2} + \mu\theta - r - \mu X_t\right)dt\right\}
\end{aligned}$$

함수 $e^x\left(\frac{\sigma^2}{2} + \mu\theta - r - \mu x\right)$는 $\mathbb{R}$에서 상한을 가진다. M이 상한이라 하면, 다음을 얻는다.

$$\mathbb{E}_x\left\{e^{-r\tau}e^{X_\tau}\right\} - e^x \leq M\mathbb{E}\left\{\int_0^\tau e^{-rt}dt\right\}$$

$$\leq M\mathbb{E}\left\{\int_0^{+\infty} e^{-rt}dt\right\} = \frac{M}{r} := K^\xi$$

$h_s^\xi(x) = e^x - c_s \leq e^x$이므로, 다음을 얻는다.

$$\mathbb{E}_x\left\{e^{-r\tau}h_s^\xi(X_\tau)\right\} \leq \mathbb{E}_x\left\{e^{-r\tau}e^{X_\tau}\right\} \leq e^x + K^\xi$$

따라서 $V^\xi(x) < e^x + K^\xi$이다. 마지막으로 후보 정지 시간으로서 $\tau = +\infty$의 선택은 $V^\xi(x) \geq 0$을 의미한다.

보조정리 3.3의 증명(J^ξ의 한계)

극한

$$\limsup_{x \to -\infty}(\hat{h}^\xi(x))^+ = \limsup_{x \to -\infty}(V^\xi(x) - e^x - c_b)^+ = 0$$

으로부터 모든 $x \in (-\infty, \hat{x}_0^\xi)$와 어떤 양의 상수 $\hat{K}_1$에 대해 $(\hat{h}^\xi(x))^+ \leq \hat{K}_1$이 성립하는 어떤 $\hat{x}_0^\xi$가 존재한다. 다음 $(\hat{h}^\xi(x))^+$은 닫힌 공간 $[\hat{x}_0^\xi,\ b^{\xi*}]$에서 어떤 양의 상수 $\hat{K}_2$에 의해 상한을 가진다. 또한 $x \geq b^{\xi*}$에 대해 $(\hat{h}^\xi(x))^+ = (V^\xi(x) - e^x - c_b)^+ = (-(c_s + c_b))^+ = 0$이다. $\hat{K}^\xi = \hat{K}_1 \vee \hat{K}_2$을 취하면, 모든 $x \in \mathbb{R}$에 대해 $(\hat{h}^\xi(x))^+ \leq \hat{K}^\xi$이다. 이는 모든 $x \in \mathbb{R}$과 $\tau \in \mathcal{T}$에 대해서 다음 부등식을 산출한다.

$$\mathbb{E}_x\{e^{-r\tau}\hat{h}^\xi(X_\tau)\} \leq \mathbb{E}_x\{e^{-r\tau}(\hat{h}^\xi(X_\tau))^+\} \leq \mathbb{E}_x\{e^{-r\tau}\hat{K}^\xi\} \leq \hat{K}^\xi$$

따라서 $J^\xi(x) \leq \hat{K}^\xi$이다. $\tau = +\infty$을 허용하면 $J^\xi(x) \geq 0$을 얻는다.

보조정리 3.5의 증명($\tilde{J}^\xi$와 $\tilde{V}^\xi$의 한계)

정의에 의해, $\tilde{J}^\xi(x)$와 $\tilde{V}^\xi(x)$가 음이 아니다. 딘킨의 공식을 사용하면 다음을 가진다.

$$\mathbb{E}_x \left\{ e^{-r\tau_n} e^{X_{\tau_n}} \right\} - \mathbb{E}_x \left\{ e^{-r\nu_n} e^{X_{\nu_n}} \right\}$$

$$= \mathbb{E}_x \left\{ \int_{\nu_n}^{\tau_n} e^{-rt} (\mathcal{L} - r) e^{X_t} dt \right\}$$

$$= \mathbb{E}_x \left\{ \int_{\nu_n}^{\tau_n} e^{-rt} e^{X_t} \left(\frac{\sigma^2}{2} + \mu\theta - r - \mu X_t \right) dt \right\}$$

3.4절에서 주목한 바와 같이 함수 $e^x \left(\frac{\sigma^2}{2} + \mu\theta - r - \mu x \right)$는 $\mathbb{R}$에서 상한을 가지며, M이 상한이다. 다음이 따른다.

$$\mathbb{E}_x \left\{ e^{-r\tau_n} e^{X_{\tau_n}} \right\} - \mathbb{E}_x \left\{ e^{-r\nu_n} e^{X_{\nu_n}} \right\} \leq M \mathbb{E}_x \left\{ \int_{\nu_n}^{\tau_n} e^{-rt} dt \right\}$$

$e^x - c_s \leq e^x$이고 $e^x + c_b \geq e^x$이므로 다음이 성립한다.

$$\mathbb{E}_x \left\{ \sum_{n=1}^{\infty} [e^{-r\tau_n} h_s^{\xi}(X_{\tau_n}) - e^{-r\nu_n} h_b^{\xi}(X_{\nu_n})] \right\}$$

$$\leq \sum_{n=1}^{\infty} \left(\mathbb{E}_x \left\{ e^{-r\tau_n} e^{X_{\tau_n}} \right\} - \mathbb{E}_x \left\{ e^{-r\nu_n} e^{X_{\nu_n}} \right\} \right)$$

$$\leq \sum_{n=1}^{\infty} M \mathbb{E}_x \left\{ \int_{\nu_n}^{\tau_n} e^{-rt} dt \right\} \leq M \int_0^{\infty} e^{-rt} dt = \frac{M}{r} := C_1$$

이는 $0 \leq \tilde{J}^{\xi}(x) \leq C_1$를 의미한다. 유사하게

$$\mathbb{E}_x \left\{ e^{-r\tau_1} h_s^{\xi}(X_{\tau_1}) + \sum_{n=2}^{\infty} [e^{-r\tau_n} h_s^{\xi}(X_{\tau_n}) - e^{-r\tau_n} h_b^{\xi}(X_{\tau_n})] \right\}$$

$$\leq C_1 + \mathbb{E}_x \left\{ e^{-r\tau_1} h_b^{\xi}(X_{\tau_1}) \right\}$$

$\nu_1 = 0$이라 하고 딘킨의 공식을 다시 사용하면, 다음을 얻는다.

$$\mathbb{E}_x \left\{ e^{-r\tau_1} e^{X_{\tau_1}} \right\} - e^x \leq \frac{M}{r}$$

이는 다음을 의미한다.

$$\tilde{V}^\xi(x) \le C_1 + e^x + \frac{M}{r} := e^x + C_2$$

보조정리 3.8의 증명(H^ξ의 특성)

$(0, +\infty)$에서의 H^ξ의 연속성과 두 번 미분 가능성은 h_s^ξ, G와 ψ의 연속성과 두 번 미분 가능성으로부터 직접 얻어진다. 한편, $H^\xi(0) := \lim\limits_{x \to -\infty} \frac{(h_s^\xi(x))^+}{G(x)} = \lim\limits_{x \to -\infty} \frac{(e^x - c_s)^+}{G(x)} = \lim\limits_{x \to -\infty} \frac{0}{G(x)} = 0$이다. 따라서 H^ξ의 0에서의 연속성은 다음으로부터 나온다.

$$\lim_{z \to 0} H^\xi(z) = \lim_{x \to -\infty} \frac{h_s^\xi(x)}{G(x)} = \lim_{x \to -\infty} \frac{e^x - c_s}{G(x)} = 0.$$

다음 H^ξ의 특성 (i)–(iii)을 증명한다.

(i) 이는 $\psi(x)$이 엄격한 증가함수이고, $G(x) > 0$라는 사실로부터 자명하게 나온다.

(ii) H^ξ의 정의에 의해,

$$H^{\xi'}(z) = \frac{1}{\psi'(x)} \left(\frac{h_s^\xi}{G}\right)'(x) = \frac{[e^x G(x) - (e^x - c_s)G'(x)]}{\psi'(x)G^2(x)}, \quad z = \psi(x)$$

$x \in (\ln c_s, +\infty)$에 대해, $e^x - c_s > 0$, $G'(x) < 0$이므로, $e^x G(x) - (e^x - c_s)G'(x) < 0$이다. 또한 $\psi'(x)$와 $G^2(x)$ 모두 양이므로, $z \in (\psi(\ln c_s), +\infty)$에 대해 $H^{\xi'}(z) > 0$으로 결론 낸다.

$H^{\xi'}(z)$의 극한의 증명은 특성 (iii)을 이용할 것이므로, 특성 (iii)의 증명 이후로 미뤄진다.

(iii) 미분에 의해 다음을 얻는다.

$$H^{\xi''}(z) = \frac{2}{\sigma^2 G(x)(\psi'(x))^2}[(\mathcal{L} - r)h_s^\xi](x), \quad z = \psi(x)$$

σ^2, $G(x)$와 $(\psi'(x))^2$이 모두 양이므로, $(\mathcal{L} - r)h_s^\xi(x) = e^x f_s(x)$의 부호를 결정하기만 하면 된다. 따라서 (iii)은 (3.14)로부터 도출된다.

114

$H^{\xi'}(z)$의 극한을 찾기 위해, 우선 다음을 관찰한다.

$$\lim_{x \to +\infty} \frac{h_s^\xi(x)}{F(x)} = 0 \tag{3.55}$$

실제로 다음을 가진다.

$$
\begin{aligned}
\lim_{x \to +\infty} \frac{h_s^\xi(x)}{F(x)} &= \lim_{x \to +\infty} \frac{1}{e^{-x}F(x)} \\
&= \lim_{x \to +\infty} \left(\int_0^{+\infty} u^{\frac{r}{\mu}-1} e^{(\sqrt{\frac{2\mu}{\sigma^2}} - \frac{1}{u})xu - \sqrt{\frac{2\mu}{\sigma^2}}\theta u - \frac{u^2}{2}} \, du \right)^{-1} \\
&= \lim_{x \to +\infty} \left(\int_0^{\sqrt{\frac{\sigma^2}{2\mu}}} u^{\frac{r}{\mu}-1} e^{(\sqrt{\frac{2\mu}{\sigma^2}} - \frac{1}{u})xu - \sqrt{\frac{2\mu}{\sigma^2}}\theta u - \frac{u^2}{2}} \, du \right. \\
&\quad \left. + \int_{\sqrt{\frac{\sigma^2}{2\mu}}}^{+\infty} u^{\frac{r}{\mu}-1} e^{(\sqrt{\frac{2\mu}{\sigma^2}} - \frac{1}{u})xu - \sqrt{\frac{2\mu}{\sigma^2}}\theta u - \frac{u^2}{2}} \, du \right)^{-1}
\end{aligned}
$$

우변의 처음 항이 음이 아니고, 두 번째 항은 x에 순증가하고 볼록이므로, 극한은 0다.

이제 $H^{\xi'}(z)$로 돌려서 다음을 주목한다.

$$H^{\xi'}(z) = \frac{1}{\psi'(x)} \left(\frac{h_s^\xi}{G} \right)'(x), \quad z = \psi(x)$$

증명한 바와 같이, $z > \psi(\ln c_s) \wedge \psi(x_s)$에 대해서 $H^{\xi'}(z)$는 양이고 감소함수다. 따라서 극한이 존재하고 다음을 만족한다.

$$\lim_{z \to +\infty} H^{\xi'}(z) = \lim_{x \to +\infty} \frac{1}{\psi'(x)} \left(\frac{h_s^\xi}{G} \right)'(x) = c \geq 0 \tag{3.56}$$

$\lim_{x \to +\infty} \frac{h_s^\xi(x)}{G(x)} = +\infty$, $\lim_{x \to +\infty} \psi(x) = +\infty$이고, $\lim_{x \to +\infty} \frac{\left(\frac{h_s^\xi(x)}{G(x)} \right)'}{\psi'(x)}$가 존재하고 $\psi'(x_s) = 0$임을 관찰하라. 로피탈 법칙$^{\text{L'Hopital's rule}}$을 적용해 다음을 얻는다.

$$\lim_{x \to +\infty} \frac{h_s^\xi(x)}{F(x)} = \lim_{x \to +\infty} \frac{\frac{h_s^\xi(x)}{G(x)}}{\frac{F(x)}{G(x)}} = \lim_{x \to +\infty} \frac{\left(\frac{h_s^\xi(x)}{G(x)} \right)'}{\psi'(x)} = c$$

(3.55)와 (3.57)의 비교는 $c = 0$를 의미한다. (3.56)으로부터, $\lim_{x \to +\infty} H^{\xi\prime}(z) = 0$의 결론을 얻는다.

보조정리 3.9의 증명($\hat{H}^\xi$의 특성)

$V^\xi(x)$가 모든 곳에서 연속이고 미분 가능하며, $x = b^{\xi*}$을 제외한 모든 곳에서 두 번 미분 가능하다. 동일한 특성이 $\hat{h}^\xi(x)$에 대해서도 성립한다. G와 ψ이 모두 모든 곳에서 두 번 미분 가능하므로 $(0, +\infty)$에서 $\hat{H}^\xi$의 연속성과 미분 가능성과 $(0, \psi(b^{\xi*})) \cup (\psi(b^{\xi*}), +\infty)$에서의 두 번 미분 가능성이 직접 도출된다.

0에서의 $\hat{H}^\xi$의 연속성을 보기 위해 $x \to -\infty$임에 따라 $V^\xi(x) \to 0$이고 $e^x \to 0$이다. 그러면 다음을 얻는다.

$$\hat{H}^\xi(0) := \lim_{x \to -\infty} \frac{(\hat{h}^\xi(x))^+}{G(x)} = \lim_{x \to -\infty} \frac{(V^\xi(x) - e^x - c_b)^+}{G(x)} = \lim_{x \to -\infty} \frac{0}{G(x)} = 0$$

이고, $\lim_{z \to 0} \hat{H}^\xi(z) = \lim_{x \to -\infty} \frac{\hat{h}^\xi(x)}{G(x)} = \lim_{x \to -\infty} \frac{-c_b}{G(x)} = 0$이다. 여기서 0에서의 연속성이 따른다.

(i) $x \in [b^{\xi*}, +\infty)$에 대해서, $\hat{h}^\xi(x) \equiv -(c_s + c_b) < 0$이다. 다음 극한 $\lim_{x \to -\infty} V^\xi(x) \to 0$과 $\lim_{x \to -\infty} e^x \to 0$은 $\lim_{x \to -\infty} \hat{h}^\xi(x) = V^\xi(x) - c^x - c_b \to -c_b < 0$임을 의미한다. 따라서, $x \in (-\infty, \underline{b}^\xi)$에 대해서 $\hat{h}^\xi(x) < 0$인 어떤 $\underline{b}^\xi$가 존재한다. 문제의 비자명한 경우에 대해서, $\hat{h}^\xi(x)$는 어떤 x에 대해 반드시 양이므로, $\underline{b}^\xi < b^{\xi*}$가 돼야만 한다. 결론적으로 $x \in (-\infty, \underline{b}^\xi) \cup [b^{\xi*}, +\infty)$에 대해 $\hat{h}^\xi(x) < 0$이다. 이는 $\psi(x) \in (0, +\infty)$이 엄격한 증가함수이고, $G(x) > 0$이라는 사실과 함께 특성 (i)을 의미한다.

(ii) $\hat{H}^\xi(z)$를 미분함으로써 다음을 얻는다.

$$\hat{H}^{\xi\prime}(z) = \frac{1}{\psi'(x)} \left(\frac{\hat{h}^\xi}{G}\right)'(x), \quad z = \psi(x)$$

$\hat{H}^\xi$의 부호를 결정하기 위해 $x \geq b^{\xi*}$에 대해 다음을 관찰하자.

$$\left(\frac{\hat{h}^\xi(x)}{G(x)}\right)' = \left(\frac{-(c_s + c_b)}{G(x)}\right)' = \frac{(c_s + c_b)G'(x)}{G^2(x)} < 0$$

또한 $x \in \mathbb{R}$에 대해서 $\psi'(x) > 0$이다. 따라서 $\hat{H}^\xi(z)$는 $z \geq \psi(b^{\xi*})$에 대해서 순감소한다.

(iii) 볼록성/오목성을 조사하기 위해 2차 미분을 살펴본다.

$$\hat{H}^{\xi''}(z) = \frac{2}{\sigma^2 G(x)(\psi'(x))^2}(\mathcal{L} - r)\hat{h}^\xi(x), \quad z = \psi(x)$$

σ^2, $G(x)$와 $(\psi'(x))^2$가 모두 양이므로, $(\mathcal{L} - r)\hat{h}^\xi(x)$의 부호를 결정하기만 하면 된다.

$$\begin{aligned}
&(\mathcal{L} - r)\hat{h}^\xi(x) \\
&= \frac{\sigma^2}{2}(V^{\xi''}(x) - e^x) + \mu(\theta - x)(V^{\xi'}(x) - e^x) - r(V^\xi(x) - e^x - c_b) \\
&= \begin{cases} \text{만약 } x \in (-\infty, b^{\xi*})\text{이면, } [\mu x - (\mu\theta + \frac{\sigma^2}{2} - r)]e^x + rc_b\text{이다.} \\ \text{만약 } x \in (b^{\xi*}, +\infty)\text{이면, } r(c_s + c_b) > 0 \text{이다.} \end{cases}
\end{aligned}$$

이는 $\hat{H}^\xi(z)$가 $x \in (\psi(b^{\xi*}), +\infty)$에 대해 볼록임을 제시한다. 게다가 $x \in (x_s, b^{\xi*})$에 대해서 x_s의 정의에 의해 다음이 성립한다.

$$\begin{aligned}
(\mathcal{L} - r)\hat{h}^\xi(x) &= [\mu x - (\mu\theta + \frac{\sigma^2}{2} - r)]e^x + rc_b \\
&= -e^x f_s(x) + r(c_s + c_b) > r(c_s + c_b) > 0
\end{aligned}$$

따라서, $\hat{H}^\xi(z)$는 또한 $(\psi(x_s), \psi(b^{\xi*}))$에 볼록이다. 따라서 이제까지 우리는 $\hat{H}^\xi(z)$가 $(\psi(x_s), +\infty)$에서 볼록임을 증명했다.

다음 $(0, \psi(x_s)]$에 대한 $\hat{H}^\xi(z)$의 볼록성을 결정한다. $\hat{z}_1^\xi := \operatorname{argmax}_{z \in [0, +\infty)} \hat{H}^\xi(z)$로 표기하자. $\sup_{x \in \mathbb{R}} \hat{h}^\xi(x) > 0$이므로, 다음이 성립해야 한다.

$$\hat{H}^\xi(\hat{z}_1^\xi) = \sup_{z \in [0, +\infty)} \hat{H}^\xi(z) > 0$$

연속성과 미분 가능성에 의해 $\hat{H}^\xi$는 $\hat{z}_1^\xi$에서 오목이다. 그러면 $\hat{H}^\xi$이 오목인 어떤 구간 $(\psi(a^{(0)}),\ \psi(d^{(0)}))$이 존재하고, $\hat{z}_1^\xi \in (\psi(a^{(0)}),\ \psi(d^{(0)}))$이다.

한편 $x \in (-\infty,\ x_s]$에 대해,

$$((\mathcal{L}-r)\hat{h}^\xi)'(x) = [\mu x - (\mu\theta + \frac{\sigma^2}{2} - r - \mu)]e^x \begin{cases} \text{만약 } x \in (-\infty, x^{\xi*})\text{이면, } < 0\text{이다.} \\ \text{만약 } x \in (x^{\xi*}, x_s]\text{이면, } > 0\text{이다.} \end{cases}$$

이고, 여기서 $x^{\xi*} = \theta + \frac{\sigma^2}{2\mu} - \frac{r}{\mu} - 1$이다. 따라서, $(\mathcal{L}-r)\hat{h}^\xi(x)$는 $(-\infty,\ x^{\xi*})$에서 순감소하고, $(x^{\xi*},\ x_s]$에서 순증가하며, x_s와 $-\infty$에서 양이다.

$$(\mathcal{L}-r)\hat{h}^\xi(x_s) = r(c_s + c_b) > 0 \text{ 와} \quad \lim_{x\to-\infty}(\mathcal{L}-r)\hat{h}^\xi(x) = rc_b > 0$$

만약 $(\mathcal{L}-r)\hat{h}^\xi(x^{\xi*}) = -\mu e^{x^{\xi*}} + rc_b < 0$이면, 방정식 $(\mathcal{L}-r)\hat{h}^\xi(x) = 0$에 대해 x_{b1}과 x_{b2}로 표기되는 정확히 두 개의 상이한 근이 존재하며, $-\infty < x_{b1} < x^{\xi*} < x_{b2} < x_s$이고,

$$(\mathcal{L}-r)\hat{h}^\xi(x) \begin{cases} \text{만약 } x \in (-\infty, x_{b1}) \cup (x_{b2}, x_s]\text{이면, } > 0\text{이다.} \\ \text{만약 } x \in (x_{b1}, x_{b2})\text{이면, } < 0\text{이다.} \end{cases}$$

이다. 한편 만약 $(\mathcal{L}-r)\hat{h}^\xi(x^{\xi*}) = -\mu e^{x^{\xi*}} + rc_b \geq 0$이면, 모든 $x \in \mathbb{R}$에 대해 $(\mathcal{L}-r)\hat{h}^\xi(x) \geq 0$이며, $\hat{H}^\xi(z)$는 모든 z에 대해 볼록인데, 이는 오목한 구간이 존재한다는 것과 모순된다. 따라서 $-\mu e^{x^{\xi*}} + rc_b < 0$이고, $(x_{b1},\ x_{b2})$가 $(\mathcal{L}-r)\hat{h}^\xi(x) < 0$가 성립하는 유일한 구간임을 결론 낼 수 있다. 끝으로 $(a^{(0)},\ d^{(0)})$는 $(x_{b1},\ x_{b2})$와 일치하며, $\hat{z}_1^\xi \in (\psi(x_{b1}),\ \psi(x_{b2}))$이다. 이는 증명을 완료한다.

CIR 모델하에서의 트레이딩

4장에서는 CIR 모델에서의 트레이딩 문제를 연구한다. 최적 이중 정지 문제와 최적 전환 문제를 공식화하고, 최적 시작 및 정지 전략이 임곗값 유형임을 증명한다.

CIR 프로세스 $(Y_t)_{t \geq 0}$은 다음 SDE(확률미분방정식)를 만족한다.

$$dY_t = \mu(\theta - Y_t)\, dt + \sigma \sqrt{Y_t}\, dB_t \tag{4.1}$$

여기서 μ, θ, $\sigma > 0$이다. 만약 종종 펠러 조건[Feller condition1](Feller(1951) 참조)으로 언급되는 $2\mu\theta \geq \sigma^2$이 성립하면, Y는 수준 0에 접근할 수 없다. 만약 초깃값 $Y_0 > 0$이면, Y는 거의 확실하게 항상 양의 상태를 유지한다. 그럼에도 불구하고 $Y_0 = 0$이면, Y는 상태 공간의 내부로 즉시 들어가 거의 확실하게 이후에 양수로 유지된다. $2\mu\theta \geq \sigma^2$이면, 수준 0은 반사 경계[reflecting boundary]다. 이는 Y가 0에 도달하면 즉시 상태 공간의 내부로 돌아와 계속 진화하는 것을 의미한다. 확산 과정의 경계에 대한 자세한 분류는 Borodin과 Salminen(2002)의 2장과 Karlin과 Taylor(1981)의 15장을 참조하라.

---

1 펠러 조건은 확률 과정의 안정성에 관련된 수학적 조건이며, 펠러 조건을 만족하는 확률 과정은 안정적이고 장기적인 시간에 걸쳐 일관된 특성을 유지한다. 펠러 조건은 Paul-André Feller에 의해 도입됐다. – 옮긴이

시간 증분 $\Delta t = t_i - t_{i-1}$이고, $Y_{t_{i-1}} = y_{i-1}$이 주어질 때 Y_t의 CIR 조건부확률밀도는 다음과 같이 주어진다.

$$f^{CIR}(y_i|y_{i-1};\theta,\mu,\sigma)$$
$$= \frac{1}{\tilde{\sigma}^2} \exp\left(-\frac{y_i + y_{i-1}e^{-\mu\Delta t}}{\tilde{\sigma}^2}\right) \left(\frac{y_i}{y_{i-1}e^{-\mu\Delta t}}\right)^{\frac{q}{2}} I_q\left(\frac{2}{\tilde{\sigma}^2}\sqrt{y_i y_{i-1}e^{-\mu\Delta t}}\right)$$

여기서 상수는

$$\tilde{\sigma}^2 = \sigma^2 \frac{1 - e^{-\mu\Delta t}}{2\mu}, \quad q = \frac{2\mu\theta}{\sigma^2} - 1$$

이다. $I_q(z)$는 q차의 1종 수정 베셀 함수^{modified Bessel function of the first kind and of order q}이다. Cox et al.(1985)을 참조하라.

관측치 $(y_i)_{i=0,1,\dots,n}$을 사용해 CIR 모델 파라미터는 다음의 평균 로그 우도를 최대화했다고 추정할 수 있다.

$$\ell(\theta,\mu,\sigma|y_0,y_1,\dots,y_n) := \frac{1}{n}\sum_{i=1}^{n} \ln f^{CIR}(y_i|y_{i-1};\theta,\mu,\sigma)$$
$$= -2\ln(\tilde{\sigma}) - \frac{1}{n\tilde{\sigma}^2}\sum_{i=1}^{n}(y_i + y_{i-1}e^{-\mu\Delta t})$$
$$+ \frac{1}{n}\sum_{i=1}^{n}\left(\frac{q}{2}\ln\left(\frac{y_i}{y_{i-1}e^{-\mu\Delta t}}\right) + \ln I_q\left(\frac{2}{\tilde{\sigma}^2}\sqrt{y_i y_{i-1}e^{-\mu\Delta t}}\right)\right)$$

CIR 프로세스에 대한 최대우도 추정^{MLE, Maximum Likelihood Estimation} 구현에 관한 자세한 내용은 Kladivko(2007)를 참조하라.

4.1절에서는 최적 시작-정지 및 최적 전환 문제를 모두 공식화한다. 그런 다음 4.2절에 분석 결과와 수치 예를 제시한다. 주요 결과의 증명은 4.3절에 자세히 설명해놨다.

4.1 최적 트레이딩 문제

B에 의해 생성된 여과^{filtration}를 $\mathbb{F}$로 나타내며, $\mathcal{T}$는 모든 $\mathbb{F}$-정지 시간 집합을 나타낸다. 어느 시점 $\tau \in \mathcal{T}$에 매각 결정이 내려지면 Y_τ를 받는 동시에 일정한 거래 비용 $c_s > 0$을 지불해야 한다. 한편 시장 진입을 할 때는 일정한 거래 비용 $c_b > 0$이 발생한다.

4.1.1 최적 시작 - 정지 접근법

CIR 프로세스가 주어지면, 먼저 정지할 최적 타이밍을 고려한다. 최대 기대 할인 값은 다음 최적 정지 문제를 풀어서 구한다.

$$V^{\mathcal{X}}(y) = \sup_{\tau \in \mathcal{T}} \mathbb{E}_y \left\{ e^{-r\tau}(Y_\tau - c_s) \right\} \tag{4.2}$$

여기서 $r > 0$은 상수 할인율이고, $\mathbb{E}_y\{\cdot\} \equiv \mathbb{E}\{\cdot \,|\, Y_0 = y\}$이다.

가치 함수 $V^{\mathcal{X}}$는 프로세스 Y를 최적으로 정지시킬 때의 기댓값을 나타낸다. 반면, 프로세스 가치에 거래 비용을 더한 것은 시작에 필요한 총 비용을 구성한다. 심지어 시작하기 전에, 시작할 최적 타이밍을 선택하거나 또는 아예 시작하지 않을 것을 선택한다. 따라서 시작-정지 (또는 이중 정지) 문제에 내재된 시작 타이밍을 분석해야 한다. 정확하게 다음을 푼다.

$$J^{\mathcal{X}}(y) = \sup_{\nu \in \mathcal{T}} \mathbb{E}_y \left\{ e^{-r\nu}(V^{\mathcal{X}}(Y_\nu) - Y_\nu - c_b) \right\} \tag{4.3}$$

여기서 거래 비용 c_b는 시장 진입 시 발생한다. 즉 목적은 가치 함수 $V^{\mathcal{X}}(Y^{\mathcal{X}})$과 현재 Y_ν에 거래 비용 c_b를 차감한 것과의 기대 차이를 최대화하는 것이다. 가치 함수 $J^{\mathcal{X}}(y)$은 진입과 청산 시 거래 비용 c_b와 c_s가 각각 발생하는 진입과 청산을 통해 얻을 수 있는 최대 기댓값을 나타낸다. 우리의 분석에서 거래 비용 c_b와 c_s는 다를 수 있다. 표현을 용이하게 하기 위해, 우리는 함수를 다음과 같이 표기한다.

$$h_s(y) = y - c_s \text{와} \ \ h_b(y) = y + c_b \tag{4.4}$$

어떤 초깃값 Y_0에 대해 $J^x(Y_0) \leq 0$인 것으로 판명되면, 아예 시작하지 않는 것이 가장 좋다. 따라서 자명한 경우를 파악하는 것이 중요하다. CIR 모델하에서 $\sup_{y \in \mathbb{R}_+} (V^x(y) - h_b(y)) \leq 0$이 $y \in \mathbb{R}_+$에 대해서 $J^x(y) = 0$을 의미하므로, 따라서 다음 경우에 초점을 맞춰서,

$$\sup_{y \in \mathbb{R}_+} (V^x(y) - h_b(y)) > 0 \tag{4.5}$$

비자명한 최적 타이밍 전략을 푼다.

4.1.2 최적 전환 접근법

최적 전환 접근법하에서 무한 수의 진입 및 청산 행동이 발생하는 것으로 가정한다. 순차적 진입 및 청산 시간은 다음과 같은 정지 시간 $\nu_1, \tau_1, \nu_2, \tau_2, \cdots \in \mathcal{T}$로 모델링된다.

$$0 \leq \nu_1 \leq \tau_1 \leq \nu_2 \leq \tau_2 \leq \ldots$$

진입과 청산 결정은 각각 ν_i과 τ_i, $i \in \mathbb{N}$ 시간에 내려진다. 진입 또는 청산의 최적 타이밍은 초기 포지션에 따라 달라진다. 정확하게 CIR 모델에서 초기 포지션이 0이면, 첫 번째 작업은 언제 시작할지 결정하는 것이며, 상응하는 최적 전환 문제는 다음과 같다.

$$\tilde{J}^x(y) = \sup_{\Lambda_0} \mathbb{E}_y \left\{ \sum_{n=1}^{\infty} [e^{-r\tau_n} h_s(Y_{\tau_n}) - e^{-r\nu_n} h_b(Y_{\nu_n})] \right\} \tag{4.6}$$

여기서 허용 가능한 정지 시간은 $\Lambda_0 = (\nu_1, \tau_1, \nu_2, \nu_2, \ldots)$이고, 보상 함수 h_b와 h_s는 (4.4)에 정의해놨다. 한편 롱 포지션으로 시작하면 다음을 풀어야 한다.

$$\tilde{V}^x(y) = \sup_{\Lambda_1} \mathbb{E}_y \left\{ e^{-r\tau_1} h_s(Y_{\tau_1}) + \sum_{n=2}^{\infty} [e^{-r\tau_n} h_s(Y_{\tau_n}) - e^{-r\nu_n} h_b(Y_{\nu_n})] \right\} \tag{4.7}$$

여기서 $\Lambda_1 = (\tau_1, \nu_2, \tau_2, \nu_3, \ldots)$는 언제 정지하는가를 결정한다. 요약하면 최적 시작-정지 및 전환 문제는 진입 및 청산 결정의 수가 다르다. 시작-정지 문제 (4.2)-(4.3)에 대

한 모든 전략은 전환 문제 (4.6)–(4.7)에 대한 후보 전략이기도 함을 관찰한다. 따라서 $V^\chi(y) \leq \tilde{V}^\chi(y)$과 $J^\chi(y) \leq \tilde{J}^\chi(y)$가 된다. 우리의 목표는 이 두 가지 접근법에 상응하는 최적 타이밍 전략을 도출하고 비교하는 것이다.

4.2 해석적 결과의 요약

먼저 해석적 결과를 요약하고 최적 시작과 중지 전략을 설명한다. 해의 방법과 그 증명은 4.3절에서 논의할 것이다.

우리는 최적 시작-정지 문제와 최적 전환 문제를 고려한다. 우선 Y의 무한소 생성자를 다음과 같이 표기한다.

$$\mathcal{L}^\chi = \frac{\sigma^2 y}{2} \frac{d^2}{dy^2} + \mu(\theta - y)\frac{d}{dy}$$

그리고 다음 상미분방정식^{ODE}을 고려한다.

$$y \in \mathbb{R}_+ \text{에 대해서} \quad \mathcal{L}^\chi u(y) = ru(y) \tag{4.8}$$

이 ODE의 해를 제시하기 위해, 다음 함수를 정의한다.

$$F^\chi(y) := M(\frac{r}{\mu}, \frac{2\mu\theta}{\sigma^2}; \frac{2\mu y}{\sigma^2}) \quad \text{그리고} \quad G^\chi(y) := U(\frac{r}{\mu}, \frac{2\mu\theta}{\sigma^2}; \frac{2\mu y}{\sigma^2}) \tag{4.9}$$

여기서

$$M(a, b; z) = \sum_{n=0}^{\infty} \frac{a_n z^n}{b_n n!}, \qquad a_0 = 1, \ a_n = a(a+1)(a+2)\cdots(a+n-1),$$
$$U(a, b; z) = \frac{\Gamma(1-b)}{\Gamma(a-b+1)} M(a, b; z) + \frac{\Gamma(b-1)}{\Gamma(a)} z^{1-b} M(a-b+1, 2-b; z)$$

는 각각 쿠머^{Kummer}의 함수와 트리코미^{Tricomi}의 함수라고도 부르는 제1종과 제2종의 풍부한 초기하학적 함수를 구성한다(Abramowitz와 Stegun(1965)의 13장, Lebedev(1972)의

9장을 참조하라). 잘 알려진 바와 같이(Goin-Jaeschke와 Yor(2003) 참조), F^χ와 G^χ는 양이며, 각각 순증가 및 감소하는 연속 미분 가능한 ODE(4.8)의 해다. 또한 할인 프로세스 $(e^{-rt}F^\chi(Y_t))_{t\geq 0}$와 $(e^{-rt}G^\chi(Y_t))_{t\geq 0}$은 마팅게일이다.

덧붙여 (4.4)에 정의된 보상 함수를 상기하고 다음을 주목하라.

$$(\mathcal{L}^\chi - r)h_b(y) \begin{cases} \text{만약 } y < y_b\text{이면, } > 0\text{이다.} \\ \text{만약 } y > y_b\text{이면, } < 0\text{이다.} \end{cases} \tag{4.10}$$

와

$$(\mathcal{L}^\chi - r)h_s(y) \begin{cases} \text{만약 } y < y_s\text{이면, } > 0\text{이다.} \\ \text{만약 } y > y_s\text{이면, } < 0\text{이다.} \end{cases} \tag{4.11}$$

여기서 임계 상수 y_b와 y_s는 다음과 같이 정의된다.

$$y_b := \frac{\mu\theta - rc_b}{\mu + r} \text{와 } y_s := \frac{\mu\theta + rc_s}{\mu + r} \tag{4.12}$$

y_b와 y_s는 각각 c_b와 c_s뿐만 아니라 파라미터 μ, θ와 r에 각각 의존하지만 σ는 아니라는 점에 유의한다.

4.2.1 최적 시작-정지 문제

이제 최적의 시동-정지 문제 (4.2)-(4.3)에 대한 결과를 제시한다. 밝혀진 바와 같이, 가치 함수 V^χ는 F^χ로 표현되고, J^χ는 V^χ와 G^χ로 표현된다. 함수 F^χ와 G^χ는 또한 최적 시작과 정지 임곗값을 결정하는 역할을 한다.

먼저, $F^\chi(y)$의 항으로 가치 함수 V^χ에 대한 경계를 제공한다.

보조정리 4.1 모든 $y \geq 0$에 대해 $0 \leq V^\chi(y) \leq K^\chi F^\chi(y)$인 양의 상수 K^χ가 존재한다.

정리 4.2 최적 정지 문제 (4.2)에 대한 가치 함수는 다음과 같이 주어진다.

$$V^\chi(y) = \begin{cases} \text{만약 } y \in [0, b^{\chi*})\text{이면, } \frac{b^{\chi*} - c_s}{F^\chi(b^{\chi*})} F^\chi(y) \\ \text{만약 } y \in [b^{\chi*}, +\infty)\text{이면, } y - c_s \end{cases}$$

여기서 최적 정지 수준 $b^{\chi*} \in (c_s \vee y_s, \infty)$은 다음 식으로부터 구할 수 있다.

$$F^\chi(b) = (b - c_s)F^{\chi\prime}(b) \tag{4.13}$$

따라서 프로세스 Y가 아래로부터 $b^{\chi*}$에 도달하자마자 정지하는 것이 최적이다. 정지 수준 $b^{\chi*}$는 (4.12)에 정의된 임계 수준 y_s뿐만 아니라 고정 비용 c_s보다도 더 높아야만 한다.

이제 최적 시작 문제로 넘어가자. 보상 함수를 다음과 같이 정의한다.

$$\hat{h}^\chi(y) := V^\chi(y) - (y + c_b) \tag{4.14}$$

F^χ, 따라서 V^χ는 볼록하며, $\hat{h}^\chi$도 볼록이기 때문에 우리는 또한 보상 함수 $\hat{h}^\chi(y)$가 y에 감소함을 관찰한다. 전혀 시작하지 않는 것이 최적인 시나리오를 제외하기 위해 (4.5)에 명시된 조건, 즉 $\sup_{y \in \mathbb{R}+} \hat{h}^\chi(y) > 0$은 이제 $F^\chi(0) = 1$이므로 다음과 동등하다.

$$V^\chi(0) = \frac{b^{\chi*} - c_s}{F^\chi(b^{\chi*})} > c_b \tag{4.15}$$

보조정리 4.3 모든 $y \geq 0$에 대해 가치 함수는 부등식 $J^\chi(y) \leq (\frac{b^{\chi*} - c}{F^\chi(b^{\chi*})} - c_b)^+$을 만족한다.

정리 4.4 최적 시작 문제 (4.3)은 다음 해를 가진다.

$$J^\chi(y) = \begin{cases} \text{만약 } y \in [0, d^{\chi*}]\text{이면, } V^\chi(y) - (y + c_b)\text{이다.} \\ \text{만약 } y \in (d^{\chi*}, +\infty)\text{이면, } \frac{V^\chi(d^{\chi*}) - (d^{\chi*} + c_b)}{G^\chi(d^{\chi*})} G^\chi(y)\text{이다.} \end{cases}$$

최적 시작 수준 $d^{\chi*} > 0$은 다음 식에서 유일하게 결정된다.

$$G^\chi(d)(V^{\chi\prime}(d) - 1) = G^{\chi\prime}(d)(V^\chi(d) - (d + c_b)) \tag{4.16}$$

결과적으로 CIR 프로세스 Y가 양인 수준 $d^{\chi*}$ 아래로 떨어지자마자 시작하는 것이 최적이다.

4.2.2 최적 전환 문제

이제 (4.1)의 CIR 모델하의 최적 전환 문제를 연구하자.

보조정리 4.5 모든 $y \geq 0$에 대해, 가치 함수 $\tilde{J}^\chi$와 $\tilde{V}^\chi$는 다음 부등식을 만족한다.

$$0 \leq \tilde{J}^\chi(y) \leq \frac{\mu\theta}{r},$$
$$0 \leq \tilde{V}^\chi(y) \leq y + \frac{2\mu\theta}{r}$$

아예 시작하지 않는 것이 가장 좋은 조건을 제공하는 것으로 시작한다.

정리 4.6 CIR 모델하에서 (4.13)에 주어진 $b^{\chi*}$으로 다음이 성립하면,

(i) $y_b \leq 0$ 또는

(ii) $y_b > 0$ 그리고 $\frac{b^{\chi*}-c_s}{F^\chi(b^{\chi*})}$

최적 전환 문제 (4.6)–(4.7)는 다음 해를 가진다.

$$y \geq 0\text{에 대해 } \tilde{J}^\chi(y) = 0 \tag{4.17}$$

와

$$\tilde{V}^\chi(y) = \begin{cases} \text{만약 } y \in [0, b^{\chi*})\text{이면, } \frac{b^{\chi*}-c_s}{F^\chi(b^{\chi*})}F^\chi(y)\text{이다.} \\ \text{만약 } y \in [b^{\chi*}, +\infty)\text{이면, } y - c_s\text{이다.} \end{cases} \tag{4.18}$$

이다. 조건 (i) 및 (ii)는 문제 데이터에 따라 달라지며 쉽게 검증할 수 있다. 특히 y_b는 (4.12)에 정의돼 있고 계산하기 쉬우며, 더욱이 σ와 c_s와는 독립적임을 기억하라. 절대 진입하지 않는 것이 최적이므로 전환 문제는 정지 문제와 동일하며 정리 4.6의 해는 정리

4.2의 해와 일치한다. 그다음, CIR 프로세스가 어느 정도 낮은 수준에 도달하는 즉시 진입하는 것이 최적인 조건을 제공한다.

정리 4.7 CIR 모델하에서 만약

$$y_b > 0 \text{와} \quad c_b < \frac{b^{\chi*} - c_s}{F^\chi(b^{\chi*})} \tag{4.19}$$

이며, $b^{\chi*}$가 (4.13)에 주어지면, 최적 전환 문제 (4.6)–(4.7)은 다음 해를 가진다.

$$\tilde{J}^\chi(y) = \begin{cases} \text{만약 } y \in [0, \tilde{d}^{\chi*}]\text{이면, } P^\chi F^\chi(y) - (y + c_b)\text{이다.} \\ \text{만약 } y \in (\tilde{d}^{\chi*}, +\infty)\text{이면, } Q^\chi G^\chi(y)\text{이다.} \end{cases} \tag{4.20}$$

와

$$\tilde{V}^\chi(y) = \begin{cases} \text{만약 } y \in [0, \tilde{b}^{\chi*})\text{이면, } P^\chi F^\chi(y)\text{이다.} \\ \text{만약 } y \in [\tilde{b}^{\chi*}, +\infty)\text{이면, } Q^\chi G^\chi(y) + (y - c_s)\text{이다.} \end{cases} \tag{4.21}$$

여기서

$$P^\chi = \frac{G^\chi(\tilde{d}^{\chi*}) - (\tilde{d}^{\chi*} + c_b)G^{\chi\prime}(\tilde{d}^{\chi*})}{F^{\chi\prime}(\tilde{d}^{\chi*})G^\chi(\tilde{d}^{\chi*}) - F^\chi(\tilde{d}^{\chi*})G^{\chi\prime}(\tilde{d}^{\chi*})},$$

$$Q^\chi = \frac{F^\chi(\tilde{d}^{\chi*}) - (\tilde{d}^{\chi*} + c_b)F^{\chi\prime}(\tilde{d}^{\chi*})}{F^{\chi\prime}(\tilde{d}^{\chi*})G^\chi(\tilde{d}^{\chi*}) - F^\chi(\tilde{d}^{\chi*})G^{\chi\prime}(\tilde{d}^{\chi*})}$$

이다. 다음 비선형 방정식 시스템에서 구해지는 유일한 최적 시작과 정지 수준 $\tilde{d}^{\chi*}$와 $\tilde{b}^{\chi*}$이 존재한다.

$$\frac{G^\chi(d) - (d + c_b)G^{\chi\prime}(d)}{F^{\chi\prime}(d)G^\chi(d) - F^\chi(d)G^{\chi\prime}(d)} = \frac{G^\chi(b) - (b - c_s)G^{\chi\prime}(b)}{F^{\chi\prime}(b)G^\chi(b) - F^\chi(b)G^{\chi\prime}(b)},$$

$$\frac{F^\chi(d) - (d + c_b)F^{\chi\prime}(d)}{F^{\chi\prime}(d)G^\chi(d) - F^\chi(d)G^{\chi\prime}(d)} = \frac{F^\chi(b) - (b - c_s)F^{\chi\prime}(b)}{F^{\chi\prime}(b)G^\chi(b) - F^\chi(b)G^{\chi\prime}(b)}$$

더욱이, $\tilde{d}^{\chi*} < y_b$와 $\tilde{b}^{\chi*} < y_s$를 가진다.

이 경우 CIR 프로세스가 $\tilde{d}^{\chi*}$로 떨어지면 바로 시작하고 프로세스가 $\tilde{b}^{\chi*}$에 도달하면 중지하는 무한 수의 시작과 정지를 하는 것이 최적이다. 시작하는 것이 결코 최적이 아닌 정리 4.6의 경우, 최적 정지 수준 $b^{\chi*}$는 정리 4.2의 최적 정지 문제의 그것과 동일하다는 점에 유의하라. 순차적으로 시작하고 정지하는 것이 최적일 때만 발생하는 최적 시작 수준 $\tilde{d}^{\chi*}$은 일반적으로 정리 4.4의 $d^{\chi*}$와 같지 않다.

두 가지를 언급하고 4장을 마무리한다.

비고 4.8 모델 파라미터를 고려해 정리 4.6 또는 정리 4.7 중 어떤 것이 적용되는지 확인하기 위해 $y_b \leq 0$인지 확인하는 것으로 시작한다. 만약 $y_b \leq 0$이면 진입하지 않는 것이 가장 좋다. 그렇지 않다면 $c_b \geq \frac{b^{\chi*} - c_s}{F^\chi(b^{\chi*})}$이 성립할 경우, 정리 4.6이 여전히 적용되고, 나머지 경우는 정리 4.7과 같이 문제의 해를 구하게 된다. 실제로 조건 $c_b \geq \frac{b^{\chi*} - c_s}{F^\chi(b^{\chi*})}$은 $y_b > 0$을 의미한다(부록 4.12의 보조정리 증명 참조). 따라서 정리 4.7의 조건 (4.19)는 정리 4.4의 조건 (4.15)와 사실상 동일하다.

비고 4.9 정리 4.6과 4.7의 결과의 최적성을 검증하기 위해 (4.17) – (4.18) 및 (4.20) – (4.21)의 해 $(\tilde{J}^\chi, \tilde{V}^\chi)$가 다음 변분부등식을 만족함을 직접 대입으로 보일 수 있다.

$$\min\{r\tilde{J}^\chi(y) - \mathcal{L}^\chi \tilde{J}^\chi(y), \tilde{J}^\chi(y) - (\tilde{V}^\chi(y) - (y + c_b))\} = 0,$$
$$\min\{r\tilde{V}^\chi(y) - \mathcal{L}^\chi \tilde{V}^\chi(y), \tilde{V}^\chi(y) - (\tilde{J}^\chi(y) + (y - c_s))\} = 0$$

실제로 이것은 최적 전환 문제의 해를 확인하기 위해 Zervos et al.(2013)이 사용한 접근법이다.

4.2.3 수치 예

이제 정리 4.2, 4.4 및 4.7을 수치적으로 구현하고 관련 시작 및 정지 임곗값을 설명한다. 그림 4.2(a)에서 평균 회귀 속도가 증가함에 따라 최적 시작 및 정지 수준의 변화를 관찰한다. 시작 수준 $d^{\chi*}$와 $\tilde{d}^{\chi*}$는 μ가 0.3에서 0.85로 증가함에 μ와 함께 0.0964에서 0.1219와 0.1460에서 0.1696으로 각각 상승한다. 최적의 전환 정지 수준 $\tilde{b}^{\chi*}$도 증가한다. 반면 시작-정지 문제에 대한 정지 수준 $b^{\chi *}$는 μ가 변화함에 따라 상대적으로 일정하게 유지된다.

그림 4.1은 시뮬레이션 CIR 경로와 시작-정지 및 전환 문제 모두에 대한 최적의 진입과 청산 수준을 보여준다. 시작-정지 문제에서는 프로세스가 $d^{\chi *} = 0.0373$에 도달하면 시작하고 프로세스가 $b^{\chi *} = 0.4316$에 도달하면 정지하는 것이 최적이다. 전환 문제에 대해서 프로세스 값이 $\tilde{d}^{\chi *} = 0.1189$에 도달하면 시작하고 CIR 프로세스 값이 $\tilde{b}^{\chi *} = 0.2078$로 상승하면 정지하는 것이 최적이다. 정지 수준 $b^{\chi *}$와 $\tilde{b}^{\chi *}$는 모두 장기 평균 $\theta = 0.2$보다 높고 시작 수준 $d^{\chi *}$와 $\tilde{d}^{\chi *}$는 θ보다 낮다. 최적 전환 설정에서 프로세스는 $Y_0 = 0.15 > \tilde{d}^{\chi *}$에서 시작되며, 프로세스가 0.1172로 떨어지면 8일째에 첫 번째로 진입한 후 935일째에 0.2105 수준에서 청산한다. 시작-정지 문제의 경우 프로세스가 0.0306에 도달하는 훨씬 늦은 200일째에 진입이 이뤄지고, 2,671일째 0.4369에서 청산한다. 최적 전환 문제하에서, 시작-정지 문제에 대한 단일 진입-청산 시퀀스가 실현될 때까지 2개의 진입과 2개의 청산이 실현된다.

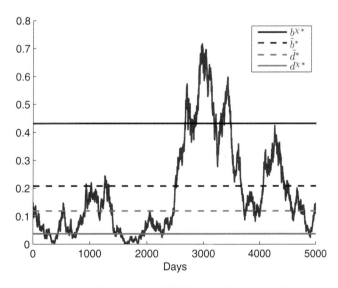

그림 4.1 샘플 CIR 경로와 시작 및 정지 수준. 시작-정지 설정하에서 시작 결정이 $\nu_{d^{\chi *}} = \inf\{t \geq 0 : Y_t \leq d^{\chi *} = 0.0373\}$에서 일어나며, 정지 결정은 $\tau_{b^{\chi *}} = \inf\{t \geq \nu_{d^{\chi *}} : Y_t \leq b^{\chi *} = 0.4316\}$에서 일어난다. 최적 전환 문제에서, 진입과 청산은 각각 $\nu_{d^{\chi *}} = \inf\{t \geq 0 : Y_t \leq \tilde{d}^{\chi *} = 0.1189\}$와 $\tau_{b^{\chi *}} = \inf\{t \geq \nu_{d^{\chi *}} : Y_t \leq \tilde{b}^{\chi *} = 0.2078\}$에서 일어난다. 파라미터: $\mu = 0.2$, $\sigma = 0.3$, $\theta = 0.2$, $r = 0.05$, $c_s = 0.001$, $c_b = 0.001$

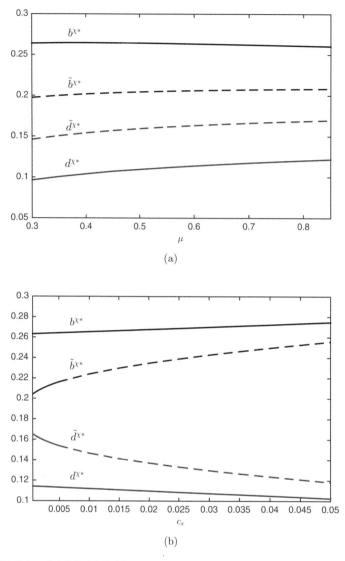

그림 4.2 (a) 평균 회귀 μ 대비 최적 시작과 정지 수준. 파라미터: $\sigma = 0.15$, $\theta = 0.2$, $r = 0.05$, $c_s = 0.001$, $c_b = 0.001$
(b) 거래 비용 c 대비 최적 시작과 정지 수준. 파라미터: $\sigma = 0.15$, $\theta = 0.2$, $r = 0.05$, $c_b = 0.001$

그림 4.2(b)에서는 정지 비용 c_s가 증가함에 따라 최적의 정지 수준의 증가는 최적의 시작 수준의 하락을 동반함을 알 수 있다. 특히 정지 수준인 $b^{\chi*}$와 $\tilde{b}^{\chi*}$은 증가한다. 이에 비해 시작 수준 $d^{\chi*}$와 $\tilde{d}^{\chi*}$은 모두 떨어진다. 시작 수준이 낮고 정지 수준이 높다는 것은 높

은 거래 비용으로 인해 시작 및 청산 시간이 모두 지연됨을 의미한다. 흥미롭게도 비용 c_s 는 프로세스가 정지된 경우에만 적용되지만, 그림의 $\tilde{d}^{\chi *}$와 $d^{\chi *}$의 변화에서 볼 수 있듯이 시작 타이밍에도 영향을 미친다.

그림 4.2와 같이 전환 문제 $(\tilde{d}^{\chi *}, \tilde{b}^{\chi *})$의 지속(대기) 영역은 시작-정지 문제 $(d^{\chi *}, b^{\chi *})$의 영역 내에 있다. 여러 번 진입 및 청산할 수 있다는 것은 각 개별 시작-정지 시퀀스에서 더 적은 보상을 획득하는 반면, 총 수익률은 최대화할 수 있음을 의미한다. 더욱이 시작-정지 문제의 최적 진입 및 청산 수준이 전환 문제의 진입 및 청산 임곗값보다 모델 파라미터의 변화에 덜 민감함을 관찰한다.

4.3 해의 방법과 증명

이제 우리는 최적 시작-정지 문제부터 시작해 4.2절에 우리의 해석적 결과에 대한 상세한 증거를 제공한다. 여기서 우리의 주요 결과는 가치 함수의 수학적 특성을 제공하고 해를 구성하는 우리 방법의 최적성을 확립하는 정리 4.10이다.

4.3.1 최적 시작-정지 문제

먼저 정지 문제 V^χ에 대한 일반적 해의 절차를 설명하고, 이어서 시작 문제 J^χ를 설명한다.

4.3.1.1 최적 정지 문제

우리 해 방법의 핵심 단계는 다음 변환을 포함한다.

$$\phi(y) := -\frac{G^\chi(y)}{F^\chi(y)}, \quad y \geq 0 \tag{4.22}$$

이를 이용해 다음 함수를 정의한다.

$$H^\chi(z) := \begin{cases} \text{만약 } z < 0 \text{이면, } \frac{h_s}{F^\chi} \circ \phi^{-1}(z) \text{이다.} \\ \text{만약 } z = 0 \text{이면, } \lim_{y \to +\infty} \frac{(h_s(y))^+}{F^\chi(y)} \text{이다.} \end{cases} \qquad (4.23)$$

여기서 h_s는 (4.4)에서 주어진다. 이제 가치 함수의 해석적 형태를 증명한다.

정리 4.10 CIR 모델하에 (4.2)의 가치 함수 V^χ는 다음으로 주어진다.

$$V^\chi(y) = F^\chi(y)W^\chi(\phi(y)) \qquad (4.24)$$

여기서 F^χ와 ϕ는 각각 (4.22)에서 주어지고, W^χ는 (4.23)의 H^χ의 감소하는 최소 오목 주도 함수다.

증명 우선 $V^\chi(y) \geq F^\chi(y)W^\chi(\phi(y))$임을 증명한다. 어떠한 $y \in [0, +\infty)$에서 시작하고, $0 \leq a \leq y \leq b \leq +\infty$인 구간 $[a, b]$로부터 Y의 처음 정지 문제를 고려한다. 다음의 상응하는 기대 할인 보상을 계산한다.

$$\mathbb{E}_y\{e^{-r(\tau_a \wedge \tau_b)}h_s(Y_{\tau_a \wedge \tau_b})\}$$
$$= h_s(a)\mathbb{E}_y\{e^{-r\tau_a}\mathbf{1}_{\{\tau_a < \tau_b\}}\} + h_s(b)\mathbb{E}_y\{e^{-r\tau_b}\mathbf{1}_{\{\tau_a > \tau_b\}}\}$$
$$= h_s(a)\frac{F^\chi(y)G^\chi(b) - F^\chi(b)G^\chi(y)}{F^\chi(a)G^\chi(b) - F^\chi(b)G^\chi(a)} + h_s(b)\frac{F^\chi(a)G^\chi(y) - F^\chi(y)G^\chi(a)}{F^\chi(a)G^\chi(b) - F^\chi(b)G^\chi(a)}$$
$$= F^\chi(y)\left[\frac{h_s(a)}{F^\chi(a)}\frac{\phi(b) - \phi(y)}{\phi(b) - \phi(a)} + \frac{h_s(b)}{F^\chi(b)}\frac{\phi(y) - \phi(a)}{\phi(b) - \phi(a)}\right]$$
$$= F^\chi(\phi^{-1}(z))\left[H^\chi(z_a)\frac{z_b - z}{z_b - z_a} + H^\chi(z_b)\frac{z - z_a}{z_b - z_a}\right]$$

여기서 $z_a = \phi(a)$, $z_b = \phi(b)$이다.

$V^\chi(y) \geq \sup_{\{a, b : a \leq y \leq b\}} \mathbb{E}_y\{e^{-r(\tau_a \wedge \tau_b)}h_s(Y_{\tau_a \wedge \tau_b})\}$이므로, 다음을 얻는다.

$$\frac{V^\chi(\phi^{-1}(z))}{F^\chi(\phi^{-1}(z))} \geq \sup_{\{z_a, z_b : z_a \leq z \leq z_b\}}\left[H^\chi(z_a)\frac{z_b - z}{z_b - z_a} + H^\chi(z_b)\frac{z - z_a}{z_b - z_a}\right] \qquad (4.25)$$

이는 $V^\chi(\phi^{-1}(z))/F^\chi(\phi^{-1}(z))$가 H^χ의 오목 상계 함수를 지배한다.

CIR 모델에서 구간 유형 전략의 클래스는 모든 단일 임곗값 유형 전략을 포함하지 않는다. 특히 a가 취할 수 있는 최댓값은 0이다. 만약 $2\mu\theta < \sigma^2$이면, Y는 수준 0에 도달할 수 있으며 반사한다. $a = 0$인 구간 유형 전략은 Y가 진화하도록 기다리는 것이 최적일 수 있음에도 불구하고 수준 0에서 프로세스 Y를 정지하는 것을 의미한다. 따라서 또한 Y가 더 낮은 정지 수준 없이 더 높은 수준 $b \geq y$에 도달하기를 기다리는 후보 전략을 별도로 고려해야 한다. $(e^{-rt}V^\chi(Y_t))_{t \geq 0}$의 잘 알려진 슈퍼 마팅게일 특성(Karatzas와 Shreve(1998)의 부록 D 참조)는 $\tau \in \mathcal{T}$에 대해 $V^\chi(y) > \mathbb{E}_y\{e^{-rt}V^\chi(Y_\tau)\}$를 의미한다. 그런 다음 $\tau = \tau_b$을 취하면 다음을 얻는다.

$$V^\chi(y) \geq \mathbb{E}_y\{e^{-r\tau_b}V^\chi(Y_{\tau_b})\} = V^\chi(b)\frac{F^\chi(y)}{F^\chi(b)}$$

또는 동일하게,

$$\frac{V^\chi(\phi^{-1}(z))}{F^\chi(\phi^{-1}(z))} = \frac{V^\chi(y)}{F^\chi(y)} \geq \frac{V^\chi(b)}{F^\chi(b)} = \frac{V^\chi(\phi^{-1}(z_b))}{F^\chi(\phi^{-1}(z_b))} \tag{4.26}$$

이는 $V^\chi(\phi^{-1}(z))/F^\chi(\phi^{-1}(z))$가 감소함을 가리킨다. (4.25)와 (4.26)에 의해 $V^\chi(y) \geq F^\chi(y)W^\chi(\phi(y))$임을 알 수 있으며, 여기서 W^χ는 H^χ의 감소하는 최소 오목 상계 함수다.

역부등식을 증명하기 위해 $y \in [0, +\infty)$, $\tau \in \mathcal{T}$과 $t \geq 0$에 대해 다음이 성립함을 우선 보인다.

$$F^\chi(y)W^\chi(\phi(y)) \geq \mathbb{E}_y\{e^{-r(t \wedge \tau)}F^\chi(Y_{t \wedge \tau})W^\chi(\phi(Y_{t \wedge \tau}))\} \tag{4.27}$$

만약 초깃값 $y = 0$이면, W^χ의 감소 특성은 다음 부등식을 의미한다.

$$\mathbb{E}_0\{e^{-r(t \wedge \tau)}F^\chi(Y_{t \wedge \tau})W^\chi(\phi(Y_{t \wedge \tau}))\} \leq \mathbb{E}_0\{e^{-r(t \wedge \tau)}F^\chi(Y_{t \wedge \tau})\}W^\chi(\phi(0))$$
$$= F^\chi(0)W^\chi(\phi(0))$$

여기서 부등호는 $(e^{-rt}V^\chi(Y_t))_{t \geq 0}$의 마팅게일 특성에 기인한다.

$y > 0$일 때, W^χ의 오목성은 어떤 고정된 z에 대해서도 어파인 함수 $L_z^\chi(\alpha) := m_z^\chi \alpha + c_z^\chi$가 존재하는데, 여기서 m_z^χ과 c_z^χ은 상수이며, $a > \phi(0)$에 대해 $L_z^\chi(\alpha) \geq W^\chi(\alpha)$이고, $a = z$에서 $L_z^\chi(z) \geq W^\chi(z)$임을 만족한다. 그러면 이는 다음 부등식을 산출한다.

$$\mathbb{E}_y\{e^{-r(\tau_0 \wedge t \wedge \tau)} F^\chi(Y_{\tau_0 \wedge t \wedge \tau}) W^\chi(\phi(Y_{\tau_0 \wedge t \wedge \tau}))\} \tag{4.28}$$
$$\leq \mathbb{E}_y\{e^{-r(\tau_0 \wedge t \wedge \tau)} F^\chi(Y_{\tau_0 \wedge t \wedge \tau}) L_{\phi(y)}^\chi(\phi(Y_{\tau_0 \wedge t \wedge \tau}))\}$$
$$= m_{\phi(y)}^\chi \mathbb{E}_y\{e^{-r(\tau_0 \wedge t \wedge \tau)} F^\chi(Y_{\tau_0 \wedge t \wedge \tau}) \phi(Y_{\tau_0 \wedge t \wedge \tau})\}$$
$$+ c_{\phi(y)}^\chi \mathbb{E}_y\{e^{-r(\tau_0 \wedge t \wedge \tau)} F^\chi(Y_{\tau_0 \wedge t \wedge \tau})\}$$
$$= -m_{\phi(y)}^\chi \mathbb{E}_y\{e^{-r(\tau_0 \wedge t \wedge \tau)} G^\chi(Y_{\tau_0 \wedge t \wedge \tau})\}$$
$$+ c_{\phi(y)}^\chi \mathbb{E}_y\{e^{-r(\tau_0 \wedge t \wedge \tau)} F^\chi(Y_{\tau_0 \wedge t \wedge \tau})\}$$
$$= -m_{\phi(y)}^\chi G^\chi(y) + c_{\phi(y)}^\chi F^\chi(y) \tag{4.29}$$
$$= F^\chi(y) L_{\phi(y)}^\chi(\phi(y))$$
$$= F^\chi(y) W^\chi(\phi(y)) \tag{4.30}$$

여기서 (4.29)는 $(e^{-rt} F^\chi(Y_t))_{t \geq 0}$와 $(e^{-rt} G^\chi(Y_t))_{t \geq 0}$의 마팅게일 특성에서 도출된다. 만약 $2\mu\theta < \sigma^2$이면, $y > 0$에 대해 $\tau_0 = +\infty$이다. 이는 즉시 (4.28)–(4.30)을 원하는 부등식 (4.27)로 축소시킨다.

반면, 만약 $2\mu\theta < \sigma^2$이면 (4.28)을 2개의 항으로 분해한다.

$$\mathbb{E}_y\{e^{-r(\tau_0 \wedge t \wedge \tau)} F^\chi(Y_{\tau_0 \wedge t \wedge \tau}) W^\chi(\phi(Y_{\tau_0 \wedge t \wedge \tau}))\}$$
$$= \underbrace{\mathbb{E}_y\{e^{-r(t \wedge \tau)} F^\chi(Y_{t \wedge \tau}) W^\chi(\phi(Y_{t \wedge \tau})) \mathbf{1}_{\{t \wedge \tau \leq \tau_0\}}\}}_{\text{(I)}}$$
$$+ \underbrace{\mathbb{E}_y\{e^{-r\tau_0} F^\chi(Y_{\tau_0}) W^\chi(\phi(Y_{\tau_0})) \mathbf{1}_{\{t \wedge \tau > \tau_0\}}\}}_{\text{(II)}}$$

선택적 샘플링 정리$^{\text{optional sampling theorem}}$와 W^χ의 감소하는 특성에 의해 두 번째 항은 다음을 만족한다.

$$(\text{II}) = W^{\chi}(\phi(0))\mathbb{E}_y\{e^{-r\tau_0}F^{\chi}(Y_{\tau_0})\mathbb{1}_{\{t\wedge\tau>\tau_0\}}\}$$
$$\geq W^{\chi}(\phi(0))\mathbb{E}_y\{e^{-r(t\wedge\tau)}F^{\chi}(Y_{t\wedge\tau})\mathbb{1}_{\{t\wedge\tau>\tau_0\}}\} \qquad (4.31)$$
$$\geq \mathbb{E}_y\{e^{-r(t\wedge\tau)}F^{\chi}(Y_{t\wedge\tau})W^{\chi}(\phi(Y_{t\wedge\tau}))\mathbb{1}_{\{t\wedge\tau>\tau_0\}}\} =: (\text{II'})$$

(4.31)과 (4.30)을 결합하면 다음에 도달한다. 모든 $y > 0$에 대해,

$$F^{\chi}(y)W^{\chi}(\phi(y)) \geq (\text{I}) + (\text{II'}) = \mathbb{E}_y\{e^{-r(t\wedge\tau)}F^{\chi}(Y_{t\wedge\tau})W^{\chi}(\phi(Y_{t\wedge\tau}))\}$$

전체적으로 부등식 (4.27)은 $y \in [0, +\infty)$, $\tau \in \mathcal{T}$와 $t \geq 0$에 대해 성립한다. (4.27)과 W^{χ}가 H^{χ}의 상계 함수라는 사실로부터 다음이 성립한다.

$$F^{\chi}(y)W^{\chi}(\phi(y)) \geq \mathbb{E}_y\{e^{-r(t\wedge\tau)}F^{\chi}(Y_{t\wedge\tau})W^{\chi}(\phi(Y_{t\wedge\tau}))\}$$
$$\geq \mathbb{E}_y\{e^{-r(t\wedge\tau)}F^{\chi}(Y_{t\wedge\tau})H^{\chi}(\phi(Y_{t\wedge\tau}))\}$$
$$\geq \mathbb{E}_y\{e^{-r(t\wedge\tau)}h_s(Y_{t\wedge\tau})\} \qquad (4.32)$$

모든 $\tau \in \mathcal{T}$와 $t \geq 0$에 대해 (4.32)를 최대화하면, 역부등식 $F^{\chi}(y)W^{\chi}(\phi(y)) \geq V^{\chi}(y)$이 얻어진다. □

요약하면 (4.24)에서 가치 함수 $V^{\chi}(y)$에 대한 식을 찾았고, 처음으로 Y가 단일 상한 임 곗값에 도달하거나 구간에서 청산하는 후보 정지 시간만 고려하는 것이 과학적임을 증명 했다. 최적의 타이밍 전략을 결정하기 위해서는 H^{χ}와 그 최소 오목한 상계 함수 W^{χ}의 특성을 이해할 필요가 있다. 이를 위해 다음 보조정리를 가진다.

보조정리 4.11 함수 H^{χ}는 $[\phi(0),\, 0]$에 연속이고, $(\phi(0),\, 0)$에 두 번 미분 가능하며, 다음 특성을 가진다.

(i) $H^{\chi}(0) = 0$이고,

$$H^{\chi}(z)\begin{cases} \text{만약 } z \in [\phi(0), \phi(c_s))\text{이면, } < 0 \\ \text{만약 } z \in (\phi(c_s), 0)\text{이면, } > 0 \end{cases} \qquad (4.33)$$

(ii) $H^\chi(z)$는 $z \in (\phi(0), \phi(c_s) \vee \phi(y_s))$에 대해 순증가한다.

(iii)

$$H^\chi(z) \text{ 은 } \begin{cases} \text{만약 } z \in (\phi(0), \phi(y_s)] \text{이면, 볼록이다.} \\ \text{만약 } z \in [\phi(y_s), 0) \text{이면, 오목이다.} \end{cases}$$

그림 4.3에서 H^χ는 처음에는 증가하다가 나중에 감소하며, 처음에 볼록이다가 나중에 오목이다. 이들 특성을 이용해 최적 정지 타이밍을 도출한다.

정리 4.2의 증명 $V^\chi(y) = F^\chi(y) W^\chi(\phi(y))$ 형태의 가치 함수를 결정한다. 여기서 W^χ은 H^χ의 감소하는 최소 오목 상계 함수다. 보조정리 4.11과 그림 4.3에 의해, H^χ는 $z^{\chi*} > \phi(c_s) \vee \phi(y_s)$에서 정점을 가지므로,

$$H^{\chi\prime}(z^{\chi*}) = 0 \tag{4.34}$$

이다. 그러면 감소하는 최소 오목 상계 함수는 다음 형태를 가진다.

$$W^\chi(z) = \begin{cases} \text{만약 } z < z^{\chi*} \text{이면, } H^\chi(z^{\chi*}) \text{이다.} \\ \text{만약 } z \geq z^{\chi*} \text{이면, } H^\chi(z) \text{이다.} \end{cases} \tag{4.35}$$

$b^{\chi*} = \phi^{-1}(z^{\chi*})$를 (4.34)에 대입하면 다음을 얻는다.

$$\begin{aligned} H^{\chi\prime}(z^{\chi*}) &= \frac{F^\chi(\phi^{-1}(z^{\chi*})) - (\phi^{-1}(z^{\chi*}) - c_s) F^{\chi\prime}(\phi^{-1}(z^{\chi*}))}{F^{\chi\prime}(\phi^{-1}(z^{\chi*})) G^\chi(\phi^{-1}(z^{\chi*})) - F^\chi(\phi^{-1}(z^{\chi*})) G^{\chi\prime}(\phi^{-1}(z^{\chi*}))} \\ &= \frac{F^\chi(b^{\chi*}) - (b^{\chi*} - c_s) F^{\chi\prime}(b^{\chi*})}{F^{\chi\prime}(b^{\chi*}) G^\chi(b^{\chi*}) - F^\chi(b^{\chi*}) G^{\chi\prime}(b^{\chi*})} \end{aligned}$$

이는 (4.13)으로 더욱 단순화된다. $H^\chi(z^{\chi*})$를 $b^{\chi*}$의 항으로 표현할 수 있다.

$$H^\chi(z^{\chi*}) = \frac{b^{\chi*} - c_s}{F^\chi(b^{\chi*})} \tag{4.36}$$

(4.36)을 (4.35)에 적용하면, 다음을 얻는다.

$$W^\chi(\phi(y)) = \begin{cases} \text{만약 } y < b^{\chi*}\text{이면, } H^\chi(z^{\chi*}) = \frac{b^{\chi*}-c_s}{F^\chi(b^{\chi*})}\text{이다.} \\ \text{만약 } y \geq b^{\chi*}\text{이면, } H^\chi(\phi(y)) = \frac{y-c_s}{F^\chi(y)}\text{이다.} \end{cases}$$

마지막으로 이를 가치 함수 $V^\chi(y) = F^\chi(y)\,W^\chi(\phi(y))$에 대입하면, 증명을 마친다.

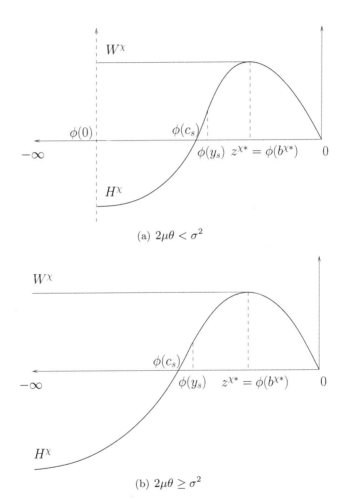

(a) $2\mu\theta < \sigma^2$

(b) $2\mu\theta \geq \sigma^2$

그림 4.3 H^χ와 W^χ의 스케치. 함수 W^χ는 $(\phi(0), z^{\chi*})$에서 상수 $H^\chi(z^{\chi*})$이고, $[z^{\chi*}, 0]$에서 H^χ와 일치한다. 만약 $2\mu\theta < \sigma^2$이면, $-\infty < \phi(0) < 0$이고, 만약 $2\mu\theta \geq \sigma^2$이면, $\phi(0) = -\infty$이다.

4.3.1.2 최적 시작 타이밍

이제 최적 시작 문제로 전환하자. 4.3.1.1절의 우리의 방법론을 일반적 수익 함수에 적용하고, 따라서 최적 시작 문제 (4.3)에도 적용할 수 있다. 이를 위해 동일한 변환 (4.22)를 적용하고 다음 함수를 정의한다.

$$\hat{H}^X(z) := \begin{cases} \text{만약 } z < 0\text{이면, } \frac{\hat{h}^X}{F^X} \circ \phi^{-1}(z)\text{이다.} \\ \text{만약 } z = 0\text{이면, } \lim_{y \to +\infty} \frac{(\hat{h}^X(y))^+}{F^X(y)}\text{이다.} \end{cases}$$

여기서 $\hat{h}^X$는 (4.14)에 주어진다. 그러면 정리 4.2를 따라 가치 함수 J^X를 결정한다. 이는 $\hat{H}^X$의 증가하는 최소 오목 상계 함수 $\hat{W}^X$를 구하는 것과 같다. 실제로 정리 4.2와 그 증명에서 $\hat{H}^X$와 $\hat{W}^X$를 $\hat{H}^X$와 W^X로 대체할 수 있다. 결과적으로 최적 시작 타이밍 문제의 가치 함수는 다음 형태를 취해야 한다.

$$J^X(y) = F^X(y)\hat{W}^X(\phi(y))$$

최적 시작 타이밍 문제를 풀기 위해, $\hat{H}^X$의 특성을 이해할 필요가 있다.

보조정리 4.2 함수 $\hat{H}^X$는 $[\phi(0), 0]$에서 연속이고, $(\phi(0), 0)$에서 미분 가능하며, $(\phi(0), \phi(b^{X*}))$ $\cup (\phi(b^{X*}), 0)$에서 두 번 미분 가능하다. 그리고 다음 특성을 가진다.

(i) $\hat{H}^X(0) = 0$. $\bar{d}^X$가 $\hat{h}^X(y) = 0$에 대한 유일해라고 표기하자. 그러면 $\bar{d}^X < b^{X*}$이고,

$$\hat{H}^X(z) \begin{cases} \text{만약 } z \in [\phi(0), \phi(\bar{d}^X))\text{이면, } > 0\text{이다.} \\ \text{만약 } z \in (\phi(\bar{d}^X), 0)\text{이면, } < 0\text{이다.} \end{cases}$$

이다.

(ii) $\hat{H}^X(z)$는 $z > \phi(b^{X*})$에 대해 순증가하며, $\lim_{z \to \phi(0)} \hat{H}^X(z) = 0$이다.

(iii)

$$\hat{H}^X(z) \text{ 은} \begin{cases} \text{만약 } z \in (\phi(0), \phi(y_b))\text{이면, 볼록이다.} \\ \text{만약 } z \in (\phi(y_b), 0)\text{이면, 오목이다.} \end{cases}$$

보조정리 4.12에 의해 그림 4.4에서 $\hat{H}^\chi$를 스케치한다.

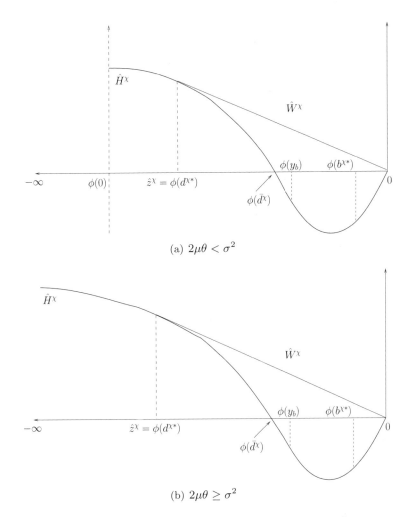

(a) $2\mu\theta < \sigma^2$

(b) $2\mu\theta \geq \sigma^2$

그림 4.4 $\hat{H}^\chi$과 $\hat{W}^\chi$의 스케치. 함수 $\hat{W}^\chi$는 $[\phi(0),\ \hat{z}^\chi]$에서 $\hat{H}^\chi$와 일치하고, $(\hat{z}^\chi,\ 0)$의 $\hat{z}^\chi$에서 $\hat{H}^\chi$와 접하는 직선이다. 만약 $2\mu\theta < \sigma^2$이면 $-\infty < \phi(0) < 0$이고, 만약 $2\mu\theta < \sigma^2$이면 $\phi(0) = -\infty$이다.

정리 4.4의 증명 $J^\chi(y) = F^\chi(y)\hat{W}^\chi(\phi(y))$ 형태의 가치 함수를 결정하기 위해 감소하는 최소 오목 상계 함수 $\hat{W}^\chi$과 $\hat{H}^\chi$를 분석한다. 보조정리 4.12와 그림 4.3에 의해 $z \to \phi(0)$임에 따라 $\hat{H}^\chi(z) \to 0$를 가진다. 따라서 다음을 만족하는 유일한 수 $\hat{z}^\chi \in (\phi(0), \phi(b^{\chi*}))$가 존재한다.

$$\frac{\hat{H}^\chi(\hat{z}^\chi)}{\hat{z}^\chi} = \hat{H}^{\chi'}(\hat{z}^\chi) \tag{4.37}$$

그러면 감소하는 최소 오목 상계 함수는 다음 형태를 가진다.

$$\hat{W}^\chi(z) = \begin{cases} \text{만약 } z \le \hat{z}^\chi\text{이면, } \hat{H}^\chi(z)\text{이다.} \\ \text{만약 } z > \hat{z}^\chi\text{이면, } z\frac{\hat{H}^\chi(\hat{z}^\chi)}{\hat{z}^\chi}\text{이다.} \end{cases} \tag{4.38}$$

$d^{\chi*} = \phi^{-1}(\hat{z}^\chi)$를 (4.37)에 대입하면 다음을 얻는다.

$$\frac{\hat{H}^\chi(\hat{z}^\chi)}{\hat{z}^\chi} = \frac{\hat{H}^\chi(\phi(d^{\chi*}))}{\phi(d^{\chi*})} = -\frac{V^\chi(d^{\chi*}) - d^{\chi*} - c_b}{G^\chi(d^{\chi*})} \tag{4.39}$$

그리고

$$\hat{H}^{\chi'}(\hat{z}^\chi) = \frac{F^\chi(d^{\chi*})(V^{\chi'}(d^{\chi*}) - 1) - F^{\chi'}(d^{\chi*})(V^\chi(d^{\chi*}) - (d^{\chi*} + c_b))}{F^{\chi'}(d^{\chi*})G^\chi(d^{\chi*}) - F^\chi(d^{\chi*})G^{\chi'}(d^{\chi*})}$$

이다. 동일하게 (4.37)을 $d^{\chi*}$의 항으로 표현할 수 있다.

$$\begin{aligned} & -\frac{V^\chi(d^{\chi*}) - (d^{\chi*} + c_b)}{G^\chi(d^{\chi*})} \\ &= \frac{F^\chi(d^{\chi*})(V^{\chi'}(d^{\chi*}) - 1) - F^{\chi'}(d^{\chi*})(V^\chi(d^{\chi*}) - (d^{\chi*} + c_b))}{F^{\chi'}(d^{\chi*})G^\chi(d^{\chi*}) - F^\chi(d^{\chi*})G^{\chi'}(d^{\chi*})} \end{aligned}$$

이는 단순화하면 $d^{\chi*}$가 (4.16)을 만족함을 보인다.

(4.39)를 (4.38)에 적용하면 다음을 얻는다.

$$W^\chi(\phi(y)) = \begin{cases} \text{만약 } y \in [0, d^{\chi*}] \text{이면, } \hat{H}^\chi(\phi(y)) = \frac{V^\chi(y)-(y+c_b)}{F^\chi(y)} \text{이다.} \\ \text{만약 } y \in (d^{\chi*}, +\infty) \text{이면, } \phi(y)\frac{\hat{H}^\chi(\hat{z}^\chi)}{\hat{z}^\chi} = \frac{V^\chi(d^{\chi*})-(d^{\chi*}+c_b)}{G^\chi(d^{\chi*})} \frac{G^\chi(y)}{F^\chi(y)} \text{이다.} \end{cases}$$

이로부터 가치 함수를 얻는다.

4.3.2 최적 전환 문제

정리 4.6와 4.7의 증명. Zervos et al.(2013)은 고정 거래 비용으로 평균 회귀 자산을 거래하는 유사한 문제를 연구했고, 변분부등식 접근법을 사용해 상세한 증명을 제공했다. 특히 우리는 (4.10)과 (4.11)의 y_b와 y_s가 Zervos et al.(2013)의 가정 4의 x_b와 x_s와 각각 동일한 역할을 한다는 것을 관찰한다. 그러나 Zervos et al.(2013)의 가정 4는 $0 \le x_b$를 요구하며, 이는 우리 문제의 y_b에 반드시 성립하지는 않는다. 이 가정이 정리 4.6에 필요하지 않으며, $y_b < 0$은 단순히 최적의 시작 수준이 없다. 즉, 시작하는 것이 결코 최적이 아니라는 것을 의미함을 확인하고 깨달았다.

또한 Zervos et al.(2013)은 (가정 1에서) 수준 0의 도달 시간이 확률 1로 무한하다고 가정한다. 이에 비해 0에 접근할 수 없는 CIR의 경우뿐만 아니라 CIR 프로세스가 0에서 반사 경계를 갖는 경우도 고려한다. 사실 Zervos et al.(2013)의 증명들이 CIR 모델하에 두 경우 모두에 적용됨을 발견했다. 따라서 앞서 언급한 가정들의 완화를 제외하고 정리 4.6과 4.7의 증명은 각각 Zervos et al.(2013)의 보조정리 1과 2의 증명과 동일하다.

4.4 보조정리들의 증명

마지막 절에서는 V^χ, J^χ, H^χ과 $\hat{H}^\chi$의 속성에 대한 증명을 제시한다.

보조정리 4.4의 증명(V^χ의 한계) 우선 극한

$$\limsup_{y \to +\infty} \frac{(h_s(y))^+}{F^\chi(y)} = \limsup_{y \to +\infty} \frac{y - c_s}{F^\chi(y)} = \limsup_{y \to +\infty} \frac{1}{F^{\chi\prime}(y)} = 0$$

이다. 따라서 $y(y_0, +\infty)$에 대해서 $(h_s(y))^+ < F^\chi(y)$인 어떤 y_0가 존재한다. $y \le y_0$의 경우, $(h_s(y))^+$는 상수 $(y_0 - c_s)^+$에 의해 위로부터 유계다. 결과적으로, 모든 $y \in \mathbb{R}$에 대해 $(h_s(y))^+ \le K^\chi F^\chi(y)$인 상수 K^χ을 항상 발견할 수 있다.

정의에 의해, 프로세스 $(e^{-rt}F^\chi(Y_t))_{t \ge 0}$는 마팅게일이다. 이는 모든 $y \in \mathbb{R}_+$와 $\tau \in \mathcal{T}$에 대해, $K^\chi F^\chi(y) = \mathbb{E}_y\{e^{-r\tau}K^\chi F^\chi(Y_\tau)\} \ge \mathbb{E}_y\{e^{-r\tau}(h_s(Y_\tau))^+\} \ge \mathbb{E}_y\{e^{-r\tau}h_s(Y_\tau)\}$이다. 따라서 $V^\chi(y) \le K^\chi F^\chi(y)$이다. 마지막으로 $\tau = +\infty$를 후보 정지 시간으로 선택하면 $V^\chi(y) \ge 0$임을 알 수 있다.

보조정리 4.3의 증명(J^χ의 한계) 4.3.1.2절에서 지적한 바와 같이 $\hat{h}^\chi(y)$가 y에서 감소하고 있으므로 $(\hat{h}^\chi(y))^+$이다. $(\hat{h}^\chi(y))^+ \le (V^\chi(0) - c_b)^+ = (\frac{b^{\chi*}-c_s}{F^\chi(b^{\chi*})} - c_b)^+$으로 결론을 낼 수 있다. $\hat{K}$은 $(\frac{b^{\chi*}-c_s}{F^\chi(b^{\chi*})} - c_b)^+$로 바꾸면, 나머지 증명은 보조정리 3.3과 유사하다.

보조정리 4.5의 증명($\tilde{J}^\chi$과 $\tilde{V}^\chi$의 한계) 정의에 의해, $\tilde{J}^\chi(y)$과 $\tilde{V}^\chi(y)$은 모두 비음이다. 딘킨의 공식을 사용하면 다음을 얻는다.

$$
\begin{aligned}
\mathbb{E}_y\left\{e^{-r\tau_n}Y_{\tau_n}\right\} - \mathbb{E}_y\left\{e^{-r\nu_n}Y_{\nu_n}\right\} &= \mathbb{E}_y\left\{\int_{\nu_n}^{\tau_n} e^{-rt}(\mathcal{L}^\chi - r)Y_t\, dt\right\} \\
&= \mathbb{E}_y\left\{\int_{\nu_n}^{\tau_n} e^{-rt}\left(\mu\theta - (r+\mu)Y_t\right) dt\right\}
\end{aligned}
$$

$y \ge 0$에 대해, 함수 $\mu\theta - (r+\mu)y$는 $\mu\theta$의 유계를 가진다. 다음이 따른다.

$$
\mathbb{E}_y\left\{e^{-r\tau_n}Y_{\tau_n}\right\} - \mathbb{E}_y\left\{e^{-r\nu_n}Y_{\nu_n}\right\} \le \mu\theta\mathbb{E}_y\left\{\int_{\nu_n}^{\tau_n} e^{-rt}dt\right\}
$$

$y - c_s \le y$이고, $y + c_b \ge y$이므로, 다음이 성립한다.

$$\mathbb{E}_y \left\{ \sum_{n=1}^{\infty} [e^{-r\tau_n} h_s(Y_{\tau_n}) - e^{-r\nu_n} h_b(Y_{\nu_n})] \right\}$$

$$\leq \sum_{n=1}^{\infty} \left(\mathbb{E}_y \left\{ e^{-r\tau_n} Y_{\tau_n} \right\} - \mathbb{E}_y \left\{ e^{-r\nu_n} Y_{\nu_n} \right\} \right)$$

$$\leq \sum_{n=1}^{\infty} \mu\theta \mathbb{E}_y \left\{ \int_{\nu_n}^{\tau_n} e^{-rt} dt \right\} \leq \mu\theta \int_0^{\infty} e^{-rt} dt = \frac{\mu\theta}{r}$$

이는 $0 \leq \tilde{J}^\chi(y) \leq \frac{\mu\theta}{r}$을 의미한다. 유사하게,

$$\mathbb{E}_y \left\{ e^{-r\tau_1} h_s(Y_{\tau_1}) + \sum_{n=2}^{\infty} [e^{-r\tau_n} h_s(Y_{\tau_n}) - e^{-r\tau_n} h_b(Y_{\tau_n})] \right\}$$

$$\leq \frac{\mu\theta}{r} + \mathbb{E}_y \left\{ e^{-r\tau_1} h_b(Y_{\tau_1}) \right\}$$

$V_1 = 0$라 하고, 딘킨의 공식을 다시 사용하면 다음을 얻는다.

$$\mathbb{E}_y \left\{ e^{-r\tau_1} Y_{\tau_1} \right\} - y \leq \frac{\mu\theta}{r}$$

이는 다음을 의미한다.

$$\tilde{V}^\chi(y) \leq \frac{\mu\theta}{r} + y + \frac{\mu\theta}{r} := y + \frac{2\mu\theta}{r}$$

보조정리 4.11의 증명(H^χ의 특성)

(i) 우선 다음을 계산한다.

$$H^\chi(0) = \lim_{y \to +\infty} \frac{(h_s(y))^+}{F^\chi(y)} = \lim_{y \to +\infty} \frac{y - c_s}{F^\chi(x)} = \lim_{y \to +\infty} \frac{1}{F^{\chi\prime}(y)} = 0$$

$F^\chi(y) > 0$이고, $\phi(y)$이 순증가함수라는 사실을 사용하면, (4.33)이 따른다.

(ii) H^χ의 1차 미분을 취하면 다음을 얻는다.

$$H^{\chi'}(z) = \frac{1}{\phi'(y)}\left(\frac{h_s}{F^\chi}\right)'(y) = \frac{1}{\phi'(y)}\frac{F^\chi(y) - (y - c_s)F^{\chi'}(y)}{F^{\chi 2}(y)}, \quad z = \phi(y)$$

$\phi'(y)$와 $F^{\chi 2}(y)$ 모두 양이므로, $F^\chi(y) - (y - c_s)F^{\chi'}(y)$의 부호만 결정하면 된다. $F^{\chi'}(y) > 0$이므로, 동일하게 $v(y) := \frac{F^\chi(y)}{F^{\chi'}(y)} - (y - c_s)$의 부호를 확인할 수 있다. $v'(y) = -\frac{F^\chi(y)F^{\chi''}(y)}{(F^{\chi'}(y))^2} < 0$임을 주목하라. 따라서 $v(y)$는 순감소하는 함수다. 또한 $v(c_s) > 0$이고 $v(y_s) > 0$임은 명백하다. 결과적으로, 만약 $y < (c_s \vee y_s)$이면 $v(y) > 0$이며, 따라서 $z \in (\phi(0), \phi(c_s), \phi(y_s))$이면, $H^\chi(z)$는 순증가한다.

(iii) 미분을 취하면 다음을 얻는다.

$$H^{\chi''}(z) = \frac{2}{\sigma^2 F^\chi(y)(\phi'(y))^2}(\mathcal{L}^\chi - r)h_s(y), \quad z = \phi(y)$$

σ^2, $F^\chi(y)$와 $(\phi'(y))^2$가 모두 양이므로, H^χ의 볼록성/오목성은 다음 식의 부호에 의존한다.

$$(\mathcal{L}^\chi - r)h_s(y) = \mu(\theta - y) - r(y - c_s)$$

$$= (\mu\theta + rc_s) - (\mu + r)y \quad \begin{cases} \geq 0 & \text{만약 } y \in [0, y_s] \\ \leq 0 & \text{만약 } y \in [y_s, +\infty) \end{cases}$$

이는 특성 (iii)을 의미한다.

보조정리 4.12의 증명(H^χ의 특성)

$V^\chi(y)$는 어디에서나 연속적이고 분리가 가능하며 $y = b^{\chi*}$를 제외한 모든 곳에서 두 번 미분 가능하며, 이 모든 것이 $\hat{h}^\chi(y) = V^\chi(y) - (y + c_b)$에 대해 성립됨을 확인하는 것은 간단하다. F^χ과 ϕ은 두 번 미분 가능하다. 그러면 $(\phi(0), 0)$에서의 $\hat{H}^\chi$의 연속성과 미분성과 $(\phi(0), \phi(b^{\chi*})) \cup (\phi(b^{\chi*}), 0)$에서의 $\hat{H}^\chi$의 두 번 미분 가능성이 따른다.

0에서의 $\hat{H}^\chi$의 연속성을 보이기 위해 다음을 주목한다.

144

$$\hat{H}^{\chi}(0) = \lim_{y \to +\infty} \frac{(\hat{h}^{\chi}(y))^+}{F^{\chi}(y)} = \lim_{y \to +\infty} \frac{0}{F^{\chi}(y)} = 0, \quad \text{그리고}$$

$$\lim_{z \to 0} \hat{H}^{\chi}(z) = \lim_{y \to +\infty} \frac{\hat{h}^{\chi}}{F^{\chi}}(y) = \lim_{y \to +\infty} \frac{-(c_s + c_b)}{F^{\chi}(y)} = 0$$

이로부터 $\hat{H}^{\chi}$는 0에서 연속이다.

(i) 우선 $y \in [b^{\chi*}, +\infty)$에 대해 $\hat{h}^{\chi}(y) \equiv -(c_s + c_b)$이다. $y \in (b^{\chi*}, +\infty)$에 대해 다음을 계산한다.

$$V^{\chi\prime}(y) = \frac{b^{\chi*} - c_s}{F^{\chi}(b^{\chi*})} F^{\chi\prime}(y) = \frac{F^{\chi\prime}(y)}{F^{\chi\prime}(b^{\chi*})} \qquad ((4.13)\text{에 의해})$$

$F^{\chi\prime}(y)$은 순증가함수이고, $\hat{h}^{\chi}(y) = V^{\chi}(y) - (y + c_b)$이다. 미분을 취하면 다음을 얻는다.

$$\hat{h}^{\chi\prime}(y) = V^{\chi\prime}(y) - 1 = \frac{F^{\chi\prime}(y)}{F^{\chi\prime}(b^{\chi*})} - 1 < \frac{F^{\chi\prime}(b^{\chi*})}{F^{\chi\prime}(b^{\chi*})} - 1 = 0, \quad y \in (0, b^{\chi*})$$

이는 $\hat{h}^{\chi}(y)$가 $y \in (0, b^{\chi*})$에서 순감소함을 의미한다. 한편, 우리가 비자명한 경우를 고려하므로 $\hat{h}^{\chi}(0) > 0$이다. 따라서 $\hat{h}^{\chi}(y) = 0$에 대해 유일한 해 $\bar{d}^{\chi} < b^{\chi*}$가 존재하며, 이는 $y \in [0, \bar{d}^{\chi})$에 대해 $\hat{h}^{\chi}(y) > 0$이고, $y \in (\bar{d}^{\chi}, +\infty)$에 대해 $F^{\chi}(y) < 0$이다.

$\hat{H}^{\chi}(z) = (\hat{h}^{\chi}/F^{\chi})^{\circ \phi^{-1}}(z)$와 함께, $\hat{h}^{\chi}$의 위의 특성은 $\phi(y)$이 순증가하고, $F^{\chi}(y) > 0$인 사실과 함께 특성 (i)를 의미한다.

(ii) $z = \phi(y)$로 $y < b^{\chi*}$에 대해 $\hat{H}^{\chi}(z)$가 순증가한다. 이는 다음이 성립하기 때문이다.

$$\hat{H}^{\chi\prime}(z) = \frac{1}{\phi\prime(y)} \left(\frac{\hat{h}^{\chi}}{F^{\chi}} \right)\prime(y) = \frac{1}{\phi\prime(y)} \left(\frac{-(c_s + c_b)}{F^{\chi}(y)} \right)\prime = \frac{1}{\phi\prime(y)} \frac{(c_s + c_b) F^{\chi\prime}(y)}{F^{\chi 2}(y)} > 0$$

$y \to 0$일 때, $\left(\frac{\hat{h}^{\chi}(y)}{F^{\chi}(y)} \right)\prime$이 유한하고, $\phi\prime(y) \to +\infty$이기 때문에 $\lim_{z \to \phi(0)} \hat{H}^{\chi\prime}(z) = 0$이다.

(iii) 다음의 2차 미분을 고려하자.

$$\hat{H}^{\chi''}(z) = \frac{2}{\sigma^2 F(y)(\phi'(y))^2}(\mathcal{L}^\chi - r)\hat{h}^\chi(y)$$

σ^2, $F^\chi(y)$와 $(\phi'(y))^2$가 양이므로, $(\mathcal{L}^\chi - r)\hat{h}^\chi(y)$의 부호를 검사하면 된다.

$$
\begin{aligned}
&(\mathcal{L}^\chi - r)\hat{h}^\chi(y) \\
&= \frac{1}{2}\sigma^2 y V^{\chi''}(y) + \mu(\theta - y)V^{\chi'}(y) - \mu(\theta - y) - r(V^\chi(y) - (y + c_b)) \\
&= \begin{cases} \text{만약 } y < b^{\chi*}\text{이면, } (\mu + r)y - \mu\theta + rc_b\text{이다.} \\ \text{만약 } y > b^{\chi*}\text{이면, } r(c_s + c_b) > 0\text{이다.} \end{cases}
\end{aligned}
$$

정의에 의해 μ, $r > 0$이므로, $(\mathcal{L}^\chi - r)\hat{h}^\chi(y)$는 $(0, b^{\chi*})$에서 순증가한다.

다음, $0 < y_b < y_s < b^{\chi*}$임을 보인다. $F^{\chi'}(0) = \frac{r}{\mu\theta}$라는 사실과 $V^\chi(0) = \frac{b^{\chi*} - c_s}{F^\chi(b^{\chi*})}$ $> c_b$의 가정에 의해 다음을 얻는다.

$$V^{\chi'}(0) = \frac{b^{\chi*} - c_s}{F^\chi(b^{\chi*})}F^{\chi'}(0) = \frac{b^{\chi*} - c_s}{F^\chi(b^{\chi*})}\frac{r}{\mu\theta} > \frac{rc_b}{\mu\theta}$$

추가로, V^χ의 볼록성과 $V^\chi(b^{\chi*}) = 1$에 의해 다음을 얻을 수 있다.

$$\frac{rc_b}{\mu\theta} < V^{\chi'}(0) < V^{\chi'}(b^{\chi*}) = 1$$

이는 $\mu\theta > rc_b$를 의미하며, 따라서 $y_b > 0$이다. 단순히 y_b와 y_s의 정의를 비교함으로써, $y_b < y_s$가 명백하다. 따라서 $(\mathcal{L}^\chi - r)\hat{h}^\chi(y_b) = 0$를 관찰함으로써, 만약 $y \in [0, y_b)$이면, $(\mathcal{L}^\chi - r)\hat{h}^\chi(y) < 0$이고, $y \in (y_b, +\infty)$이면, $(\mathcal{L}^\chi - r)\hat{h}^\chi(y) > 0$이다. 이는 원하는 대로 $\hat{H}^\chi$의 오목성과 볼록성을 제시한다.

05

평균 회귀하에서 선물 트레이딩

선물 거래는 파생상품 세계의 필수다. 선물^{futures}은 매수자(매도자)가 상품과 같은 자산의 고정 수량을 미리 지정된 미래일에 고정 지급 가격으로 매수(매도)하도록 요구하는 계약이다. 일반적으로 거래소에서 거래되며, 상품, 금리, 주식 지수 및 변동성 지수를 포함한 다양한 기초 자산 또는 지수에 대해 선물이 거래된다. 많은 선물 거래에서 농업, 에너지 및 금속 선물의 주목할 만한 예와 함께 기초 자산의 실물 인도를 규정한다. 그러나 VIX 선물과 같은 일부 선물은 현금으로 결제된다.

5장에서는 평균 회귀 현물 가격 동학에 따른 선물의 가격 결정과 트레이딩에 관해 논의한다. 목표는 선물과 선물 포트폴리오의 수익률 특성에 대한 평균 회귀의 효과를 조사하고 동적인 투기 거래 전략을 개발하는 것이다. 또한 VIX 선물에 기반한 상장지수노트^{ETN}를 연구하기 위해 분석 방법을 적용할 것이다.

5.1 평균 회귀 현물 모델하에서 선물 가격

5장 내내 평균 회귀 가격 동학을 가진 자산에 대해 거래되는 선물을 고려하고, S를 현물 가격으로 표시한다. 이 절에서는 서로 다른 시장 환경에서 선물 가격과 그 기간 구조에 대해 논의한다.

5.1.1 OU와 CIR 현물 모델

이제 현물 가격 S에 대한 두 가지 평균 회귀 모델, 즉 OU 및 CIR 모델로 시작한다. 앞으로 보게 될 것처럼, 그들은 선물 계약에 대해 동일한 가격 함수를 산출한다.

우선 현물 가격이 OU 모델에 따라 진화하는 것으로 가정한다.

$$dS_t = \mu(\theta - S_t)dt + \sigma dB_t$$

여기서 μ, $\sigma > 0$, $\theta \in \mathbb{R}$이고, B는 역사적 척도historical measure $\mathbb{P}$하에서의 표준 브라운 운동이다.

선물 계약의 가격을 결정하기 위해, S의 위험 중립 동학이 척도 $\mathbb{P}$하의 S와 같은 평균 회귀 클래스라고 가정한다. 따라서 척도measure $\mathbb{Q}$하에서 현물 가격은 다음에 따라 진화한다.

$$dS_t = \tilde{\mu}(\tilde{\theta} - S_t)\,dt + \sigma\,dB_t^{\mathbb{Q}}$$

여기서 $B^{\mathbb{Q}}$는 $\mathbb{Q}$하에서의 파라미터 $\tilde{\mu}$, $\sigma > 0$와 $\tilde{\theta} \in \mathbb{R}$를 가진 표준 브라운 운동이다. 장기 평균과 평균 회귀 속도는 다르지만, 이는 다시 OU 프로세스다. 여기에는 다음과 같이 기술되는 두 개의 브라운 운동을 연결하는 척도의 변화가 포함된다.

$$dB_t^{\mathbb{Q}} = dB_t + \frac{\mu(\theta - S_t) - \tilde{\mu}(\tilde{\theta} - S_t)}{\sigma}dt$$

5장에서 선물 가격은 선도forward 가격과 동일하게 계산되며, 두 가격을 구분하지 않는다 (Cox et al.(1981), Brennan과 Schwartz(1990)를 참조하라). 따라서 만기 T의 선물 계약의 가격은 $t \leq T$에 다음으로 주어진다.

$$f_t^T \equiv f(t, S_t; T) := \mathbb{E}^{\mathbb{Q}}\{S_T | S_t\} = (S_t - \tilde{\theta})e^{-\tilde{\mu}(T-t)} + \tilde{\theta} \tag{5.1}$$

선물 가격은 시간과 현재 현물 가격의 결정론적 함수임을 주목하라.

이제 현물 가격에 대한 CIR 모델을 고려한다.

$$dS_t = \mu(\theta - S_t)dt + \sigma\sqrt{S_t}dB_t \tag{5.2}$$

여기서 μ, θ, $\sigma > 0$이며, B는 역사적 척도 $\mathbb{P}$하에서의 표준 브라운 운동이다. 위험 중립 척도 $\mathbb{Q}$하에서

$$dS_t = \tilde{\mu}(\tilde{\theta} - S_t)dt + \sigma\sqrt{S_t}dB_t^{\mathbb{Q}} \tag{5.3}$$

여기서 μ, $\theta > 0$이고, $B^{\mathbb{Q}}$는 $\mathbb{Q}$-표준 브라운 운동이다. 양 SDE (5.2)와 (5.3) 모두에서, CIR 프로세스가 양으로 유지되도록 $2\mu\theta > \sigma^2$와 $2\tilde{\mu}\tilde{\theta} > \sigma^2$(펠러 조건)이 요구된다.

두 브라운 운동은 다음과 같은 관계를 갖는다.

$$dB_t^{\mathbb{Q}} = dB_t + \lambda(S_t)dt$$

여기서

$$\lambda(S_t) = \frac{\mu(\theta - S_t) - \tilde{\mu}(\tilde{\theta} - S_t)}{\sigma\sqrt{S_t}}$$

는 위험의 시장 가격이다. 이 형태의 위험 프리미엄은 두 척도 사이에서 다른 파라미터 값에 대해서도 CIR 모델을 유지한다.[1] CIR 최종 현물 가격 ST는 비중앙 카이 제곱 분포를 가지고 양수인 반면, OU 현물 가격은 정규 분포를 따르므로 양수 또는 음수가 될 수 있다. 그럼에도 불구하고 CIR 모델에 따른 선물 가격은 OU 경우와 동일한 함수 형태를 가질 수 있다(5.1) 참조).

$$f_t^T = (S_t - \tilde{\theta})e^{-\tilde{\mu}(T-t)} + \tilde{\theta}, \quad t \leq T \tag{5.4}$$

이를 통해 현물 가격을 선물 가격의 함수로 볼 수 있다.

---

1 이는 두 가지 다른 척도를 기반으로 한 위험 프리미엄이 CIR 모델에 영향을 주지만, 각 척도마다 다른 매개변숫값을 가질 수 있음을 의미한다. – 옮긴이

$$S_t = (f_t^T - \tilde{\theta})e^{\tilde{\mu}(T-t)} + \tilde{\theta}$$

선물 가격의 속성을 이해하기 위해 T에 대해 (5.4)를 미분해 다음을 얻는다.

$$\frac{\partial f_t^T}{\partial T} = -\tilde{\mu}(S_t - \tilde{\theta})e^{-\tilde{\mu}(T-t)} \tag{5.5}$$

만약 $S_t < \tilde{\theta}$ $(S_t > \tilde{\theta})$이면 그리고 그러한 경우에만, (T에 대한) 미분은 양(음)이다. 이는 $\int_t^T$이 만약 $S_t < \tilde{\theta}$ $(S_t > \tilde{\theta})$이면 그리고 그러한 경우에만, T에 순증가(감소)한다는 것을 의미한다.

T에 대한 (5.5)의 2차 미분은 다음을 산출한다.

$$\frac{\partial^2 f_t^T}{\partial T^2} = \tilde{\mu}^2(S_t - \tilde{\theta})e^{-\tilde{\mu}(T-t)}$$

따라서 선물 계약의 기간 구조는 상향 기울기를 가지며, 만약 $S_t < \tilde{\theta}$이면 오목이다. 반면, $S_t > \tilde{\theta}$이면, 기간 구조는 하향 기울기를 가지며 볼록하다. 두 기간 구조 모두 경험적으로 관찰된다(그림 5.1 참조).

비고 5.1 선물 가격 공식 (5.4)는 다음 형태의 위험 중립 현물 동학을 가진 다른 평균 회귀 모델에 대해서도 더 일반적으로 성립한다.

$$dS_t = \tilde{\mu}(\tilde{\theta} - S_t)dt + \sigma(S_t)dB_t^{\mathbb{Q}}$$

여기서 $\sigma(s)$은 현물 가격 s의 결정적 함수이며, $\mathbb{E}^{\mathbb{Q}}\{\int_0^T(S_t)^2 dt\} < \infty$이 성립한다. OU와 CIR 모델은 이 프레임워크에 속한다.

5.1.2 지수 OU 현물 모델

XOU 모델하에서 현물 가격은 다음 SDE를 따른다.

$$dS_t = \mu(\theta - \ln(S_t))S_t dt + \sigma S_t dB_t \tag{5.6}$$

여기서 파라미터 $(\mu,\ \theta,\ \sigma)$은 양의 파라미터이고, B는 역사적 척도 $\mathbb{P}$하에서의 표준 브라운 운동 B이다. 선물의 가격을 결정하기 위해, S의 위험 중립 동학이 다음을 만족한다고 가정한다.

$$dS_t = \tilde{\mu}(\tilde{\theta} - \ln(S_t))S_t dt + \sigma S_t dB_t^{\mathbb{Q}}$$

여기서 $\tilde{\mu},\ \tilde{\theta} > 0$이고, $B^{\mathbb{Q}}$는 위험 중립 척도 $\mathbb{Q}$하에서 표준 브라운 운동이다.

만기 T의 S에 대한 선물 계약에 대해 시점 T의 가격은 다음으로 주어진다.

$$
\begin{aligned}
f_t^T = \exp \Big(& e^{-\tilde{\mu}(T-t)}\ln(S_t) + (1 - e^{-\tilde{\mu}(T-t)})(\tilde{\theta} - \frac{\sigma^2}{2\tilde{\mu}}) \\
& + \frac{\sigma^2}{4\tilde{\mu}}(1 - e^{-2\tilde{\mu}(T-t)}) \Big)
\end{aligned}
\tag{5.7}
$$

그러면 선물 가격의 항으로 현물 가격을 표현할 수 있다.

$$
\begin{aligned}
S_t = \exp \Big(& e^{\tilde{\mu}(T-t)}\ln(f_t^T) + (1 - e^{\tilde{\mu}(T-t)})(\tilde{\theta} - \frac{\sigma^2}{2\tilde{\mu}}) \\
& + \frac{\sigma^2}{4\tilde{\mu}}(e^{-\tilde{\mu}(T-t)} - e^{\tilde{\mu}(T-t)}) \Big)
\end{aligned}
$$

f_t^T을 직접 미분하면 다음을 얻는다.

$$\frac{\partial f_t^T}{\partial T} = \left[\tilde{\mu} \left(\tilde{\theta} - \frac{\sigma^2}{2\tilde{\mu}} - \ln S_t \right) e^{-\tilde{\mu}(T-t)} + \frac{\sigma^2}{2}e^{-2\tilde{\mu}(T-t)} \right] f_t^T$$

따라서 f_t^T이 만약 현물 가격이 충분히 낮으면(높으면), 또한 그러한 경우에만, T에 순증가(감소)한다.

$$\ln S_t \lessgtr \tilde{\theta} - \frac{\sigma^2}{2\tilde{\mu}}(1 - e^{-\tilde{\mu}(T-t)})$$

(5.8)을 한 번 더 미분하면 다음을 얻는다.

$$\frac{\partial^2 f_t^T}{\partial T^2} = \left[\tilde{\mu}^2 e^{-2\tilde{\mu}(T-t)} \left(\tilde{\theta} - \frac{\sigma^2}{2\tilde{\mu}} - \ln S_t \right)^2 + \frac{\sigma^4}{4} e^{-4\tilde{\mu}(T-t)} - \sigma^2 \tilde{\mu} e^{-2\tilde{\mu}(T-t)} \right.$$

$$\left. + \left(\tilde{\mu}\sigma^2 e^{-3\tilde{\mu}(T-t)} - \tilde{\mu}^2 e^{-\tilde{\mu}(T-t)} \right) \left(\tilde{\theta} - \frac{\sigma^2}{2\tilde{\mu}} - \ln S_t \right) \right] f_t^T$$

이 미분을 검사하면, 다음 시나리오에 도달한다.

(i) 기간 구조는 다음의 경우 하향 기울기를 가지고 볼록이다.

$$\ln S_t > \tilde{\theta} - \frac{\sigma^2}{2\tilde{\mu}}(1 - e^{-\tilde{\mu}(T-t)}) + \left(\frac{e^{2\tilde{\mu}(T-t)}}{4} + \frac{\sigma^2}{2\tilde{\mu}} \right)^{\frac{1}{2}} - \frac{e^{\tilde{\mu}(T-t)}}{2}$$

(ii) 기간 구조는 다음의 경우 하향 기울기를 가지고 오목이다.

$$\tilde{\theta} - \frac{\sigma^2}{2\tilde{\mu}}(1 - e^{-\tilde{\mu}(T-t)}) < \ln S_t$$

$$< \tilde{\theta} - \frac{\sigma^2}{2\tilde{\mu}}(1 - e^{-\tilde{\mu}(T-t)}) + \left(\frac{e^{2\tilde{\mu}(T-t)}}{4} + \frac{\sigma^2}{2\tilde{\mu}} \right)^{\frac{1}{2}} - \frac{e^{\tilde{\mu}(T-t)}}{2}$$

(iii) 기간 구조는 다음의 경우 상향 기울기를 가지고 오목이다.

$$\tilde{\theta} - \frac{\sigma^2}{2\tilde{\mu}}(1 - e^{-\tilde{\mu}(T-t)}) - \left(\frac{e^{2\tilde{\mu}(T-t)}}{4} + \frac{\sigma^2}{2\tilde{\mu}} \right)^{\frac{1}{2}} - \frac{e^{\tilde{\mu}(T-t)}}{2} < \ln S_t$$

$$< \tilde{\theta} - \frac{\sigma^2}{2\tilde{\mu}}(1 - e^{-\tilde{\mu}(T-t)})$$

(iv) 기간 구조는 다음의 경우 상향 기울기를 가지고 볼록이다.

$$\ln S_t < \tilde{\theta} - \frac{\sigma^2}{2\tilde{\mu}}(1 - e^{-\tilde{\mu}(T-t)}) - \left(\frac{e^{2\tilde{\mu}(T-t)}}{4} + \frac{\sigma^2}{2\tilde{\mu}} \right)^{\frac{1}{2}} - \frac{e^{\tilde{\mu}(T-t)}}{2}$$

그림 5.1는 VIX 선물 시장에서 관찰된 두 가지 특징적으로 상이한 기간 구조를 보여준다. CBOE 변동성 지수^{VIX}를 거래하는 이들 선물은 CBOE 선물 거래소에서 거래된다. VIX가 S&P 500 옵션 가격에서 계산된 1개월 내재 변동성을 측정함에 따라, VIX 선물은 시장의

변동성에 대한 노출을 제공한다. 우리는 OU/CIR 모델과 XOU 모델에 따라 보정된 선물 곡선과 함께 2008년 11월 20일(왼쪽)과 2015년 7월 22일(오른쪽)의 최근 금융 위기 동안 VIX 선물 가격을 그린다. 보정에서 모델 파라미터 값은 모델과 관측된 선물 가격 사이의 오차 제곱합을 최소화하기 위해 선택된다.

OU/CIR/XOU 모델은 2008년 11월 20일(왼쪽)의 감소 볼록 곡선을 생성하고, 2015년 7월 22일(오른쪽)의 증가 오목 곡선을 생성하며, 모두 관측된 선물 가격을 매우 잘 적합화된다. 전자의 구조는 OU/CIR 모델에서 보정된 위험 중립 장기 평균 $\tilde{\theta} = 40.36$과 함께 80.86의 매우 높은 현물 가격으로 시작하며, 시장의 변동성 하락에 대한 기대를 시사한다. 대조적으로, 2015년 7월 25일의 기간 구조에서 시장이 VIX가 현재 현물 가치인 12.12에서 $\tilde{\theta} = 18.16$에 더 가깝게 상승할 것으로 예상한다고 추론한다.

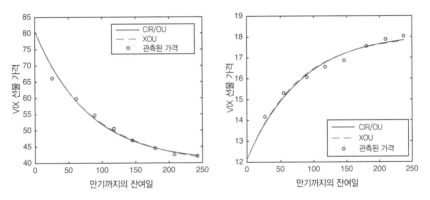

그림 5.1 (왼쪽) 현재 VIX 값이 80.86인 2008년 11월 20일의 VIX 선물 역사적 가격. 만기까지의 잔여일은 6일에서 243일까지의 범위를 가진다(12월–7월 계약). 보정된 파라미터: CIR/OU 모델하에서 $\tilde{\mu} = 4.59$, $\tilde{\theta} = 40.36$ 또는 XOU 모델하에서 $\tilde{\mu} = 3.25$, $\tilde{\theta} = 3.65$, $\sigma = 0.15$. (오른쪽) 현재 VIX 값이 80.86인 2015년 7월 22일의 VIX 선물 역사적 가격. 만기까지의 잔여일은 27일에서 237일까지의 범위를 가진다(8월–3월 계약). 보정된 파라미터: CIR/OU 모델하에서 $\tilde{\mu} = 4.55$, $\tilde{\theta} = 18.16$ 또는 XOU 모델하에서 $\tilde{\mu} = 4.08$, $\tilde{\theta} = 3.06$, $\sigma = 1.63$

5.2 롤 수익률

설계상 선물 계약의 가치는 시간이 만기에 가까워짐에 따라 현물 가격으로 수렴된다. 선물 시장이 백워데이션backwardation인 경우, 만기 시 현물 가격에 도달하기 위해 선물 가격이 상승한다. 반대로 시장이 콘탱고contango이면 선물 가격은 현물 가격으로 하락하는 경향이 있다. 선물 포지션이 롱인 투자자의 경우 수익률은 백워데이션 시장에서는 양이고, 콘탱고 시장에서는 음이다. 투자자는 최근 월물 계약을 롱한 후 만기일 또는 이전에 매도할 수 있으며, 동시에 차월물 계약을 롱할 수 있다. 만기가 되는 계약을 새로운 계약으로 반복적으로 롤링하는 이러한 (롱) 롤링 전략rolling strategy은 일반적으로 백워데이션 중에 채택되는 반면, 그 반대의 (숏) 전략이 종종 콘탱고 시장에서 사용된다. 에너지 상품 및 변동성 선물 시장에서 백워데이션과 콘탱고 현상이 광범위하게 관찰된다.

여기서 알 수 있듯이 선물과 현물 가격은 시간에 따라 달라진다. 현물 가격이 상승/하락하면 선물 가격도 상승/하락할 것이다. 이것은 선물과 현물 수익의 차이를 고려하도록 이끈다.[2] $0 \leq t_1 \leq t_2 \leq T$이라 하자. 우리는 만기 T의 단일 선물 계약에 관련된 기간 $[t_1, t_2]$에 걸친 롤 수익률roll yield을 다음과 같이 표기한다.

$$\mathcal{R}(t_1, t_2, T) := (f_{t_2}^T - f_{t_1}^T) - (S_{t_2} - S_{t_1}) \tag{5.9}$$

만약 $t_2 = T$이면, 롤 수익률은 가격 차이 $(S_{t_1} - f_{t_1}^T)$으로 축소된다.

다음으로, 우리는 만기에 걸친 누적 롤 수익률을 검토한다. 선물 계약의 만기를 $T_1 < T_2 < T_3 < \ldots$ 로 표기하자. 여기서 T_i에서 만료되는 계약을 T_{i+1}에서 만료되는 새로운 계약으로 대체함으로써 모든 T_i에서 롤오버한다.

$i(t) := \min\{i : T_{i-1} < t \leq T_i\}$이고, $i(0) = 1$이라 하자. 그러면, $t > T_1$ 시간까지의 롤 수익률은 다음과 같다.

---

2 Deconstructing Futures Returns: The Role of Roll Yield, Campbell White Paper Series, February 2014에 따라 여기서 "수익률(return)"은 "초깃값으로 나누지 않은, 두 시점 사이의 금융 상품 또는 지수의 가치 변화"를 나타낸다.

$$\mathcal{R}(0,t) = (f_t^{T_{i(t)}} - f_{T_{i(t)-1}}^{T_{i(t)}}) + \sum_{j=2}^{i(t)-1} (S_{T_j} - f_{T_{j-1}}^{T_j}) + (S_{T_1} - f_0^{T_1}) - (S_t - S_0)$$

$$= \underbrace{(f_t^{T_{i(t)}} - S_t) - (f_0^{T_1} - S_0)}_{\text{베이시스 수익률}} + \underbrace{\sum_{j=1}^{i(t)-1} (S_{T_j} - f_{T_j}^{T_{j+1}})}_{\text{누적 롤 조정}}$$

누적 롤 조정은 선물 계약의 기간 구조와 관련이 있다. 만약 $T_i - T_{i-1}$이 일정하고 기간 구조가 평행 이동만 한다면, 누적 롤 조정은 단순히 일정한 롤오버 횟수(현물과 최근 월 선물 계약의 차이)다.

5.2.1 OU와 CIR 현물 시장

5.1.1절에 기술된 OU 또는 CIR 모델하에서의 현물 가격을 가정하자. 시점 T_1에서, 만기 T_1의 선물 계약을 매도하고 만기 $T_2 > T_1$의 선물 계약을 매수함으로써 포트폴리오를 롤오버한다. 그러면 선물 가격 공식 (5.1)에 의해 조건부 기대 롤 수익률은 다음과 같다.

$$\mathbb{E}\{\mathcal{R}(t_1, t_2, T)|S_{t_1}\} = S_{t_1}\left((1 - e^{-\tilde{\mu}(T-t_1)}) - e^{-\mu(t_2-t_1)}(1 - e^{-\tilde{\mu}(T-t_2)})\right)$$
$$- \theta(1 - e^{-\mu(t_2-t_1)})(1 - e^{-\tilde{\mu}(T-t_2)})$$
$$- \tilde{\theta}(e^{-\tilde{\mu}(T-t_2)} - e^{-\tilde{\mu}(T-t_1)})$$

특히 만약 $\tilde{\mu} = \mu$이면, 조건부 기대 롤 수익률은 다음과 같이 단순화된다.

$$\mathbb{E}\{\mathcal{R}(t_1, t_2, T)|S_{t_1}\} = \left((S_{t_1} - \theta) + (\theta - \tilde{\theta})e^{-\mu(T-t_2)}\right)\left(1 - e^{-\mu(t_2-t_1)}\right)$$

이로부터 $S_t \geq \theta \geq \tilde{\theta}$이면, 롤 수익률이 양임을 알 수 있다. 만약 추가로 $S_{t_1} = \theta = \tilde{\theta}$이면, 조건부 기대 수익률은 없어진다.

여러 만기에서 롤링하는 더 긴 기간을 고려하면 기대 롤 수익률은 다음과 같다.

$$\mathbb{E}\{\mathcal{R}(0,t)\}$$

$$= \mathbb{E}\{f_t^{T_{i(t)}} - S_t\} - (f_0^{T_1} - S_0) + \sum_{j=1}^{i(t)-1} \mathbb{E}\{S_{T_j} - f_{T_j}^{T_{j+1}}\}$$

$$= ((S_0 - \theta)e^{-\mu t} + \theta - \tilde{\theta})(e^{-\tilde{\mu}(T_{i(t)} - t)} - 1) - (S_0 - \tilde{\theta})(e^{-\tilde{\mu} T_1} - 1)$$

$$\qquad + \sum_{j=1}^{i(t)-1} ((S_0 - \theta)e^{-\mu T_j} + \theta - \tilde{\theta})(1 - e^{-\tilde{\mu}(T_{j+1} - T_j)})$$

특히 만기가 균등하게 분리되는 경우 즉, 모든 j에 대해 $T_{j+1} - T_j \equiv \Delta T$이면 다음의 단순화된 표현을 얻는다.

$$\mathbb{E}\{\mathcal{R}(0,t)\}$$

$$= ((S_0 - \theta)e^{-\mu t} + \theta - \tilde{\theta})(e^{-\tilde{\mu}((i(t)-1)\Delta T + T_1 - t)} - 1)$$

$$\qquad + \left((S_0 - \theta)\frac{1 - e^{-\mu(i(t)-1)\Delta T}}{1 - e^{-\mu \Delta T}} + (i(t) - 1)(\theta - \tilde{\theta}) \right)(1 - e^{-\tilde{\mu}\Delta T})$$

$$\qquad - (S_0 - \tilde{\theta})(e^{-\tilde{\mu} T_1} - 1)$$

요약하면, 기대 롤 수익률은 위험 중립 파라미터인 $\tilde{\mu}$와 $\tilde{\theta}$뿐만 아니라 역사적 척도의 파라미터에도 의존한다. $S_0 = \theta = \tilde{\theta}$일 때 롤 수익률은 사라진다. 이는 현재 현물 가격이 장기 평균에 있고, 위험 중립과 역사적 척도가 일치하면 현물과 선물 가격이 장기 평균에서 벗어나는 경향이 거의 없기 때문에 직관적이다. 또한 선물 가격과 롤 수익률 모두 변동성 파라미터 σ에 따라 달라지지 않는다는 점에 유의하라. 이는 OU/CIR 모델에서는 해당되지만 지수 OU 모델에서는 해당되지 않는다.

5.2.2 지수 OU 동학

이제 5.1.2절에서 논의된 지수 OU 현물 가격 모델로 넘어간다. 선물 가격 공식 (5.7)과 롤 수익률 정의 (5.9)에 따라 조건부 기대 롤 수익률을 명시적으로 계산한다.

$$\mathbb{E}\{\mathcal{R}(t_1, t_2, T)|S_{t_1}\}$$

$$= \exp\left\{ e^{-\tilde{\mu}(T-t_2)-\mu(t_2-t_1)}\ln(S_{t_1}) + \left(\theta - \frac{\sigma^2}{2\mu}\right)(1 - e^{-\mu(t_2-t_1)})e^{-\tilde{\mu}(T-t_2)} \right.$$

$$+ \frac{\sigma^2}{4\mu}e^{-2\tilde{\mu}(T-t_2)}(1 - e^{-2\mu(t_2-t_1)}) + (1 - e^{-\tilde{\mu}(T-t_2)})(\tilde{\theta} - \frac{\sigma^2}{2\tilde{\mu}})$$

$$\left. + \frac{\sigma^2}{4\tilde{\mu}}(1 - e^{-2\tilde{\mu}(T-t_2)}) \right\}$$

$$- \exp\left\{ e^{-\tilde{\mu}(T-t_1)}\ln(S_{t_1}) + (1 - e^{-\tilde{\mu}(T-t_1)})(\tilde{\theta} - \frac{\sigma^2}{2\tilde{\mu}}) \right.$$

$$\left. + \frac{\sigma^2}{4\tilde{\mu}}(1 - e^{-2\tilde{\mu}(T-t_1)}) \right\}$$

$$- \exp\left\{ e^{-\mu(t_2-t_1)}\ln(S_{t_1}) + (1 - e^{-\mu(t_2-t_1)})(\theta - \frac{\sigma^2}{2\mu}) \right.$$

$$\left. + \frac{\sigma^2}{4\mu}(1 - e^{-2\mu(t_2-t_1)}) \right\} + S_{t_1}$$

여러 선물 계약을 롤오버할 때의 기대 롤 수익률은 다음과 같다.

$$\mathbb{E}\{\mathcal{R}(0, t)\} = Y_1(t) + Y_2(t) - (f_0^{T_1} - S_0) \tag{5.10}$$

여기서

$$Y_1(t) = \mathbb{E}\{f_t^{T_{i(t)}} - S_t\}$$

$$= \exp\left(e^{-\tilde{\mu}(T_{i(t)}-t)-\mu t}\ln(S_0) + \left(\theta - \frac{\sigma^2}{2\mu}\right)(1 - e^{-\mu t})e^{-\tilde{\mu}(T_{i(t)}-t)} \right.$$

$$+ \frac{\sigma^2}{4\mu}e^{-2\tilde{\mu}(T_{i(t)}-t)}(1 - e^{-2\mu t}) + (1 - e^{-\tilde{\mu}(T_{i(t)}-t)})(\tilde{\theta} - \frac{\sigma^2}{2\tilde{\mu}})$$

$$\left. + \frac{\sigma^2}{4\tilde{\mu}}(1 - e^{-2\tilde{\mu}(T_{i(t)}-t)}) \right)$$

$$- \exp\left(e^{-\mu t}\ln(S_0) + (1 - e^{-\mu t})(\theta - \frac{\sigma^2}{2\mu}) + \frac{\sigma^2}{4\mu}(1 - e^{-\mu t}) \right)$$

그리고

$$
\begin{aligned}
Y_2(t) &= \sum_{j=1}^{i(t)-1} \mathbb{E}\{S_{T_j} - f_{T_j}^{T_{j+1}}\} \\
&= \sum_{j=1}^{i(t)-1} \Bigg(\exp\left(e^{-\mu T_j}\ln(S_0) + (1 - e^{-\mu T_j})(\theta - \frac{\sigma^2}{2\mu}) + \frac{\sigma^2}{4\mu}(1 - e^{-\mu T_j}) \right) \\
&\quad - \exp\left(e^{-\tilde{\mu}(T_{j+1}-T_j)-\mu T_j}\ln(S_0) + \left(\theta - \frac{\sigma^2}{2\mu}\right)(1 - e^{-\mu T_j})e^{-\tilde{\mu}(T_{j+1}-T_j)} \right. \\
&\quad + \frac{\sigma^2}{4\mu}e^{-2\tilde{\mu}(T_{j+1}-T_j)}\left(1 - e^{-2\mu T_j}\right) \\
&\quad \left. + (1 - e^{-\tilde{\mu}(T_{j+1}-T_j)})(\tilde{\theta} - \frac{\sigma^2}{2\tilde{\mu}}) + \frac{\sigma^2}{4\tilde{\mu}}(1 - e^{-2\tilde{\mu}(T_{j+1}-T_j)}) \right) \Bigg)
\end{aligned}
$$

기대 롤 수익률에 대한 명시적 공식 (5.10)은 변동성 파라미터 σ에 대한 자명하지 않은 의존성뿐만 아니라 위험 중립성 파라미터 $(\tilde{\mu}, \tilde{\theta})$와 과거 파라미터 (μ, θ)에 대한 의존성을 드러낸다. 선물 가격의 기간 구조에서 위험 중립 파라미터를 보정하고 과거 현물 가격에서 역사적 파라미터를 추정한 후 이는 즉시 롤 수익률을 예측할 수 있도록 하므로 유용하다.

5.3 선물 트레이딩 문제

만기일이 T인 선물 계약에서 투자자가 롱 포지션을 취하는 시나리오를 고려해보자. 롱 선물 포지션을 만기일까지 보유할 수 있지만 현재 시장 가격에서 반대 포지션을 취함으로써 조기에 포지션을 청산할 수도 있다. 만기에 두 개의 반대되는 포지션은 서로를 상쇄한다. 이는 포지션을 정리하기에 가장 좋은 시간을 조사하도록 동기를 부여한다.

만약 투자자가 $\tau \leq T$ 시간에 롱 포지션을 청산하기로 선택한다면 투자자는 거래 비용 $c_s \geq 0$을 뺀 $f(\tau, S\tau; T)$로 표기되는 선물들의 시장 가치를 받게 될 것이다. 상수의 주관적 할인율 $r > 0$으로 투자자의 역사적 확률 척도 $\mathbb{P}$에서 평가된 기대 할인 가치를 최대화하기 위해 투자자는 다음의 최적의 정지 문제를 푼다.

$$\mathcal{V}(t, s) = \sup_{\tau \in \mathcal{T}_{t,T}} \mathbb{E}_{t,s}\{e^{-r(\tau-t)}(f(\tau, S_\tau; T) - c_s)\}$$

여기서 $\mathcal{T}_{t,T}$는 S의 모든 여과에 대한 모든 정지 시간 집합으로, t와 $\hat{T}$ 사이의 값을 취하며, 여기서 $\hat{T} \in (0, T]$는 트레이딩 데드라인이며, 선물 만기와 동일할 수 있으나 초과하지는 않는다. 5장 내내, 역사적 확률 척도 $\mathbb{P}$에 따라 취해진 기댓값을 나타내기 위해 $\mathbb{E}_{t,s}\{\cdot\} \equiv \mathbb{E}\{\cdot | St = s\}$의 속기 표기법을 계속 사용한다.

가치 함수 $\mathcal{V}(t, s)$는 장기 선물 포지션과 관련된 기대 청산 가치를 나타낸다. 롱 포지션을 취하기 전에 포지션이 0인 투자자는 거래를 시작할 최적 타이밍을 선택하거나 아예 진입하지 않을 수 있다. 이는 우리가 트레이딩 문제에 내재된 타이밍 옵션을 분석하도록 이끈다. 정확히 말해 시간 $t \leq T$에서 투자자는 다음의 최적의 진입 타이밍 문제에 직면한다.

$$\mathcal{J}(t, s) = \sup_{\nu \in \mathcal{T}_{t,T}} \mathbb{E}_{t,s}\left\{e^{-r(\nu-t)}(\mathcal{V}(\nu, S_\nu) - (f(\nu, S_\nu; T) + c_b))\right\}$$

여기서 $c_b \geq 0$는 거래 비용이며, c_s와 다를 수 있다. 즉, 투자자는 롱 포지션과 관련된 가치 함수 $\mathcal{V}(\nu, S_\nu)$와 현재 선물 가격 $f(\nu, S\nu; T)$ 사이의 기대 차이를 최대화하려고 한다. 가치 함수 $\mathcal{J}(t, s)$는 선물에 내재된 거래 기회의 최대 기대 가치를 나타낸다. 우리는 이 "포지션을 열기 위해 롱을 취하고, 포지션을 닫기 위해 숏을 취하는" 전략을 롱-숏long-short 전략이라고 부른다.

또는 투자자는 선물 가격이 하락할 것이라는 추측으로 선물 계약을 숏하고 나중에 롱 포지션을 구축함으로써 계약을 청산하는 것을 선택할 수 있다.[3] 선물 계약에서 한 단위 숏 포지션을 가진 투자자를 고려할 때, 이 포지션을 만기 이전에 청산하기 위해 예상되는 할인 비용을 최소화하는 것이 목적이다. 최적의 타이밍 전략은 다음으로부터 결정된다.

---

3 단기 선물 포지션을 취함으로써 만기 시 기초 현물을 미리 지정된 가격으로 매도해야 한다. 주식의 공매도와 대조적으로, 선물의 공매도는 주식 차입이나 재매수를 포함하지 않는다.

$$\mathcal{U}(t,s) = \inf_{\tau \in \mathcal{T}_{t,T}} \mathbb{E}_{t,s}\Big\{e^{-r(\tau-t)}(f(\tau, S_\tau; T) + c_b)\Big\}$$

이전과 같이, 만약 투자자가 0 포지션으로 시작하면 다음을 풀어서 시장 진입 시기를 결정할 수 있다.

$$\mathcal{K}(t,s) = \sup_{\nu \in \mathcal{T}_{t,T}} \mathbb{E}_{t,s}\Big\{e^{-r(\nu-t)}((f(\nu, S_\nu; T) - c_s) - \mathcal{U}(\nu, S_\nu))\Big\}$$

우리는 이 "포지션을 열기 위해 숏하고, 닫기 위해 롱을 취하는" 전략을 숏-롱$^{short\text{-}long}$ 전략이라 부른다. 투자자가 시장 진입을 고려할 때 투자자는 롱 또는 숏을 취할 수 있다. 따라서 투자자는 타이밍 옵션 외에도 롱-숏과 숏-롱 전략 간의 추가적 선택을 가진다. 따라서 투자자는 다음 시장 진입 타이밍 문제를 푼다.

$$\mathcal{P}(t,s) = \sup_{\varsigma \in \mathcal{T}_{t,T}} \mathbb{E}_{t,s}\Big\{e^{-r(\varsigma-t)}\max\{\mathcal{A}(\varsigma, S_\varsigma), \mathcal{B}(\varsigma, S_\varsigma)\}\Big\} \tag{5.11}$$

여기서 진입 시 다음에 의해 정의되는 두 가지 대안적 보상을 가진다.

$$\mathcal{A}(\varsigma, S_\varsigma) := \mathcal{V}(\varsigma, S_\varsigma) - (f(\varsigma, S_\varsigma; T) + c_b), \quad (\text{롱-숏}),$$
$$\mathcal{B}(\varsigma, S_\varsigma) := (f(\varsigma, S_\varsigma; T) - c_s) - \mathcal{U}(\varsigma, S_\varsigma) \quad (\text{숏-롱})$$

5.4 변분부등식과 최적 트레이딩 전략

최적의 트레이딩 전략을 위해 가치 함수 $\mathcal{J}, \mathcal{V}, \mathcal{U}, \mathcal{K}, \mathcal{P}$에 해당하는 변분부등식을 연구한다. 이를 위해 다음 연산자를 정의한다.

$$\mathcal{L}^{(1)}\{\cdot\} := -r \cdot + \frac{\partial \cdot}{\partial t} + \tilde{\mu}(\tilde{\theta} - s)\frac{\partial \cdot}{\partial s} + \frac{\sigma^2}{2}\frac{\partial^2 \cdot}{\partial s^2},$$
$$\mathcal{L}^{(2)}\{\cdot\} := -r \cdot + \frac{\partial \cdot}{\partial t} + \tilde{\mu}(\tilde{\theta} - s)\frac{\partial \cdot}{\partial s} + \frac{\sigma^2 s}{2}\frac{\partial^2 \cdot}{\partial s^2},$$
$$\mathcal{L}^{(3)}\{\cdot\} := -r \cdot + \frac{\partial \cdot}{\partial t} + \tilde{\mu}(\tilde{\theta} - \ln s)s\frac{\partial \cdot}{\partial s} + \frac{\sigma^2 s^2}{2}\frac{\partial^2 \cdot}{\partial s^2}$$

이들은 각각 OU, CIR과 XOU 모델에 해당한다.

롱-숏 전략에 관련된 최적 청산과 진입 문제 $\mathcal{J}$와 $\mathcal{V}$는 $(t, s) \in [0, T] \times \mathbb{R}$에 대한 다음 쌍의 변분부등식으로부터 풀 수 있다.

$$\max\left\{ \mathcal{L}^{(i)}\mathcal{V}(t,s), (f(t,s;T) - c_s) - \mathcal{V}(t,s) \right\} = 0,$$
$$\max\left\{ \mathcal{L}^{(i)}\mathcal{J}(t,s), (\mathcal{V}(t,s) - (f(t,s;T) + c_b)) - \mathcal{J}(t,s) \right\} = 0$$

여기서 $i \in \{1, 2, 3\}$은 각각 OU, CIR과 XOU 모델을 표현한다.[4] 유사하게, 역 숏-롱 전략은 $\mathcal{U}$와 $\mathcal{K}$에 의해 만족되는 변분부등식을 수치적으로 풀어서 결정할 수 있다.

$$\min\left\{ \mathcal{L}^{(i)}\mathcal{U}(t,s), (f(t,s;T) + c_b) - \mathcal{U}(t,s) \right\} = 0,$$
$$\max\left\{ \mathcal{L}^{(i)}\mathcal{K}(t,s), ((f(t,s;T) - c_s) - \mathcal{U}(t,s)) - \mathcal{K}(t,s) \right\} = 0$$

$\mathcal{V}$, $\mathcal{J}$, $\mathcal{U}$와 $\mathcal{K}$가 수치적으로 풀어지면, 이들은 가치 함수 $\mathcal{P}$에 의해 표현되는 최종 문제의 입력이 된다. 선물 시장에 진입하는 최적의 타이밍을 결정하기 위해, 다음 변분부등식을 푼다.

$$\max\left\{ \mathcal{L}^{(i)}\mathcal{P}(t,s), \max\{\mathcal{A}(t,s), \mathcal{B}(t,s)\} - \mathcal{P}(t,s) \right\} = 0$$

최적의 타이밍 전략은 투자자가 롱/숏 선물 포지션을 구축해야 하는 시간 가변 임계 현물 가격을 나타내는 일련의 경계로 설명된다. 투자자가 먼저 롱 포지션을 취하기로 미리 약속하는 "포지션을 열기 위해 롱 포지션, 닫기 위해 숏 포지션을 취하는" 트레이딩 문제에서, 시장 진입 시기는 그림 5.2(a)의 "$\mathcal{J}$" 경계로 설명된다. 시장에서 나가는 후속 타이밍은 그림 5.2(a)의 "$\mathcal{V}$" 경계로 표시된다. 알 수 있듯이 투자자는 현물 가격이 낮을 때는 선물을 롱하고, 현물 가격이 높을 때는 포지션을 정리해 저가-매수-고가-매도의 직관을 확인한다.

---

4   현물 가격은 양이므로, CIR과 XOU 모델하에서 $s \in \mathbb{R}_+$이다.

투자자가 먼저 선물 숏한 후 롱 포지션으로 청산하는 숏-롱 전략을 채택한다면, 최적 시장 진입과 청산 타이밍 전략은 각각 그림 5.2(c)의 "$\mathcal{K}$"와 "$\mathcal{U}$" 경계로 표현된다. 투자자는 현물 가격이 충분히 높을 때 ("$\mathcal{K}$" 경계에서) 선물 숏을 통해 시장에 진입하고, 현물 가격이 낮을 때 정리하기를 기다린다. 본질적으로, 경계는 고가-매도-저가-매수 전략을 반영한다.

거래 비용이 없을 때(그림 5.2(b)와 5.2(d) 참조), 두 전략 모두 대기 영역이 축소된다. 현실적으로 이는 투자자가 시장을 더 일찍 진입하고 청산하는 경향이 있다는 것을 의미하며, 결과적으로 더 빠른 거래가 이뤄지게 된다. 이는 특히 만기가 가까워짐에 따라 거래 비용으로 인해 거래가 위축되기 때문에 직관적이다.

(5.11)의 $\mathcal{P}(t, s)$에 의해 표현된 시장 진입 문제에서 투자자는 어떤 현물 가격에서 포지션을 열지 결정한다. 상응하는 타이밍 전략은 그림 5.3(a)의 두 가지 경계로 설명된다. "$\mathcal{P} = \mathcal{A}$"("$\mathcal{P} = \mathcal{B}$")로 표시된 경계는 투자자가 롱(숏) 선물 포지션을 취해 시장에 진입하는 임계 현물 가격을 (시간의 함수로) 나타낸다. "$\mathcal{P} = \mathcal{B}$" 경계 위의 영역은 "숏 우선" 영역이고, "$\mathcal{P} = \mathcal{A}$" 경계 아래의 영역은 "롱 우선" 영역이다. 두 경계 사이의 영역은 투자자가 진입하기 위해 기다려야 하는 영역이다. 영역의 순서는 직관적이다. 즉 투자자는 현재 현물 가격이 낮을 때는 선물을 롱하고 현물 가격이 높을 때는 숏할 것이다. 시간이 만기에 가까워질수록, 시장 진입의 가치는 감소한다. 투자자는 만기에 근접해 현물 가격이 매우 낮거나 높지 않으면 롱/숏 포지션을 시작하지 않는다. 따라서 대기 영역은 만기에 근접해 크게 확장된다.

투자자의 청산 전략은 초기 진입 포지션에 의존한다. 투자자가 롱 포지션("$\mathcal{P} = \mathcal{A}$" 경계에서)을 취해 진입하는 경우, 그의 포지션을 닫는 최적 청산 타이밍은 그림 5.2(a)의 레이블 "$\mathcal{V}$"가 있는 상한 경계로 표시된다. 투자자의 초기 포지션이 숏인 경우, 선물을 롱함으로써 포지션을 정리하는 최적의 시간은 그림 5.2(c)의 레이블 "$\mathcal{U}$"가 있는 하한 경계로 표시된다.

그림 5.3(b)에서 볼 수 있듯이 추가적인 유연성으로 인해 가치 함수 $\mathcal{P}$는 $\mathcal{J}$와 $\mathcal{K}$ 모두를 지배하므로, "$\mathcal{P} = \mathcal{A}$" 경계는 "$\mathcal{J}$" 경계보다 낮고, "$\mathcal{P} = \mathcal{B}$" 경계는 "$\mathcal{K}$" 경계보다 높다는 것은 놀라운 일이 아니다. 두 가지 전략("포지션을 여는데 롱, 포지션을 닫기 위해 숏을 취하는" 또는 "포지션을 여는데 숏, 포지션을 닫기 위해 롱을 취하는") 중 하나를 선택할 수 있는 내재된 타이밍 옵션을 가지므로, 투자자는 더 나은 가격에 진입하기 위해 시장 진입을 지연한다.

5.5 동적 선물 포트폴리오

단일 선물 계약을 거래하는 것 외에도, 서로 다른 만기의 선물 포트폴리오를 구축할 수 있다. 동적 리밸런싱 전략의 $(w_t^i)_{0 \le t \le T}$, $i = 1,...,k$을 갖는 $k \ge 2$개의 선물로 구축된 자기 자금 조달$^{self\text{-}financing}$ 포트폴리오를 고려해보자. 또한 일반성을 잃지 않고, 순서가 있는 만기 $T_1 < T_2 < \cdots < T_k$를 가진 k개의 선물 계약을 고려하자. $t < T_1$에 대해 포트폴리오 가치는 다음에 따라 진화한다.

$$\frac{dV_t}{V_t} = \sum_{i=1}^{k} w_t^i \frac{df_t^{T_i}}{f_t^{T_i}} + r dt \qquad (5.12)$$

여기서 $\sum_{i=1}^{k} w_t^i = 1$이다. 즉 $w_t^i V_t$은 시점 t에 선물 i에 투자된 현금 금액이다. 일반적으로 전략 w_t는 현물의 히스토리 및 랜덤성 등의 다른 원천에 의존한다. 여기서 우리의 분석과 응용을 위해, 어떤 결정론적 함수 $w(t, s)$를 위해 $w_t = w(t, S_t)$ 형태의 마르코프 전략을 고려하는 것은 충분하다. 선물은 위험 중립 척도 $\mathbb{Q}$에 따라 가격이 결정되지만 투자자는 역사적 척도 $\mathbb{P}$하에서의 포트폴리오 가치를 관찰한다는 점에 유의하라. (5.12)의 V의 진화는 어느 척도하에서나 경로별로 발생한다.

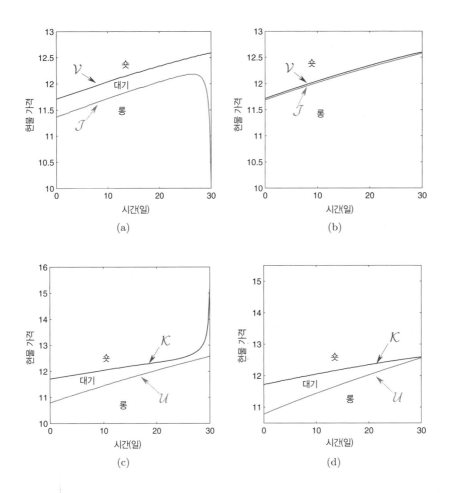

그림 5.2 (상단) 거래 비용이 있는 CIR 모델과 거래 비용이 없는 CIR 모델하에서 롱-숏 전략에 대한 최적 경계($\mathcal{J}$에서 롱, 그리고 $\mathcal{V}$에서 청산) (각각 (a)와 (b)) (하단) 거래 비용이 있는 CIR 모델과 거래 비용이 없는 CIR 모델하에서 롱-숏 전략에 대한 최적 경계 ($\mathcal{U}$에서 롱 그리고 $\mathcal{K}$에서 청산) 파라미터 $T = 1/12(1$개월$)$, $T_f = 3/12(3$개월$)$, $r = 0.05$, $\sigma = 0.25$, $\theta = 17.5$, $\tilde{\theta} = 18.16$, $\mu = 5.5$, $\tilde{\mu} = 4.55$, $c_b = c_s = 0.0005$

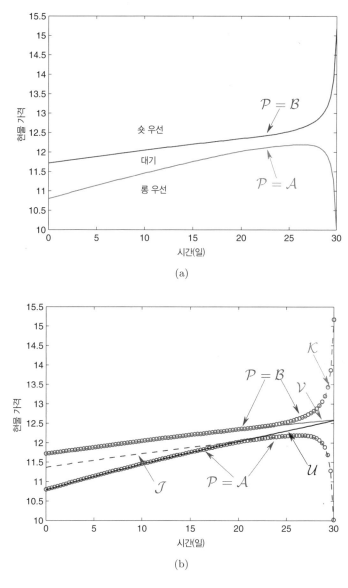

(a)

(b)

그림 5.3 (a) CIR 모델하에서 선물 시장에 진입하는 최적 경계. "숏 우선"("롱 우선") 영역에서, 투자자는 숏(롱) 포지션을 구축함으로써 진입한다. (b) 시장에 진입하고($\mathcal{P} = \mathcal{B}$, $\mathcal{P} = \mathcal{A}$, $\mathcal{J}$, $\mathcal{K}$), 이후에 청산하는 것($\mathcal{V}$와 $\mathcal{U}$)에 대한 모든 최적 경계의 그림. 파라미터: $T = 1/12$(1개월), $T_f = 3/12$(3개월), $r = 0.05$, $\sigma = 0.25$, $\theta = 17.5$, $\bar{\theta} = 18.16$, $\mu = 5.5$, $\bar{\mu} = 4.55$, $c_b = c_s = 0.0005$

5.1절에서 선물 가격이 현물 가격과 어떻게 관련되는지 살펴봤다. 선물 거래의 주요 목적 중 하나는 기초 자산에 대해 원하는 노출을 얻는 것이다. 간단한 예로, OU 또는 CIR 모델에 따른 단일 선물 계약을 고려하자. 공식 (5.1)과 이토의 보조정리에 따르면 이 포트폴리오 가치의 동학은 다음과 같다.

$$df_t^T = e^{-\tilde{\mu}(T-t)}dS_t + \tilde{\mu}(S_t - \tilde{\theta})e^{-\tilde{\mu}(T-t)}dt$$

이 방정식에서 첫 번째 항은 선물에 대한 단위 노출이 항상 적다는 것을 암시하고, 두 번째 항은 현재 현물 가격과 위험 중립 장기 평균 $\tilde{\theta}$의 상대적 값에 따라 부호와 크기가 달라지는 추세^{drift} 항을 나타낸다.

이제 상이한 만기의 선물들을 동적으로 거래함으로써, 투자자가 현물에 대한 노출을 유연하게 통제할 수 있을까? 또한 동적 트레이딩 전략이 포트폴리오의 수익률 및 변동성에 미치는 영향을 파악하고자 한다.

5.5.1 CIR 현물 경우의 포트폴리오 동학

문제를 구체적으로 풀기 위해, CIR 모델하에서 문제를 논의한다. 이 경우 선물 가격은 (5.1)에 제시된다. (5.12)에 선물 가격 공식을 적용하고, 다음과 같이 V의 동학을 도출한다.

$$
\begin{aligned}
\frac{dV_t}{V_t} &= \sum_{i=1}^{k} w_t^i \frac{df_t^{T_i}}{f_t^{T_i}} + rdt \\
&= \sum_{i=1}^{k} w_t^i \frac{\tilde{\mu}(S_t - \tilde{\theta})e^{-\tilde{\mu}(T_i-t)}dt + e^{-\tilde{\mu}(T_i-t)}dS_t}{(S_t - \tilde{\theta})e^{-\tilde{\mu}(T_i-t)} + \tilde{\theta}} + rdt \\
&= \sum_{i=1}^{k} w_t^i \frac{e^{-\tilde{\mu}(T_i-t)}S_t}{(S_t - \tilde{\theta})e^{-\tilde{\mu}(T_i-t)} + \tilde{\theta}} \frac{dS_t}{S_t} \\
&\quad + \sum_{i=1}^{k} w_t^i \frac{\tilde{\mu}(S_t - \tilde{\theta})e^{-\tilde{\mu}(T_i-t)}}{(S_t - \tilde{\theta})e^{-\tilde{\mu}(T_i-t)} + \tilde{\theta}} dt + rdt \\
&= \sum_{i=1}^{k} w_t^i \frac{S_t e^{-\tilde{\mu}(T_i-t)}}{(S_t - \tilde{\theta})e^{-\tilde{\mu}(T_i-t)} + \tilde{\theta}} \frac{dS_t}{S_t}
\end{aligned}
$$

$$+ \tilde{\mu}(S_t - \tilde{\theta}) \sum_{i=1}^{k} w_t^i \frac{e^{-\tilde{\mu}(T_i - t)}}{(S_t - \tilde{\theta})e^{-\tilde{\mu}(T_i - t)} + \tilde{\theta}} dt + r dt$$

$$= \omega(t, S_t) \frac{dS_t}{S_t} + \left(r + \tilde{\mu}(1 - \frac{\tilde{\theta}}{S_t})\omega(t, S_t) \right) dt \qquad (5.13)$$

여기서 다음같이 표기한다.

$$\omega(t, S_t) := \sum_{i=1}^{k} w_t^i \frac{S_t e^{-\tilde{\mu}(T_i - t)}}{(S_t - \tilde{\theta})e^{-\tilde{\mu}(T_i - t)} + \tilde{\theta}}$$

(5.13)에서 포트폴리오 동학을 두 부분으로 분해했다. 현물과 확률적 추세 항에 대한 노출이라는 두 부분이다. 노출의 크기가 계수 $\omega(t, S_t)$에 의해 표현됨을 관찰한다. 특히 $\omega(t, S_t) > 1$일 때, 포트폴리오는 현물에 대한 레버리지 노출을 갖는다고 한다. $\omega(t, S_t) < 1$일 때 역레버리지가 달성된다. 투자자는 $i = 1, ..., k$에 대한 포트폴리오 비중 w_i를 선택해 레버리지 계수 ω를 완전히 제어할 수 있다. 일단 $\omega(t, s)$가 선택되면 확률적 추세 $(r + \tilde{\mu}(1 - \tilde{\theta}/S_t)\omega(t, S_t))$가 동시에 설정된다.

예를 들어 $\omega(t, S_t) = \beta$를 선택하자. 결과적으로 선물 포트폴리오는 현물 대비 일정한 레버리지 비율 β를 갖는다.

$$\frac{dV_t}{V_t} = \beta \frac{dS_t}{S_t} + \left(r + \beta \tilde{\mu}(1 - \frac{\tilde{\theta}}{S_t}) \right) dt$$

특히 $\beta = 1$일 경우, 포트폴리오는 현물에 일대일 노출을 갖지만 확률적 추세율: $r + \tilde{\mu}(1 - \frac{\tilde{\theta}}{S_t})$에 제약되며, 이는 S와 장기 평균 $\tilde{\theta}$의 상대적인 값에 따라 양수 또는 음수가 될 수 있다. $\beta = 0$이면, 무위험 이자율을 복원하는 상수 추세 $r dt$를 얻는다.

게다가 현물 가격으로 선물 포트폴리오의 가치를 표현할 수 있다.

명제 5.2 CIR 모델하에 상수 레버리지 $(\beta \in \mathbb{R})$을 가진 선물 포트폴리오의 가치는 다음을 만족한다.

$$\frac{V_t}{V_0} = \left(\frac{S_t}{S_0}\right)^{\beta} \exp\left((r + \beta\tilde{\mu})t + \beta\left(\frac{1}{2}\sigma^2(1 - \beta) - \tilde{\mu}\tilde{\theta}\right)\int_0^t \frac{1}{S_u}du\right) \qquad (5.14)$$

증명 이토의 공식을 이용하고 SDE (5.13)의 $\omega(t, S_t) = \beta$를 설정하면 다음을 얻는다.

$$\begin{aligned}
d\ln(V_t) &= \frac{dV_t}{V_t} - \frac{1}{2}\left(\frac{dV_t}{V_t}\right)^2 \\
&= \beta\frac{dS_t}{S_t} + \left(r + \beta\tilde{\mu}(1 - \frac{\tilde{\theta}}{S_t})\right)dt - \frac{1}{2}\beta^2\left(\frac{dS_t}{S_t}\right)^2 \\
&= \beta d\ln(S_t) + \left[\beta(1 - \beta)\frac{\sigma^2}{2S_t} + \left(r + \beta\tilde{\mu}(1 - \frac{\tilde{\theta}}{S_t})\right)\right]dt \qquad (5.15)
\end{aligned}$$

(5.15)를 적분하면 (5.14)를 산출한다. $\qquad\square$

(5.14)에서 선물 포트폴리오의 수익률은 현물 가격 프로세스의 두 함수의 항으로 곱셈 분해를 허용함을 알 수 있다. 첫째 항은 직관적이다. 선물 포트폴리오의 로그 수익률이 현물 로그 수익률에 β를 곱한 것에 비례하기 때문이다. 즉, $\ln(V_t/V_0) = \beta\ln(S_t/S_0)$이다. 둘째 항은 포트폴리오의 가치를 증가시키거나 감소시킬 수 있는 확률적 요인을 제시한다. (5.15)에서 추세 항의 부호는 β의 값과 $\tilde{\theta}/S_t$의 비율에 결정적으로 의존한다. 예를 들어 계수 $\beta(1 - \beta)$는 $\beta \notin [0, 1]$이면 음수이고, $S_t < \tilde{\theta}$일 때는 언제나 $(1 - \tilde{\theta}/S_t) < 0$이다.

또는 추세를 제어하고 확률적 레버리지를 얻을 수 있다. 예를 들어 dt의 계수를 $a \in \mathbb{R}$로 설정하면 포트폴리오 값은 다음을 만족한다.

$$\frac{dV_t}{V_t} = \frac{S_t}{\tilde{\mu}(S_t - \tilde{\theta})}(a - r)\frac{dS_t}{S_t} + a\,dt$$

특수한 경우로 만약 $a = 0$이면, 다음을 얻는다.

$$\frac{dV_t}{V_t} = -\frac{r}{\tilde{\mu}(1 - \frac{\tilde{\theta}}{S_t})}\frac{dS_t}{S_t}$$

결과로 얻는 레버리지 비율은 확률적이며, $S_t > \tilde{\theta}$이면 음이고, $S_t < \tilde{\theta}$이면 양이다.

5.5.2 XOU 현물을 가진 포트폴리오 동학

이제 지수 OU 모델하의 포트폴리오 동학을 살펴보자. (5.6)에 주어진 현물 가격과 (5.7)의 선물 가격으로 포트폴리오 가치는 다음을 만족한다.

$$
\begin{aligned}
\frac{dV_t}{V_t} &= \sum_{i=1}^{k} w_t^i \frac{df_t^{T_i}}{f_t^{T_i}} + r\,dt \\
&= \sum_{i=1}^{k} w_t^i e^{-\tilde{\mu}(T_i-t)} \frac{dS_t}{S_t} - \tilde{\mu}(\tilde{\theta} - \ln(S_t)) \sum_{i=1}^{k} w_t^i e^{-\tilde{\mu}(T_i-t)} dt + r\,dt \\
&= \varpi(t, S_t) \frac{dS_t}{S_t} + (r + \tilde{\mu}(\ln(S_t) - \tilde{\theta}) \varpi(t, S_t)) dt \quad\quad (5.16)
\end{aligned}
$$

여기서

$$
\varpi(t, S_t) := \sum_{i=1}^{k} w_t^i e^{-\tilde{\mu}(T_i-t)}
$$

(5.16)에서 계수 $\varpi(t, S_t)$는 현물에 대한 포트폴리오의 확률적 레버리지를 표현한다. 특히 $\varpi(t, S_t)$를 상수 $\beta \in \mathbb{R}$이라 하자. 그러면 추세는 $r + \beta\tilde{\mu}(\ln(S_t) - \tilde{\theta})$이며, 이는 $\beta > 0(\beta < 0)$에 대해 S가 충분히 높으면(낮으면) 양이다.

$$
S_t \gtrless \exp\left(\tilde{\theta} - \frac{r}{\beta\tilde{\mu}}\right), \quad \text{for } \beta \gtrless 0
$$

더 나아가 선물 포트폴리오 가치를 현물 가격으로 명시적으로 표현할 수 있다.

명제 5.3 지수 OU 모델하에서 상수 레버리지($\beta \in \mathbb{R}$)를 가진 선물 포트폴리오의 가치는 다음으로 주어진다.

$$\frac{V_t}{V_0} = \left(\frac{S_t}{S_0}\right)^\beta \exp\left(\beta\,(1-\beta)\,\frac{\sigma^2}{2}t + \beta\tilde{\mu}\left[\int_0^t (\ln(S_u) - \tilde{\theta})du\right] + rt\right) \qquad (5.17)$$

증명 이토의 보조정리를 적용하고, (5.16)에서 $\varpi(t, S_t) = \beta$으로 설정해 다음을 얻는다.

$$d\ln(V_t) = \frac{dV_t}{V_t} - \frac{1}{2}\left(\frac{dV_t}{V_t}\right)^2$$

$$= \beta d\ln(S_t) + \beta\left(\frac{\sigma^2}{2}(1-\beta) - \tilde{\mu}(\tilde{\theta} - \ln(S_t))\right)dt + rdt \qquad (5.18)$$

(5.18)을 적분하면 (5.17)을 얻는다.

동일하게, (5.17)을 로그 수익률로 표현할 수 있다.

$$\ln\left(\frac{V_t}{V_0}\right) = \beta\ln\left(\frac{S_t}{S_0}\right) + \beta\,(1-\beta)\,\frac{\sigma^2}{2}t + \beta\tilde{\mu}\left[\int_0^t (\ln(S_u) - \tilde{\theta})du\right] + rt$$

이로부터 포트폴리오의 로그 수익률은 두 부분으로 분해될 수 있다. 즉, β 곱하기 현물 로그 수익률과 부호가 레버리지 요인과 현물의 로그 가격과 그 로그 장기 평균의 차이에 의존하는 확률적 비율이다. 특히 $\beta \neq [0, 1]$인 경우, $\beta(1 - \beta)0.5\sigma^2 t$ 항은 포트폴리오 가치를 감소시키며, 이러한 잠식은 현물이 더 높은 변동성을 갖는 경우 더 나빠진다.

반면, (5.16)의 추세를 상수 $a \in \mathbb{R}$로 고정시키면 레버리지 $(a - r)[(\ln(S_t) - \tilde{\theta}]^{-1}$이어야 한다. $a = 0$인 경우 포트폴리오 가치는 다음을 만족한다.

$$\frac{dV_t}{V_t} = \frac{r}{\tilde{\mu}(\tilde{\theta} - \ln(S_t))}\frac{dS_t}{S_t}$$

따라서, 포트폴리오에는 $\tilde{\theta}$와 S_t의 상대적인 값에 따라 부호가 의존하는 특정한 확률적 레버리지를 가진다. 특히 추세 없는 일대일 노출은 이 선물 포트폴리오에는 불가능하다.

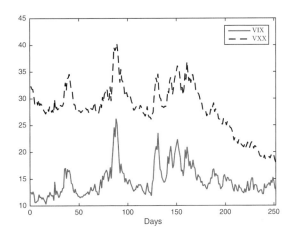

그림 5.4 2014년 6월 12일부터 2015년 6월 11일까지의 CBOE 변동성 지수 (VIX)와 iPath S&P 500 VIX 단기 선물 ETN(VXX) 각각의 역사적 가격 경로

5.6 VIX 선물과 상장 지수 노트에의 응용

많은 VIX ETF/ETN은 사실 시간 결정적 비중을 갖는 VIX 선물 포트폴리오다. 예를 들어 iPath S&P 500 VIX Futures ETN(VXX)은 가장 많이 거래되는 ETN 중 하나다. 그림 5.4 는 VIX와 함께 VXX의 시계열을 보여준다.

사업 설명서에 따르면 VXX 포트폴리오 가중치는 다음과 같은 형태다.

$$w(t) = \frac{T_{i(t)} - t}{T_{i(t)} - T_{i(t)-1}} \tag{5.19}$$

여기서 $i(t) := \min\{i : T_{i-1} < t \le T_i\}$이다. 월물 선물이 만기가 되면 포트폴리오는 차월 물 선물에 모든 비중을 할당한다. 그림 5.5는 각 선물 계약의 비중이 시간이 지남에 따라 1에서 0으로 점차 감소하는 방법을 보여준다.

OU 또는 CIR 모델하에서 포트폴리오 동학은 다음의 SDE로 표현될 수 있다.

$$\frac{dV_t}{V_t} = w(t) \frac{df_t^{T_{i(t)}}}{f_t^{T_{i(t)}}} + (1 - w(t)) \frac{df_t^{T_{i(t)+1}}}{f_t^{T_{i(t)+1}}} + r dt$$

$$= \widehat{\omega}(t, S_t)\frac{dS_t}{S_t} + \left(r + \tilde{\mu}(1 - \frac{\tilde{\theta}}{S_t})\widehat{\omega}(t, S_t)\right)dt \qquad (5.20)$$

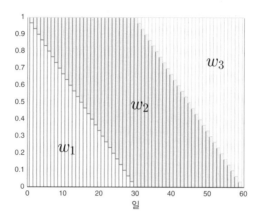

그림 5.5 만기까지 잔여 기간이 30일, 60일과 90일의 3개 선물 계약에 대한 (5.19)에서 보인 시간 결정적 포트폴리오 비중(각각 w_1, w_2와 w_3)

(5.20)에서 현물에 대한 노출을 다음의 항으로 표현했다.

$$\widehat{\omega}(t, S_t) := \frac{w(t)S_t}{S_t + \tilde{\theta}(e^{\tilde{\mu}(T_{i(t)} - t)} - 1)} + \frac{(1 - w(t))S_t}{S_t + \tilde{\theta}(e^{\tilde{\mu}(T_{i(t)+1} - t)} - 1)} \qquad (5.21)$$

비중 $w(t)$가 시간 결정론적 전략이지만 결과 포트폴리오 V는 현물 S에 대해 확률적 레버리지를 갖는다. 이를 현재 현물 가격과 시간의 함수인 $\widehat{\omega}$에서 확인할 수 있다. (5.21)을 검사하면 다음을 얻는다.

$$0 \leq \widehat{\omega}(t, S_t) \leq w(t) + (1 - w(t)) = 1$$

따라서 확률적 노출은 항상 롱이지만 1 미만이다.

이 포트폴리오는 VIX 선물에서 롱 포지션으로만 구성되며, 시간이 지남에 따라 반복적으로 롤링된다. 따라서 VIX 선물 시장에서 지속적인 음의 롤 수익률이 관찰될 때 그것의 가치는 잠식될 수 있다.

그림 5.6에서 우리는 현물 및 선물 가격과 함께 선물 포트폴리오의 시뮬레이션 경로를 보여준다. 현물 가격 경로는 VIX 선물과 선물 포트폴리오보다 변동성이 크다. 실제로 포트폴리오 수익률의 2차 변동성$^{\text{quadratic variation}}$을 통해 이를 알 수 있다.

$$
\begin{aligned}
\left(\frac{dV_t}{V_t}\right)^2 &= \left(\frac{w(t)}{S_t + \tilde{\theta}(e^{\tilde{\mu}(T_{i(t)}-t)}-1)} + \frac{(1-w(t))}{S_t + \tilde{\theta}(e^{\tilde{\mu}(T_{i(t)+1}-t)}-1)}\right)^2 (dS_t)^2 \\
&< \left(\frac{dS_t}{S_t}\right)^2
\end{aligned}
$$

위의 부등식이 모델 파라미터에 관계없이 성립하며, 따라서 관련 선물의 롤 수익률에 상관없이 성립한다.

그림 5.6의 시뮬레이션 VIX 지수는 평균 회귀하며, 평균 회귀 값은 13에 가깝게 유지된다. 그러나 선물 가격과 포트폴리오 가치는 시간이 지남에 따라 크게 감소한다. 이는 선물 가격이 역사적 장기 평균 θ보다 높은 장기 평균 $\tilde{\theta}$으로 결정되기 때문이다. 결과적으로 선물 가격은 현물 가격보다 높다. 시간이 지날수록 현물 가격에 맞추려면 선물 가격이 하락해야 하기 때문에 롱 선물 포트폴리오의 가치도 하락한다. 이러한 가치 잠식은 VXX 가격에서도 경험적으로 관찰된다(그림 5.4 참조).

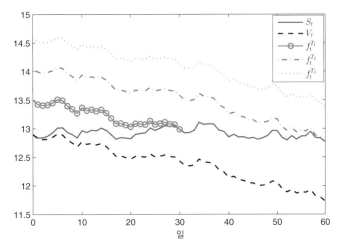

그림 5.6 $T_1 = 30$일 (원), $T_2 = 60$일(파점선)과 $T_3 = 90$일(점선) 각각의 만기를 가진 3가지 선물 계약의 가격과 같이 CIR 모델하에서의 시뮬레이션 현물 가격 경로(굵은 선) 그리고 그림 5.5의 비중을 가진 선물 포트폴리오(파선). 예시를 위해 사용된 파라미터는 $\mu = 0.24$, $\theta = 12.90$, $\sigma = 0.29$, $\tilde{\mu} = 0.83$, $\tilde{\theta} = 22.040$이며, $S_0 = V_0 = 12.90$으로 설정한다.

CHAPTER

06

옵션 최적 청산 전략

수십 년 동안 옵션은 투자와 위험 관리를 위한 도구로 널리 사용됐다. 2012년 기준으로 S&P 500 옵션에 대한 일일 시장 명목 금액은 약 900억 달러이며, 일일 평균 거래량은 2002년 119,808에서 2013년 1월 기준 839,108로 빠르게 성장했다.[1] 옵션 수익률에 대한 경험적 연구는 종종 옵션이 만기까지 보유된다고 가정한다. 유동적으로 거래되는 모든 옵션에는 만기 전에 시장을 통해 포지션을 청산할 수 있는 내재된 타이밍 유연성이 있다. 따라서 효과적인 위험 관리를 위한 중요한 질문은 다음과 같다. 옵션을 매도하기에 가장 좋은 때는 언제인가? 6장에서는 서로 다른 기초 자산 가격 동학하에서 다양한 옵션에 대해 이 문제를 해결하기 위해 위험 조정 최적 타이밍 프레임워크를 제안한다.

옵션을 매도할 최적의 시간을 결정할 때 청산 시간까지 불리한 가격 움직임을 설명하는 위험 페널티를 통합한다. 모든 후보 전략에 대해 시간 경과에 따라 실현된 미달 금액 shortfall 또는 더 일반적으로 옵션 포지션의 손실함수의 측면에서 그 변환을 통합함으로써 관련 위험을 측정한다. 따라서 통합된 미달 위험 페널티는 경로에 따라 다르며 모든 청산 타이밍 전략에 대해 위험과 수익률 사이의 균형을 도입한다.

---

1 http://www.cboe.com/micro/spx/introduction.aspx를 참조하라.

6.1절에서, 우리는 확산 시장diffusion market에서 일반적인 유럽형 청구권(옵션)에 대한 최적의 청산 문제를 공식화한다. 비자명한 청산 전략의 조사에는 최적 정지 문제와 관련된 비동차 변분부등식inhomogeneous variational inequality에 대한 분석 및 수치 연구가 포함된다. 6.2절에서, 미달 위험 페널티가 있을 때 최적의 청산 타이밍을 연구한다. 2차 변동성 위험 페널티를 사용한 분석은 6.3절에서 수행한다. 청산 문제의 변분부등식에 대해, 기초 자산의 동학에 대한 기하 브라운 운동GBM과 지수 올스타인-울렌벡 모델 모두에 적용 가능한 일반 조건하에서 Bensoussan과 Lions(1978)에서 강력한 해의 존재와 유일성을 증명한다 (6.5절을 참조하라). 최적 청산 전략의 수치적 예가 주식, 콜, 풋과 스트래들에 대해 제공된다.

6.1 위험 페널티가 있는 최적 청산

$\mathbb{P}$가 역사적 확률 척도인 확률 공간 $(\Omega, \mathcal{F}, \mathbb{P})$가 주어지면, 우리는 위험 자산 S와 상수 양의 이자율 r을 가진 단기 금융 시장 계좌로 구성된 시장을 고려한다. 위험 자산 가격은 다음의 확률 미분방정식을 따르는 양의 확산 과정에 의해 모델링된다.

$$dS_t = \mu(t, S_t)S_t dt + \sigma(t, S_t)S_t dW_t, \qquad S_0 = s \qquad (6.1)$$

여기서 W는 척도 $\mathbb{P}$하의 표준 브라운 운동이고, $s > 0$이다. 여기서 결정론적 계수 $\mu(t, s)$와 $\sigma(t, s)$은 SDE에 대한 강한 유일해를 보장하기 위해 립시츠Lipschitz와 성장growth 조건을 만족한다고 가정한다(Karatzas와 Shreve(1991)의 5.2절을 참조하라). $\mathbb{F} = (\mathcal{F}_t)_{t \le 0}$가 브라운 운동 W에 의해 생성되는 여과라 하자.

기초 자산 S에 작성된 만기일 T의 수익 $h(S_T)$를 가진 시장에서 거래되는 유럽형 옵션을 고려하자. 샤프 비율 $\lambda(t, s) := \frac{\mu(t,s)-r}{\sigma(t,s)}$이 노비코프 조건Novikov condition $\mathbb{E}\{\exp(\int_0^T \frac{1}{2}\lambda^2(u, S_u)du)\} < \infty$를 만족할 때(Leung과 Shirai(2015)의 부록 A를 참조하라), $0 \le t \le T$에 대한 밀도 프로세스

$$\frac{d\mathbb{Q}}{d\mathbb{P}}\bigg|_{\mathcal{F}_t} = \exp\left(-\frac{1}{2}\int_0^t \lambda^2(u, S_u)\, du + \int_0^t \lambda(u, S_u)\, dW_u\right) \tag{6.2}$$

는 $(\mathbb{P}, \mathbb{F})$-마팅게일이다. 이는 유일한 등가 마팅게일equivalent martingale(위험-중립) 척도 $\mathbb{Q}$를 정의하며, 옵션의 시장 가격은 다음에 의해 주어진다.

$$V(t, s) = \widetilde{\mathbb{E}}_{t,s}\left\{e^{-r(T-t)}h(S_T)\right\}, \qquad (t, s) \in [0, T] \times \mathbb{R}^+ \tag{6.3}$$

속기 표기법 $\widetilde{\mathbb{E}}_{t,s}\{\cdot\} \equiv \widetilde{\mathbb{E}}\{\cdot | S_t = s\}$은 $\mathbb{Q}$하의 조건부 기댓값을 나타낸다. 시장 가격 함수 $V(t, s)$는 추세 함수 $\mu(t, s)$에 의존하지 않는다는 것을 주목하라.

시간에 따른 주식과 옵션 가격 움직임을 관찰하면서, 투자자는 만기 이전에 옵션을 매도할 타이밍 유연성을 가진다. 옵션의 기대 할인 시장 가치를 최대화하는 동시에, 청산 시점까지 하방 위험을 고려하는 위험 페널티를 포함한다. 구체적으로 시점 t의 미달 금액을 다음으로 정의한다.

$$\ell(t, S_t) = (m - V(t, S_t))^+$$

여기서 $m > 0$은 투자자가 설정한 상수 벤치마크다. 그러면 위험 페널티는 미달 금액의 손실함수로 모델링되며, $\psi(\ell(t, S_t))$으로 표기된다. 여기서 손실함수 $\psi : \mathbb{R}_+ \to \mathbb{R}$는 증가, 볼록, 연속 미분 가능하다고 가정하며, $\psi(0) = 0$이다(Föllmer와 Schied(2004)의 4.9절을 참조하라). 결과적으로 투자자는 다음의 페널티가 있는 최적 정지 문제에 당면한다.

$$J^\alpha(t, s)$$
$$= \sup_{\tau \in \mathcal{T}_{t,T}} \mathbb{E}_{t,s}\left\{e^{-r(\tau-t)}V(\tau, S_\tau) - \alpha \int_t^\tau e^{-r(u-t)}\psi\left((m - V(t, S_t))^+\right) du\right\} \tag{6.4}$$

여기서 $\alpha \geq 0$는 페널티 계수이고, $\mathcal{T}_{t,T}$은 $[t, T]$에서 값을 취하는 $\mathbb{F}$-정지 시간 집합이다.

특별한 언급이 없는 한 우리의 분석은 위의 조건을 만족시키는 일반적인 손실함수에 적용된다. 여기서 페널티 메커니즘을 시각화하는 예를 들어보자. 벤치마크를 초기 옵션 가격으로 설정하고 $\psi(\ell) = \ell$을 취할 수 있다. 그러면 페널티 항은 옵션이 초기 비용보다 낮을 때 (할인) 면적을 누적하는 것과 같다. 이것은 그림 6.1에 예시된다. 실현된 미달 금액은 옵션 가격이 벤치마크를 초과할 때 0이며 옵션이 이에 미달하는 한 계속 증가한다는 점에 유의하라. 다른 실행 가능한 설정은 거듭제곱^{power} 페널티 $\psi(\ell) = \ell^p$, $p \geq 1$ 및 지수 ^{exponential} 페널티 $\psi(\ell) = \exp(\gamma\ell)^{-1}$, $\gamma > 0$ 등을 포함한다.

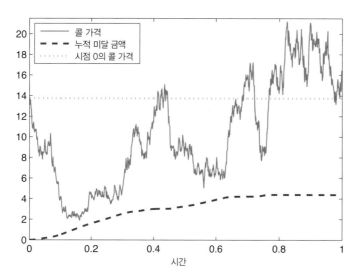

그림 6.1 GBM 모델하에서 유럽형 콜 옵션의 시뮬레이션 가격 경로(굵은 선)를 기반으로 하는 실현된 미달 금액(파선). 파라미터는 $S_0 = 100$, $r = 0.03$, $\mu = -0.05$와 $\sigma = 0.3$, $K = 100$, $T = 1$, $\alpha = 1$이다. 벤치마크 m은 초기 콜 옵션 가격이다.

6.1.1 최적 청산 프리미엄[2]

최적 대기 가치를 계량화하기 위해 가치 함수 J^α와 옵션의 현재 시장 가격의 사이의 차이로 최적 청산 프리미엄을 정의한다. 즉,

---

2 일반적으로 자산이나 주식을 매도할 때 시장 가격보다 높은 가격으로 매각하는 것을 '프리미엄'이라고 한다. 이는 매도자가 자산이나 주식을 빠르게 매도(청산)하기 위해 매수자에게 요구하는 가격이다. 이러한 프리미엄을 '청산 프리미엄(liquidation premium)'이라고 한다. 최적 청산 프리미엄(optimal liquidation premium)은 매도자가 자산이나 주식을 어떤 가격으로 청산해야 하는지를 결정하는 것이다. 이는 시장 조건, 매각자의 우선순위 및 시간 제약 등 여러 요인을 고려해 결정된다. 매도자는 자산을 빠르게 현금화하고자 할 때는 높은 프리미엄을 요구할 수 있지만, 이렇게 할 때 매수자가 자산을 매수할 의사를 상실할 수도 있다. 따라서 매도자는 자산의 가치와 유동성, 시장의 수요와 공급 상태 등을 고려해 최적의 프리미엄을 설정해야 한다. – 옮긴이

$$L^\alpha(t,s) := J^\alpha(t,s) - V(t,s) \tag{6.5}$$

또는 최적 청산 프리미엄 L^α는 단순 현재-매수-나중-매도 전략의 위험 조정 기대 수익률로 해석할 수 있다.

기대 페널티 청산 가치 프로세스를 다음같이 표기하자.

$$Y_u = e^{-ru}V(u, S_u) - \alpha \int_0^u e^{-rt}\psi((m - V(t, S_t))^+)dt$$

문제 (6.4)에 대한 최적 정지 시간의 존재를 보장하기 위해 $\mathbb{E}\{\sup_{0 \le u \le T} Y_u\} < \infty$가 필요하다. 유럽형 콜 옵션의 경우 옵션 가치 $V(t, S_t)$는 주가 S_t에 의해 지배되는 반면 풋 옵션 가격은 행사 가격에 의해 제한된다. 결과적으로 콜과 풋의 선형 조합에 대해 $\mathbb{E}\{\sup_{0 \le u \le T} S_u\} < \infty$를 부과하는 것으로 충분하다. 또한 $\mathbb{P}\{\sup_{0 \le u \le T} S_u\} = 1$을 요구하는데, 이는 자산 가격이 모든 유한 시간 $\hat{t}$ 이전에 거의 확실하게(a.s.) 양의 상태를 유지함을 의미한다. 그리고 표준 최적 정지 이론에 의해 $L(t, s)$과 관련된 최적 청산 시간은 다음으로 주어진다.

$$\tau^* = \inf\{ u \in [t, T] : L^\alpha(u, S_u) = 0 \} \tag{6.6}$$

즉, 투자자는 최적 청산 프리미엄 L^α가 소멸되는 즉시 옵션을 매도하는 것이 최적이며 이는 타이밍 유연성이 가치가 없음을 의미한다. 이에 따라 투자자의 최적 청산 전략은 매도 영역 $\mathcal{S}$와 지연 영역 $\mathcal{D}$에 의해 기술될 수 있다. 즉,

$$\mathcal{S} = \{(t,s) \in [0,T] \times \mathbb{R}^+ : L^\alpha(t,s) = 0\},$$
$$\mathcal{D} = \{(t,s) \in [0,T] \times \mathbb{R}^+ : L^\alpha(t,s) > 0\}$$

우리의 프레임워크는 옵션을 매수하기 위한 최적 타이밍의 역문제에 쉽게 적용될 수 있다. 이것은 L^α에서 sup을 inf로 바꾸는 것과 같다.

정리 6.1 (6.1)로 기초 가격 동학이 주어질 때 최적 청산 프리미엄은 다음의 확률적 표현을 허용한다.

$$L^{\alpha}(t, s) = \sup_{\tau \in \mathcal{T}_{t,T}} \mathbb{E}_{t,s} \left\{ \int_t^{\tau} e^{-r(u-t)} G^{\alpha}(u, S_u) \, du \right\} \tag{6.7}$$

여기서

$$G^{\alpha}(t, s) := \big(\mu(t, s) - r\big) s V_s(t, s) - \alpha \psi \big((m - V(t, s))^+\big) \tag{6.8}$$

로 표기한다.

증명 이토의 보조정리를 (6.3)의 시장 가격에 적용하면 다음을 얻는다.

$$\mathbb{E}_{t,s} \left\{ e^{-r(\tau-t)} V(\tau, S_\tau) \right\} - V(t, s)$$
$$= \mathbb{E}_{t,s} \left\{ \int_t^{\tau} e^{-r(u-t)} \big(\mu(u, S_u) - r\big) S_u V_s(u, S_u) du \right\}$$

이를 (6.5)의 최적 청산 프리미엄에 대입하면 다음을 얻는다.

$$L^{\alpha}(t, s) = \sup_{\tau \in \mathcal{T}_{t,T}} \mathbb{E}_{t,s} \bigg\{ \int_t^{\tau} e^{-r(u-t)} \big[\big(\mu(u, S_u) - r\big) S_u V_s(u, S_u)$$
$$- \alpha \psi((m - V(u, S_u))^+) \big] \, du \bigg\}$$

이는 (6.7)과 유사하다. □

(6.8)의 $G^{\alpha}(t, s)$를 "구동 함수$^{\text{drive function}}$"라 부른다. 이것은 옵션의 델타 $V_s \equiv \frac{\partial V}{\partial s}$에 의존하며, 페널티 계수 α는 모든 (t, s)에 대한 구동 함수를 감소시킴을 관찰한다. 최적 청산 프리미엄 L^{α}의 많은 특성은 구동 함수를 연구함으로써 추론할 수 있다.

명제 6.2 $t \in [0, T]$를 현재 시간으로 표기하자. 만약 구동 함수 $G^{\alpha}(u, s)$가 $\forall (u, s) \in [t, T] \times \mathbb{R}^+$에 대해서 양이면, 만기에서 매도하는 것이 최적이다. 즉, $\tau^* = \mathcal{T}$이다. 대조적으로 만약 구동 함수 $G^{\alpha}(u, s)$가 $\forall (u, s) \in [t, T] \times \mathbb{R}^+$에 대해서 음이면, 즉시 매도하는 것이 최적이다. 즉 $\tau^* = t$이다.

증명 (6.7)의 적분으로부터 만약 구동 함수 G^α이 $\forall (u,\ s) \in [t,\ T] \times \mathbb{R}^+$에 대해 양(음)이면, 가장 큰(가장 작은) 정지 시간을 선택함으로써 기대를 최대화할 수 있다. 즉 $\tau^* = T$ $(\tau^* = t)$이다. □

특히 $V_s(t,\ s)$와 $((t,\ s) - r)$가 모든 $(t,\ s)$에 대해 서로 다른 부호일 경우 구동 함수 G^α는 항상 음이므로 즉시 매도하는 것이 최적이다. $T = \infty$를 설정하면 영구적 경우에도 명제 6.2를 적용할 수 있다. 일반적으로 지연 영역은 구동 함수가 양인 영역을 포함한다. 즉

$$\{G^\alpha > 0\} \subset \{L^\alpha > 0\} \tag{6.9}$$

이다. 예를 들어 Oksendal과 Sulem(2005)의 명제 2.3을 참조하라. 직관적으로 이는 만약 $G(t,\ s) > 0$이면, 투자자는 무한소의 작은 시간을 기다림으로써 충분적 양의 무한소 프리미엄을 얻을 수 있기 때문에 투자자가 즉시 매도해서는 안 됨을 의미한다. 또한 (6.7)의 구동 함수를 기반으로 최적 청산 프리미엄의 순서를 추론할 수 있다.

따름정리 6.3 두 개의 옵션 A와 B를 두 개의 페널티 계수 α_A와 α_B를 함께 고려하자. 만약 A의 구동 함수가 B의 구동 함수를 지배한다면, 즉 $G_A^{\alpha_A}(t,\ s) > G_B^{\alpha_B}(t,\ s)$, $\forall (t,\ s) \in [0,\ T] \times \mathbb{R}^+$이면, A의 최적 청산 프리미엄 $L_A^{\alpha_A}(t,\ s)$는 B의 청산 프리미엄 $L_B^{\alpha_B}(t,\ s)$를 지배한다. 즉, $L_A^{\alpha_A}(t,\ s) > L_B^{\alpha_B}(t,\ s)$, $\forall (t,\ s) \in [0,\ T] \times \mathbb{R}^+$이다.

이 따름정리를 통해 상이한 페널티의 청산 타이밍을 비교할 수 있다. 예를 들어 $0 \leq \alpha_1 \leq \alpha_2$에 대해 옵션이 동일할 때 $G^{\alpha_1}(t,\ s) > G^{\alpha_2}(t,\ s)$를 갖는다. 이는 (6.6)과 따름정리 6.3에서 페널티 α_1의 최적 청산 시간이 페널티 α_2의 청산 시간보다 늦음을 나타낸다.

일반적으로 기초 자산의 동학과 옵션 수익에 따라 다양한 지연 및 매도 영역이 발생할 수 있다. 다음에서 지연 영역이 제한되도록 하는 충분조건을 제공한다.

정리 6.4 $T < \infty$이고, S는 시간 동차적$^{\text{time homogeneous}}$이라고 하자. 그러면 다음이 성립하면 지연 영역이 유계^{bounded}다.

(i) 모든 $(t,\ s) \in [0,\ T] \times \mathbb{R}^+$에 대해 $\exists c > 0$ s.t. $G^\alpha(t,\ s) < c$ 그리고

(ii) $[0, T] \times [\mathrm{k}, \infty)$에서 $G^\alpha(t, s) < -b$인 상수 b, $k > 0$이 존재한다.

증명. 1단계 $L^\alpha(t, s)$를 지배하고, t와 s 모두에 대해서 감소하는 함수 $\widehat{L}(t, s)$를 발견한다. 이를 위해 다음을 정의한다.

$$\widehat{G}^\alpha(s) := \max\{G^\alpha(t, \xi) : (t, \xi) \in [0, T] \times [s, \infty)\},$$
$$\widehat{L}(t, s) := \sup_{\tau \in \mathcal{T}_{t,T}} \mathbb{E}_{t,s} \left\{ \int_t^\tau e^{-r(u-t)} \widehat{G}^\alpha(S_u) \, du, \right\}$$

구축상, $\widehat{G}^\alpha : [0, T] \times \mathbb{R}^+ \to \mathbb{R}$는 t에 상수이고, s에 감소한다. 또한 이는 조건 (i)과 (ii)를 만족한다. 결과적으로 S의 시간 동차성을 사용하면, $t > t'$에 대해 다음이 성립한다.

$$\widehat{L}(t, s) = \sup_{\tau \in \mathcal{T}_{0,T-t}} \mathbb{E}_{0,s} \left\{ \int_0^\tau e^{-ru} \widehat{G}^\alpha(S_u) \, du \right\}$$
$$\leq \sup_{\tau \in \mathcal{T}_{0,T-t'}} \mathbb{E}_{0,s} \left\{ \int_0^\tau e^{-ru} \widehat{G}^\alpha(S_u) \, du \right\} = \widehat{L}(t', s)$$

따라서 $\widehat{L}(t, s)$도 t에 감소한다. 더욱이 $\widehat{G}^\alpha$는 s에 감소하므로, $s' > s$에 대해서 다음을 가진다.

$$\widehat{L}(t, s') = \sup_{\tau \in \mathcal{T}_{t,T}} \mathbb{E}_{t,s'} \left\{ \int_t^\tau e^{-r(u-t)} \widehat{G}^\alpha(S_u) \, du \right\}$$
$$= \sup_{\tau \in \mathcal{T}_{t,T}} \mathbb{E}_{t,s} \left\{ \int_t^\tau e^{-r(u-t)} \widehat{G}^\alpha(S_u + s' - s) \, du \right\}$$
$$\leq \sup_{\tau \in \mathcal{T}_{t,T}} \mathbb{E}_{t,s} \left\{ \int_t^\tau e^{-r(u-t)} \widehat{G}^\alpha(S_u) \, du \right\} = \widehat{L}(t, s)$$

따라서 $\widehat{L}(t, s)$도 또한 s에 감소한다.

정의에 의해, $\widehat{G}^\alpha$는 G^α을 지배하므로, 따름정리 6.3은 $L^\alpha(t, s)$이 $\widehat{L}(t, s)$이 유계의 서포트^support를 가지는 한 유계의 서포트를 가진다. 따라서, L^α가 변수 t와 s 모두에서 감소하고 G^α가 시간 동차이고 s에서 감소한다고 일반성을 잃지 않고 가정할 수 있다. 특히 $G^\alpha(s) \equiv G^\alpha(t, s)$로 표기한다.

2단계 $s' > s$에 대해서 $L^\alpha(t, s) = 0$인 $\hat{s} < \infty$가 모든 $t > 0$에 대해 존재한다. $L^\alpha(t, s)$이 감소하므로, $0 \le t \le \hat{t}$과 $s \in \mathbb{R}^+$에 대해서 $L^\alpha(t, s) > 0$인 $\hat{t} \in (0, T]$이 존재하지 않는다는 것을 증명하는 것과 같다. 이를 위해 그러한 시간 $\hat{t}$이 존재한다고 가정하자. 즉, $\tau^* = \inf\{t \le u \le T : L(u, S_u) = 0 > \hat{t}$이다.

이제 이것이 모순에 이른다는 것을 증명한다. $t \in [0, \hat{t})$로 고정시키자. 조건 (ii)는 $[k, \infty)$에 $G^\alpha(s) < -b < 0$인 k가 존재함을 의미한다. $s > k$에 대해 $\tau^k := \inf\{u \ge t : S_u \le k\}$이라 하자. S가 연속 경로들을 가지므로 $\tau_k > t$이다. 다음을 정의하자.

$$\mathcal{K}(t, s) := \frac{c}{r}\mathbb{E}_{t,s}\left\{e^{-r(\tau_k - t)}\mathbf{1}_{\{\tau_k \le \tau^*\}}\right\} - \mathbb{E}_{t,s}\left\{b\int_t^{\tau^* \wedge \tau_k} e^{-r(u-t)}\, du\right\}$$
$$= \frac{c}{r}\mathbb{E}_{t,s}\left\{e^{-r(\tau_k - t)}\mathbf{1}_{\{\tau_k \le \tau^*\}}\right\} - b\left(1 - \mathbb{E}_{t,s}\left\{e^{-r(\tau^* \wedge \tau_k - t)}\right\}\right) \quad (6.10)$$

여기서 c는 조건 (i)의 G^α의 상단 경계다. 다음 $s \uparrow \infty$를 취하면, $\mathbb{P}_{t,s}(\tau_k \le T) \downarrow 0$를 가지며, 반면 거의 확실하게 $\tau^* \le \hat{t} \le t$이므로, $\mathbb{E}_{t,s}\{e^{-r(\tau^* \wedge \tau_k - t)}\} < e^{-r(\hat{t}-t)}$이다. 따라서 다음을 얻는다.

$$\beta(t, s) := \frac{c\,\mathbb{P}_{t,s}(\tau_k \le \tau^*)}{r(1 - \mathbb{E}_{t,s}\left\{e^{-r(\tau^* \wedge \tau_k - t)}\right\})} \to 0$$

결과적으로 충분히 큰 $s > k$에 대해서 $b \le \beta(t, s)$를 얻으며, 이는 $\mathcal{K}(t, s) \le 0$를 의미한다 ((6.10)을 참조하라).

그런 다음, 다음의 차이를 고려한다.

$$L^\alpha(t, s) - \mathcal{K}(t, s) \le \mathbb{E}_{t,s}\left\{\int_{\tau^* \wedge \tau_k}^{\tau^*} e^{-r(u-t)}G^\alpha(S_u)\, du - \frac{c}{r}e^{-r(\tau_k - t)}\mathbf{1}_{\{\tau_k \le \tau^*\}}\right\}$$
$$\le e^{rt}\mathbb{E}_{t,s}\left\{\frac{c}{r}(e^{-r\tau^* \wedge \tau_k} - e^{-r\tau^*}) - \frac{c}{r}e^{-r\tau_k}\mathbf{1}_{\{\tau^* \le \tau_k\}}\right\}$$
$$= -\frac{ce^{rt}}{r}\mathbb{E}_{t,s}\left\{e^{-r\tau^*}\mathbf{1}_{\{\tau_k \le \tau^*\}}\right\} \le 0$$

이는 $L^\alpha(t, s) \le \mathcal{K}(t, s) \le 0$를 의미한다. 이는 $L^\alpha(t, s) > 0$의 가정과 모순된다.

3단계 모든 $s > \hat{s}$에 대해 $L^{\alpha}(0, s) = 0$인 $\exists \hat{s} > 0$가 시간 0에서 존재함을 증명하는 것이 남았다. $\hat{t} \in [0, T]$이라 하고, 모든 $t \in [0, T+\hat{t}]$에 대해 다음 최적 정지 문제를 고려하자.

$$\overline{L}^{\alpha}(t, s) := \sup_{\tau \in \mathcal{T}_{t, T+\hat{t}}} \mathbb{E}_{t,s} \left\{ \int_t^{\tau} e^{-r(u-t)} G^{\alpha}(S_u)\, du \right\}$$

S의 시간 동차성은 $\overline{L}^{\alpha}(\hat{t}, s) = L^{\alpha}(0, s)$를 산출한다. 이제 2단계를 적용하고 모든 $s > \hat{s}$에 대해서 $\overline{L}^{\alpha}(\hat{t}, s) = 0$인 $\hat{s} > 0$이 존재한다고 결론 낸다. 따라서 지연 영역은 위로 유계다. $\square$

우리는 정리 6.4의 진술과 증명은 손실함수의 속성을 포함하지 않는다는 것에 주목한다. 즉, 결과 구동 함수가 조건(i)과 (ii)을 만족하는 한, 지연 영역은 유계다. 지연 영역이 유계이면, $\{L^{\alpha} > 0\} \subseteq [0, T] \times (0, \bar{s})$인 상수 $\bar{s}$가 존재함을 알 수 있다. 이후의 절에서 청산 전략을 논의할 때 정리 6.4를 반복적으로 활용할 것이다.

6.2 GBM과 지수 OU 모델의 적용

이후 S가 (i) $\mu(t, s) = \mu$과 $\sigma(t, s) = \sigma > 0$인 기하 브라운 운동과 (ii) $\mu(t, s) = \beta(\theta - \log(s))$과 $\sigma(t, s) = \sigma > 0$를 가진 지수 OU 모델을 따를 때 최적 청산 타이밍을 해석적으로 그리고 수치적으로 조사할 것이다.

우리는 주식, 유럽 풋 옵션 및 콜 옵션의 청산 타이밍을 연구할 것이다. GBM 및 지수 OU 경우 모두에서 위험 중립 척도 $\mathbb{Q}$는 (6.2)에 의해 유일하게 정의되며, 노비코프 조건이 만족된다. 또한 S의 $\mathbb{Q}$ 동학은 추세 r의 GBM이고, 콜과 풋의 무차익 거래 가격(6.3 참조)은 다음 식으로 추정된다.

$$C(t, s) = s\,\Phi(d_1) - Ke^{-r(T-t)}\Phi(d_2) \tag{6.11}$$

$$P(t, s) = Ke^{-r(T-t)}\Phi(-d_2) - s\,\Phi(-d_1) \tag{6.12}$$

여기서 Φ는 표준 정규 누적밀도분포(c.d.f.)이며,

$$d_1 = \frac{\log(\frac{s}{K}) + (r + \frac{\sigma^2}{2})(T-t)}{\sigma\sqrt{T-t}}, \qquad d_2 = d_1 - \sigma\sqrt{T-t}$$

이다.

수치적으로 비자명한 청산 전략을 계산하기 위해, 다음 형태의 변분부등식(VI)을 푼다.

$$\min\left\{ -L_t^\alpha - \mu(t,s)s\,L_s^\alpha - \frac{\sigma^2(t,s)s^2}{2}L_{ss}^\alpha + rL^\alpha - G^\alpha,\, L^\alpha \right\} = 0 \qquad (6.13)$$

여기서 최종 조건 $L^\alpha(T,\ s) = 0$이며, $(t,\ s) \in [0,\ T] \times \mathbb{R}^+$이다. 6.5절에서 위의 VI가 GBM과 지수 OU 경우를 포함하는 조건하에서 Bensoussan과 Lions(1978)의 용어로 강한 유일해를 가진다는 것을 증명한다(정리 6.13을 참조하라). 구현을 위해, 유한 (이산) 그리드 $D = [s_\text{min},\ s_\text{max}] \times [0,\ T]$에서 VI(7.19)에 대한 크랭크-니콜슨 방법$^\text{Crank-Nicholson scheme}$을 채택한다. 포물선 유형의 비동차 VI를 풀기 위한 수치적 방법에 대한 자세한 내용은 Glowinski(1984)의 책을 참조하라.

6.2.1 GBM 기초 자산의 경우 최적 청산

우리는 GBM 모델에 따른 첫 번째 일련의 예제를 시작한다. 명제 6.2에 비춰 볼 때 $\mu \le r$인 경우, 위험 페널티 도입 여부에 관계없이 주식이나 콜(또는 일반적으로 양의 델타 포지션)을 보유하는 것은 결코 최적이지 않음을 관찰한다. 반면 명제 6.2는 만약 $\mu > r$이고 $\alpha = 0$이라면, 항상 지연시키는 것이 최적임을 의미한다.

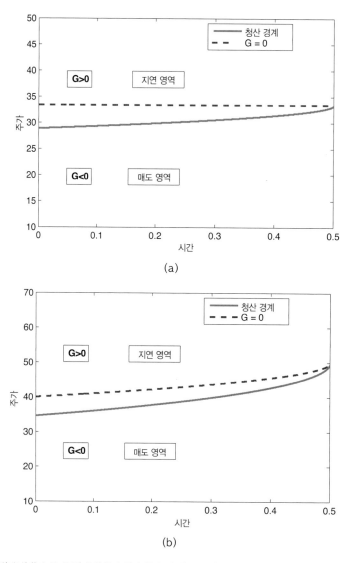

그림 6.2 주식(패널(a))과 콜 옵션(패널(b))의 최적 청산 경계(굵은 선)와 제로 G^{α}의 등고선(파선). $T = 0.5$, $r = 0.03$, $\mu = -0.08$, $K = 50$, $\alpha = 1$을 취한다. 손실함수는 $\psi(\ell) = \ell$으로 주어지고, 벤치마크는 주식에 대해 $m = 50$이고, 콜에 대해 $m = C(0, K)$이다.

그러나 위험 페널티가 0이 아닌 경우($\alpha > 0$), 해는 자명하지 않을 수 있다. 이를 확인하기 위해 우리는 콜과 관련된 구동 함수가 $G^\alpha_{Call}(t,\ s) = (\mu - r)sC_s - \alpha\psi((m - C(t,\ s))^+)$에 의해 제공된다는 점에 주목한다. 여기서 $C(t,\ s)$는 (6.11)의 콜 옵션 가격이다. 특히 페널티 항은 $s = 0$에서 양이며, 순감소하며, 큰 s에 대해 소멸한다. 반면, 첫 번째 항 $(\mu - r)sC_s$는 $s = 0$에서 0에서 순증가한다. 이는 $[0,\ T] \times [s,\ \infty)$에서 $G^\alpha_{Call}(t,\ s)$이 양인 가격 수준이 존재함을 의미한다. 결과적으로 (6.9)부터는 매도 영역이 유계여야 하며(아마도 비어 있을 수도 있다) 지연 영역은 유계이지 않아야 한다. 같은 논리가 주식의 경우에도 적용된다. 그림 6.2는 이를 보여준다.

다음으로 풋 옵션의 청산을 고려한다. (6.12)에 주어진 $P(t,\ s)$를 상기한다. 음의 델타^{Delta}는 $\mu \geq r$에 대해 구동 함수 $G^\alpha_{Put}(t,\ s) < 0,\ \forall(t,\ s)$를 의미하며, 이는 명제 6.2에 의해 즉시 매도하는 것이 최적임을 의미한다. 대조적으로 $\mu < r$일 때 $\alpha = 0$이면 매도 영역은 비어 있지만 위험 페널티 적용하에서 최적 전략은 자명하지 않을 수 있다.

명제 6.5 $\mu < r$이고, $\alpha > 0$인 GBM 모델하에서 풋의 최적 청산을 고려하자. 그러면 지연 영역은 유계다. 더 나아가, 이는 $m < K$이면 공집합이 아니며, $\alpha\psi'((m - P(\hat{t},\ 0))^+) < r - \mu$인 $\hat{t} \in [0,\ T]$이 존재한다.

증명 풋에 대한 구동 함수 $G^\alpha \equiv G^\alpha_{Put}(t,\ s) = (r - \mu)s\Phi(-d_1) - \alpha\psi((m - P(t,\ s))^+)$는 다음을 만족한다.

$$\lim_{s \to 0} G^\alpha(t, s) = -\alpha\psi((m - K)^+) \leq 0 \tag{6.14}$$

$$\lim_{s \to \infty} G^\alpha(t, s) = -\alpha\psi(m) < 0 \tag{6.15}$$

$$\frac{\partial G^\alpha}{\partial s}(t, s) = [r - \mu - \alpha\psi'((m - P(t, s))^+)\mathbb{1}_{\{m > P(t,s)\}}]\Phi(-d_1)$$
$$- (r - \mu)s\Gamma \tag{6.16}$$

여기서 $\Gamma = \frac{\partial^2 P}{\partial s^2} \geq 0$이다. 이번에는 어떤 $\hat{b} \in (0,\ \alpha\psi(m))$를 고정하고, $\overline{\psi}(\ell) := \min\{\psi(\ell),\ \hat{b}\}$를 정의하자. 이는 다음 부등식을 의미한다.

$$\overline{G}^{\alpha}(t,s) := (r-\mu)s\Phi(-d_1) - \alpha\overline{\psi}((m-P(t,s))^+) \geq G^{\alpha}(t,s)$$

그러면 따름정리 6.3에 의해 $\overline{G}^{\alpha}$가 정리 6.4의 가정을 만족하는 것만을 보이면 된다. $\overline{G}^{\alpha}$가 위로 유계이고 (6.15)로부터 모든 $t \in [0, T]$에 대해 $\lim_{s \to \infty} \overline{G}^{\alpha}(t, s) \to -\hat{a}b < 0$이 성립함을 알 수 있다. 게다가 모든 $s > \hat{s}$에 대해 $\overline{\psi}((m-P(t,s))^+) = \hat{b}$인 $\hat{s} > 0$이 존재한다.

따라서 $s > \max\{\hat{s}, K\exp((r-\sigma^2/2)T)\}$와 $t \in [0, T]$에 대해서 다음을 갖는다.

$$\frac{\partial \overline{G}^{\alpha}}{\partial t} = (\mu - r)s\phi(d_1)\frac{\log(\frac{s}{K}) - (r + \frac{\sigma^2}{2})(T-t)}{2\sigma(T-t)^{\frac{3}{2}}} \leq 0$$

$s \to -\infty$임에 따라 $\overline{G}^{\alpha}(0, s) \to \alpha\hat{b}$이므로, $[0, T] \times [k, \infty)$에서 $\exists k > \max\{\hat{s}, K\exp((r+\sigma^2/2)T)\}$이고 $-b > \overline{G}(0, s) > \overline{G}(t, s)$인 $b \in (0, \alpha\hat{b})$을 선택할 수 있다. 따라서 $\overline{G}$는 정리 6.4의 가정을 만족한다.

마지막으로 $m < K$일 때, $\alpha\psi'((m-P(\hat{t}, 0))^+) < r - \mu$인 $\exists\hat{t} \in [0, T]$가 존재한다고 가정하자. (6.14)와 (6.16)으로부터 $G^{\alpha}(\hat{t}, 0) = 0$와 $\frac{\partial G^{\alpha}}{\partial s}(\hat{t}, 0) > 0$가 성립하고, 따라서 집합 $\{G^{\alpha} > 0\}$는 공집합이 아니다. 그러면 포함 관계 (6.9)가 지연 영역 역시 공집합이 아님을 의미한다. $\qquad\square$

비고 6.6 예로서 만약 다음이 성립하면 지연 영역은 공집합이다.

$$\alpha\psi'((m-P(t,0))^+) \geq r - \mu > 0, \qquad \forall t \in [0,T]$$

실제로 모든 $t \in [0, T]$에 대해서 $G^{\alpha}(t, 0) \leq 0$이고 $\frac{\partial G^{\alpha}}{\partial s}(t, 0) \leq 0$이므로 G^{α}는 양일 수 없다. 명제 6.2에 의해 즉시 매도하는 것이 최적이다.

명제 6.5는 그림 6.3에 예시돼 있다. 이들 예에서 지연 영역은 공집합이 아니고 매도 영역은 유계가 아니지만 분리될 수 있다(그림 6.3(오른쪽)). 이는 예를 들어 모든 $t \in [0, T]$에 대해 $G^{\alpha}(t, 0) < 0$이지만, $\min_t \max G^{\alpha}(t, s) > 0$일 때 나타날 수 있다. 분리된 매도 영역에 대한 직관은 다음과 같다. 풋이 깊이 내가격인 경우(즉, S_t가 0에 가까울 때), 시장 가격은 $Ke^{-r(T-t)}$ 위로 유계이기 때문에 상승할 여지가 매우 제한적이다. 동시에 매도를 더 연기할 경우 페널티가 발생한다. 따라서 페널티 계수 α가 높을 때에는 낮은 주가 수준에서 매도하는 것이 최적이다. 반면에 풋이 깊이 외가격인 경우(즉, S_t가 매우 높을 때), 시장 가격과 풋의 델타는 0에 가깝다. 즉, 구동 함수가 더 음이 되고 즉시 매도하는 것이 최적이다.

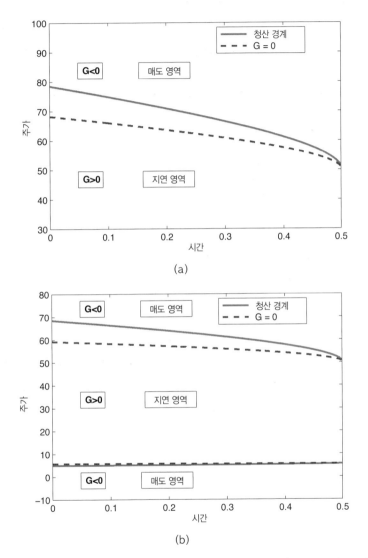

(a)

(b)

그림 6.3 손실함수 $\psi(\ell) = \ell$를 가진 GBM 동학하의 풋 옵션의 최적 청산 경계(굵은 선)과 제로 G^{α}의 등고선(파선). 패널 (a)에서 $M = 2K$, $\alpha = 0.001$을 취하고, 패널 (b)에서 $m = P(0, K)$와 $\alpha = 0.01$을 취한다. 파라미터는 $T = 0.5$, $r = 0.03$, $\mu = 0.02$, $\sigma = 0.3$, $K = 50$이다.

콜과 기초 주식 또는 풋에서의 롱 포지션에 대해서 Delta C_s는 일정한 부호를 취한다. 부호가 일정하지 않은 Delta를 가진 파생상품의 예로서, 우리는 롱 스트래들^{long straddle}을 고려한다. 이는 각각 행사 가격이 $K_1 \le K_2$이고 동일한 만기 T인 콜과 풋의 조합이다. 스트래들의 수익은 $h^{STD}(S_T) = (S_T - K_1)^+ + (K_2 - S_T)^+$에 의해 주어진다. C^{STD}에 의해 표기된 롱 스트래들의 시장 가격은 단순히 각각의 블랙-숄즈 콜과 풋 가격의 합이다. 즉, $C^{STD}(t, s) = C(t, s) + P(t, s)$이다. 단순성을 위해, $K_1 = K_2 = K$로 설정한다.

명제 6.7 GBM 모델하에서 롱 스트래들 포지션의 최적 청산에 대해서 다음이 성립한다.

(i) $\mu = r$에 대해서 지연 영역은 공집합이다.

(ii) $\mu > r$에 대해서 지연 영역은 유계가 아니다.

(iii) $\mu < r$에 대해서 지연 영역은 유계다.

증명 스트래들의 구동 함수는 $G_{STD}^\alpha(t, s) = (\mu - r)s C_s^{STD}(t, s) - \alpha\psi((m - C^{STD}(t, s))^+)$이다. $\mu = r$에 대해서는 명제 6.2에 의해 즉시 결론이 성립한다. 만약 $\mu > r$이면, 단순히 $s \to \infty$ $t \in [0, T]$임에 따라 $G_{STD}^\alpha(t, s) \to \infty$임을 알 수 있으며, 포함 관계 (6.9)에 의해 주장이 성립한다.

이제 $\mu < r$라 하자. G^α이 정리 6.4의 가정을 만족함을 보일 것이다. 명백히 G_{STD}^α은 위로부터 유계다. 모든 $t \in [0, T]$에 대해서 $s \to \infty$임에 따라 $C^{STD}(t, s) \to \infty$이므로 모든 $s > \hat{s}$와 $t \in [0, T]$에 대해서 $\psi((m - C^{STD}(t, s))^+) = 0$인 $\hat{s} > 0$가 존재한다. 게다가 $s > \max\{\hat{s}, K\exp((r + \sigma^2/2)T)\}$에 대해서 다음을 갖는다.

$$\frac{\partial \Phi(d_1)}{\partial t} = \phi(d_1)\frac{\log(\frac{s}{K}) - (r + \frac{\sigma^2}{2})(T - t)}{2\sigma(T - t)^{\frac{3}{2}}} > 0$$

따라서

$$\frac{\partial G_{STD}^\alpha}{\partial t}(t, s) = 2(\mu - r)s\frac{\partial \Phi(d_1)}{\partial t} \le 0$$

이다. 이는 모든 $t \in [0, T]$에 대해서 $G_{STD}^\alpha(0, s) \geq G_{STD}^\alpha(t, s)$를 의미한다. $s \to \infty$임에 따라 $G_{STD}^\alpha(0, s) \to -\infty$이므로, 고정된 $b > 0$에 대해서 모든 $s \geq k_b$에 대해서 $G_{STD}^\alpha(0, s) < -b$인 k_b가 존재한다. 따라서 $k = \max\{\hat{s}, K \exp((r + \sigma^2/2)T), k_b\}$로 설정하면, $[0, T] \times [k, \infty)$에서 $G_{STD}^\alpha(t, s) \leq G_{STD}^\alpha(0, s) < -b$를 가진다. 따라서 정리 6.4의 가정이 만족되며, 증명을 마친다. $\square$

특히 명제 6.7은 $\alpha = 0$일지라도 $\mu < r$일 때 매도 영역은 유계가 아니라고 제안한다. 그림 6.4에서 (ii)와 (iii)에 대한 최적의 청산 경계를 보여준다. 투자자가 강세일 때(패널(a): $\mu = 0.08 > 0.03 = r$) 청산 경계가 증가하고 지연 영역이 매도 영역의 상위에 있다. 흥미롭게도 투자자가 약세를 보일 때 그 반대가 관찰된다(패널(b): $\mu = 0.02 < 0.03 = r$). 우리는 무한 기간($T = \infty$)을 가진 주식의 청산 타이밍을 논의하는 것으로 이 절을 끝낸다. 이는 다음과 같은 최적 정지 문제로 이어진다.

$$L(s) = \sup_{\tau \in \mathcal{T}} \mathbb{E}_s \left\{ \int_0^\tau e^{-ru} G^\alpha(S_u) \, du \right\} \tag{6.17}$$

여기서 $G^\alpha(s) = (\mu - r)s - \alpha\psi((m - s)^+)$이며, $\mathcal{T}$는 $[0, \infty]$에서 값을 취하는 $\mathbb{F}$-정지 시간의 집합이다. $\mu \leq r$일 때, 명제 6.2에 따라 즉시 매도하는 것이 최적이다. $\mu > r$일 때, 청산 문제는 반대의 자명한 해를 갖는 것이 밝혀진다. 즉 영원히 보유하는 것이 최적이다.

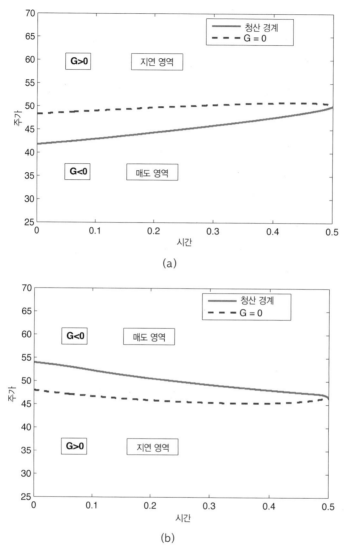

(a)

(b)

그림 6.4 손실함수 $\psi(\ell) = \ell$를 가진 GBM 동학하의 스트래들스의 최적 청산 경계(굵은 선)와 제로 G^α의 등고선(파선). 파라미터는 패널 (a)에서 $K = 50$, $m = C^{STD}(0, K)$, $\alpha = 0.1$, $r = 0.03$, $\mu = 0.08$이고, 패널 (b)에서 $\mu = 0.02$이다.

명제 6.8 $\mu > r$이면, (6.17)의 가치 함수 $L(s)$는 무한하며, 절대 주식을 매도하지 않는 것이 최적이다.

증명 후보 정지 시간 $\tau = \infty$을 고려하자. 그러면 토넬리의 정리$^{\text{Tonelli's theorem}}$를 적용해서 다음을 얻을 수 있다.

$$\mathbb{E}_s \left\{ \int_0^\infty e^{-ru} G^\alpha(S_u) du \right\}$$
$$= \mathbb{E}_s \left\{ \int_0^\infty e^{-ru}(\mu - r)S_u du - \alpha \int_0^\infty e^{-ru}\psi((m - S_u)^+)du \right\}$$
$$= \int_0^\infty e^{(\mu-r)u}(\mu - r)s du - \alpha \int_0^\infty e^{-ru}\mathbb{E}\left\{\psi((m - S_u)^+)\right\} du$$
$$\geq \int_0^\infty e^{(\mu-r)u}(\mu - r)s du - \alpha \int_0^\infty e^{-ru}\psi(m)du = \infty$$

$\mu > r$이고 ψ가 증가하므로 부등식이 성립한다. 따라서 $L(s) = \infty$이며 절대 매도하지 않는 것이 최적이다. $\qquad\qquad\square$

6.2.2 지수 OU 기초 주식의 경우 최적 청산

지수 OU 모델에서 주가는 다음 SDE를 만족한다.

$$dS_t = \beta(\theta - \log S_t)S_t \, dt + \sigma S_t dW_t$$

여기서 $\theta \in \mathbb{R}$이고, $\beta, \sigma > 0$이다. 따라서 최적 청산 프리미엄 $L(t, s)$는 다음의 구동 함수를 가진 식 (6.7)에 의해 주어진다.

$$G^\alpha(t, s) = [\beta(\theta - \log(s)) - r]sV_s(t, s) - \alpha\psi((m - V(t, s))^+) \qquad (6.18)$$

여기서 $V(t, s)$는 (6.3)의 일반적 옵션 가격이다.

GBM의 경우와는 달리, 페널티가 없을 때 주식이나 콜에 대한 최적의 청산 전략은 이제 자명하지 않을 수 있다. 더 일반적으로 지연 영역이 사실상 유계라는 것을 증명할 수 있다. 직관은 명확하다. S_t가 매우 높을 때 그것은 장기 평균으로 되돌아갈 것으로 예상되므로, 즉시 매도하는 것이 최적이다.

명제 6.9 지수 OU 모델하에서, 콜에 대한 지연 영역은 유계다.

증명 콜에 대한 구동 함수 G_{Call}^{α}, $V(t,\,s) = C(t,\,s)$로 (6.18)에 의해 주어진다(콜 가격에 대해 (6.11)을 참조하라). 이는 위로 유계이며, 따라서 정리 (6.4)의 조건 (i)를 만족한다. 잘 알려져 있듯이 콜 가격은 $\frac{\partial C(t,s)}{\partial t} \leq 0$을 만족한다. 또한 $s \geq K\exp((r+\sigma^2/2)T)$에 대해 $s \geq \exp(\theta - \frac{r}{\beta})$이고 $\frac{\partial \Phi(d_1)}{\partial t} \geq 0$이면, 또한 그러한 경우에만, $\beta(\theta - \log(s)) - r \leq 0$이다. 따라서 $s > \max\{\exp(\theta - \frac{r}{\beta}),\, K\exp((r+\sigma^2/2)T)\}$와 $t \in [0,\,T]$에 대해서 다음을 가진다.

$$
\begin{aligned}
\frac{\partial G_{Call}^{\alpha}}{\partial t}(t,s) &= [\beta(\theta - \log(s)) - r]s\frac{\partial \Phi(d_1)}{\partial t} \\
&\quad + \alpha\frac{\partial C(t,s)}{\partial t}\psi'((m - C(t,s))^+)\mathbf{1}_{\{m > C(t,s)\}} \leq 0
\end{aligned}
$$

이는 $G_{Call}^{\alpha}(0,\,s) \geq G_{Call}^{\alpha}(t,\,s)$을 의미한다. $b > 0$를 고정시키자. $G_{Call}^{\alpha}(0,\,s) \to -\infty$이므로, $\exists k_b > 0$ s.t., $\forall s > k_b$, $G_{Call}^{\alpha}(0,\,s) < -b$이다. 따라서 만약 $k = \max\{\exp(\theta - \frac{r}{\beta}),\, K\exp((r+\sigma^2/2)T),\, k_b\}$로 설정하면, $[0,\,T] \times [k,\,\infty)$에서 $G_{Call}^{\alpha}(t,\,s) \geq G_{Call}^{\alpha}(0,\,s) < -b$가 보장되며, 이는 정리 6.4의 조건 (ii)를 만족한다. 결과적으로 정리 6.4가 적용되고 콜에 대한 지연 영역의 유계성을 제공한다.

주식은 행사 가격 $K = 0$인 콜로 볼 수 있기 때문에 명제 6.6은 유한 시간 기간에 걸친 주식의 최적 청산에도 적용된다. 또한 지연 영역이 공집합일 수 있으며, 구동 함수의 최댓값을 발견함으로써 이 경우를 식별할 수 있음을 주목한다. 예를 들어 페널티 함수 $\psi((m - S_t)^+) = (m - S_t)^+$를 가진 주식의 경우를 고려하며, 상이한 시나리오에서 G^{α}의 최대점

$$
\arg\max G^{\alpha} = \begin{cases} \text{만약 } \exp(\theta - 1 - \frac{r-\alpha}{\beta}) < m\text{이면, } \exp(\theta - 1 - \frac{r-\alpha}{\beta})\text{이다.} \\ \text{만약 } \exp(\theta - 1 - \frac{r}{\beta}) > m\text{이면, } \exp(\theta - 1 - \frac{r}{\beta})\text{이다.} \\ \text{그렇지 않으면 } m \end{cases}
$$

과 상응하는 최댓값을

$$\max G^{\alpha} = \begin{cases} \text{만약 } \hat{s}_1 < m,\text{이면, } (\beta - \alpha)\hat{s}_1 - \alpha(m - s_1^*) \text{이다.} \\ \text{만약 } \hat{s}_2 > m \text{이면, } \beta\hat{s}_2 \text{이다.} \\ \text{그렇지 않으면 } (\beta(\theta - \log(m)) - r)m \end{cases}$$

구한다. 여기서

$$\hat{s}_1 = \exp(\theta - 1 - \frac{r - \alpha}{\beta}), \qquad \hat{s}_2 = \exp(\theta - 1 - \frac{r}{\beta})$$

이다. 따라서 지연 영역은 $\max G^{\alpha} > 0$이면, 또한 그러한 경우에만, 공집합이 아니다.

$\alpha = 0$(패널(a)) 및 $\alpha > 0$(패널(b))에 대해 주식에 대한 최적 청산 경계는 그림 6.5에 나와 있다. 양 경우 모두 최적 전략은 만약 S_t가 충분히 높으면 즉시 매도하는 것이다. 직관적으로 S_t가 높으면 장기 평균으로 회귀할 것으로 예상되기 때문에 즉시 매도하는 것이 최적이 된다. 그러나 만약 S_t가 낮으면 최적 행태는 파라미터 α에 의존한다. 한편으로는 S_t가 상승하리라 예상되며, 이에 따라 투자자는 더 좋은 가격에 매도하기를 기다릴 것이다(그림 6.5(b)). 다른 한편으로는 그와 같은 이익이 포지션을 보유함으로써 발생하는 위험에 의해 상쇄되므로 (만약 위험 계수가 충분히 높다면) 투자자기 즉시 매도하도록 유도할 것이다. 결과적으로 매도 영역은 분리된다(그림 6.5(b)).

그림 6.6은 페널티가 부과된 콜 옵션의 지연 영역을 보여준다. 매도 영역이 연결돼 있고 공집합이 아닌 지연 영역을 포함하는 흥미로운 현상을 관찰한다. 파라미터 β(평균 회귀 속도를 측정하는 것)가 충분히 높지 않으면 만기 전에 옵션 가격이 장기 평균으로 되돌아갈 시간이 없어 만기에 가까울수록 즉시 매도가 최적이 될 수 있다.

명제 6.10 지수 OU 모델하에서 풋 옵션의 청산에 대해서, 지연 영역은 $\alpha > 0$이면 또한 그러한 경우에만 유계다.

증명 구동 함수가 다음으로 주어진다.

$$G_{Put}^{\alpha}(t, s) = [r - \beta(\theta - \log(s))]s\Phi(-d_1) - \alpha\psi((m - P(t, s))^+)$$

만약 $\alpha = 0$이면, $\{G_{Put}^{\alpha} > 0\} = \{s > \exp(\frac{r}{\beta} - \theta)\}$이다. (6.9)에 의해 지연 영역은 이 집합을 포함하므로 유계가 아니다.

이제 $\alpha > 0$이라 하자. 그러면 다음의 극한을 가진다.

$$\lim_{s \to \infty} G_{Put}^{\alpha}(t, s) = -\alpha\psi(m) < 0 \qquad (6.19)$$

다음 어떤 $\hat{b} \in (0, \alpha\psi(m))$을 고정하고, $\overline{\psi}(\ell) := \min\{\psi(\ell), \hat{b}\}$으로 정의하자. 이로부터 다음을 얻는다.

$$\overline{G}^{\alpha}(t, s) := [r - \beta(\theta - \log(s))]s\Phi(-d_1) - \alpha\overline{\psi}\left((m - P(t,s))^+\right) \geq G_{Put}^{\alpha}(t, s)$$

$\overline{G}^{\alpha}$이 위로부터 유계이고, (6.19)에 의해 $t \in [0, T]$에 대해 $\lim_{s \to \infty} \overline{G}^{\alpha}(t, s) \to -\alpha\hat{b} < 0$임을 알 수 있다. 게다가 모든 $s > \hat{s}$에 대해서 $\overline{\psi}((m - P(t, s))^+) = \hat{b}$인 $\hat{s} > 0$가 존재한다. 결과적으로 모든 $s > \max\{\hat{s}, \exp(\frac{r}{\beta} - \theta), K\exp((r + \sigma^2/2)T)\}$와 $t \in [0, T]$에 대해서 다음을 얻는다.

$$\frac{\partial \overline{G}^{\alpha}}{\partial t} = (\beta(\theta - \log(s)) - r)s\phi(d_1)\frac{\log(\frac{s}{K}) - (r + \frac{\sigma^2}{2})(T - t)}{2\sigma(T - t)^{\frac{3}{2}}} \leq 0$$

또한 $s \to -\infty$임에 따라 $\overline{G}^{\alpha}(0, s) \to -\alpha\hat{b}$임을 주목한다. 이는 어떤 $b \in (0, \alpha\hat{b})$를 선택할 수 있도록 하며, 이에 대해 $(t, s) \in [0, T] \times [k, \infty)$에서 $-b > \overline{G}(0, s) > (t, s)$인 $k > \max\{\hat{s}, K\exp((r + \sigma^2/2)T)\}$이 존재한다. 따라서 $\overline{G}$는 정리 6.4의 가정을 만족한다. 따름정리 6.3에 의해 지연 영역의 유계성을 결론짓는다. $\qquad\square$

그러나 대기 가치를 감소시키는 0이 아닌 위험 페널티를 포함하면 더 이상 사실이 아니다. 결과적으로 보유자는 그 풋을 높은 주가와 낮은 주가에 매도할 수 있다. 실제로 페널티 계수가 크거나 만기까지의 시간이 매우 짧은 경우, 최적의 청산 프리미엄은 모든 주가 수준에서 0이 될 수 있으며, 결과적으로 공집합의 지연 영역이 발생할 수 있다(그림 6.7(b)).

명제 6.10은 그림 6.7에 예시돼 있다. S_t가 낮으면 (높은) 장기 평균으로 되돌아갈 것으로 예상되며, 풋 가격은 하락할 것이다. 이는 낮은 주가 수준에서 매도하려는 동기를 유발한다. $\alpha = 0$이면 S_ℓ가 높을 때, 풋 가격이 매우 낮아 상승할 것으로 예상되므로 매도할 이유가 없다. 따라서 지연 영역은 매도 영역 위에 있다(그림 6.7(a)).

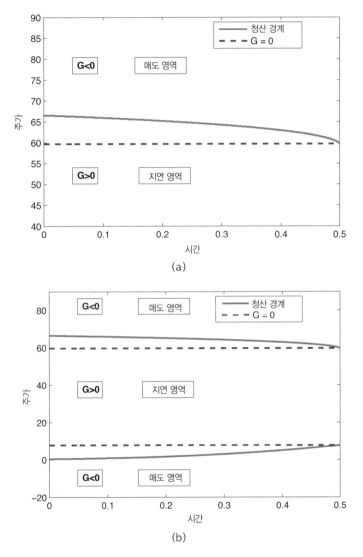

(a)

(b)

그림 6.5 지수 OU 동학하의 주식에 대한 최적 청산 경계(굵은 선)와 제로 G^α의 등고선(파선). 파라미터는 패널 (a)에서 $T = 0.5$, $r = 0.03$, $\theta = \log(60)$, $\beta = 4$, $\sigma = 0.3$, $\psi(\ell) = \ell$, $\alpha = 0$, 패널 (b)에서 $\alpha = 1.5$이다.

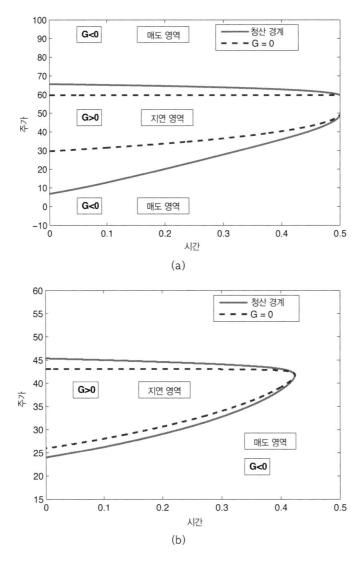

그림 6.6 지수 OU 동학하의 콜에 대한 최적 청산 경계(굵은 선)와 제로 G^α의 등고선 (파선). 파라미터는 패널 (a)에서 $\alpha = 0.2$, $\theta = \log(60)$, $\beta = 04$ 그리고 패널 (b)에서 $\alpha = 0.001$, $\theta = \log(50)$, $\beta = 0.2$이며, 공통 파라미터는 $T = 0.5$, $r = 0.03$, $\sigma = 0.3$, $\psi(\ell) = \ell$이다.

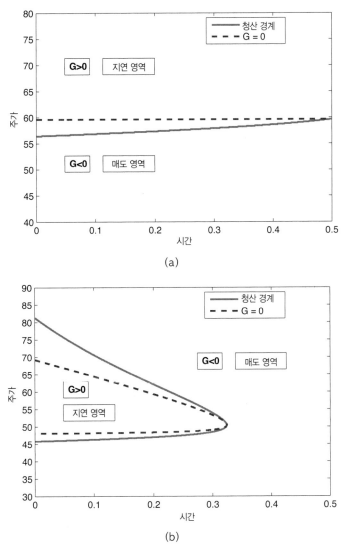

그림 6.7 지수 OU 동학하의 풋 옵션에 대한 최적 청산 경계(굵은 선)와 제로 G^{α}의 등고선(파선). 파라미터는 패널 (a)에서 $\alpha = 0$, $K = 50$, 패널 (b)에서 $\alpha = 0.01$, $K = 40$이며, 공통 파라미터는 $T = 0.5$, $r = 0.03$, $\sigma = 0.3$, $\beta = 4$와 $\theta = \log(60)$, $\psi(\ell) = \ell$이다.

6.3 2차 페널티

미달 기반 페널티에 대한 변형으로, 우리는 시작 시간부터 청산 시간까지 옵션 가격 프로세스의 실현된 분산에 기초한 위험 페널티를 고려한다. 투자자는 이제 페널티가 있는 다음의 최적 정지 문제에 당면한다.

$$
\begin{aligned}
\tilde{J}^\alpha(t,s) :=&\ \sup_{\tau \in \mathcal{T}_{t,T}} \mathbb{E}_{t,s}\left\{ e^{-r(\tau-t)}V(\tau,S_\tau) - \alpha \int_t^\tau e^{-r(u-t)} d[V,V]_u \right\} \\
=&\ \sup_{\tau \in \mathcal{T}_{t,T}} \mathbb{E}_{t,s}\Bigg\{ e^{-r(\tau-t)}V(\tau,S_\tau) \\
&\ - \alpha \int_t^\tau e^{-r(u-t)}\sigma^2(u,S_u)S_u^2 V_s^2(u,S_u)du \Bigg\}
\end{aligned}
$$

여기서 $[V, V]$는 (6.3)에 정의된 옵션 가격 프로세스 V의 2차 변동quadratic variation을 나타낸다. 그림 6.8은 시뮬레이션된 콜 옵션 가격 경로와 관련된 실현된 2차 페널티를 보여준다. 그림 6.1의 미달 페널티와 비교할 때 실현된 2차 페널티는 옵션 가격이 초기 가격보다 높은 경우에도 항상 증가하고 있다.

(6.5)에 따라 최적 청산 프리미엄을 $\tilde{L}^\alpha(t, s) = \tilde{J}^\alpha(t, s) - V(t, s)$로 정의한다. 다시 우리는 GBM 및 지수 OU 모델하에서의 주식 또는 옵션 청산 문제에 대해 논의할 것이다.

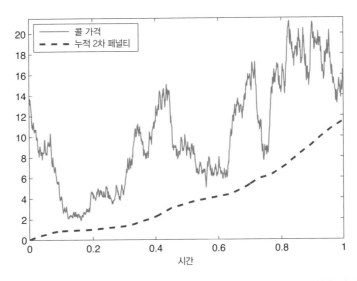

그림 6.8 $\alpha = 0.05$인 GBM 모델하에서 콜의 시뮬레이션 가격 경로(굵은 선)을 기반으로 하는 실현된 2차 페널티(파선). 가격 경로와 다른 파라미터는 그림 6.1과 동일하다.

6.3.1 주식 매도 최적 타이밍

우리는 먼저 영구 최적 정지 문제의 관점에서 GBM 동학을 가진 주식의 청산을 고려한다.

$$\tilde{L}^{\alpha}(s) := \sup_{\tau \in \mathcal{T}} \mathbb{E}_s \left\{ \int_0^{\tau} e^{-ru} \tilde{G}^{\alpha}(S_u)\, du \right\} \tag{6.20}$$

여기서 구동 함수는 $\tilde{G}^{\alpha}(s) := (\mu - r)s - \alpha\sigma^2 s^2$이다. 만약 $\mu \le r$이면 $\tilde{G}^{\alpha}$가 항상 음이므로 즉시 매도가 항상 최적이다. 대조적으로 $\mu > r$이면 비자명한 닫힌 형 해를 얻는다.

정리 6.11 $\mu > r$이라 하자. (6.20)의 가치 함수 $\tilde{L}^{\alpha}(s)$은 다음 공식에 의해 주어진다.

$$\tilde{L}^{\alpha}(s) = \left\{ \frac{(s^*)^{1-\lambda}}{2 - \lambda}\, s^{\lambda} - s + B\, s^2 \right\} \mathbf{1}_{\{s \le s^*\}} \tag{6.21}$$

여기서

$$B = \frac{\alpha\sigma^2}{2\mu + \sigma^2 - r}, \quad \lambda = \frac{1}{\sigma^2}\left[\frac{\sigma^2}{2} - \mu + \sqrt{\left(\frac{\sigma^2}{2} - \mu\right)^2 + 2r\sigma^2}\right] \tag{6.22}$$

$$s^* = \frac{1 - \lambda}{(2 - \lambda)B} \tag{6.23}$$

이며, 정지 시간 $\tau^* = \inf\{t \geq 0 : S_t \geq s\}$은 (6.20)에 대해 최적이다.

증명 우선 (6.21)이 다음의 해임을 증명한다.

$$\min\left\{r\Lambda(s) - \mu s\Lambda'(s) - \frac{\sigma^2 s^2}{2}\Lambda''(s) - \tilde{G}^\alpha(s),\ \Lambda(s)\right\} = 0, \quad s > 0$$

여기서 $\Lambda(0) = 0$이다. 이를 증명하기 위해, $\mathbb{R}^+$을 두 개의 영역 $\mathcal{D}_1 = (0, s^*)$와 $\mathcal{D}_2 = (s^*, \infty)$로 분할한다. 여기서 $s^* > 0$는 결정될 것이다. $\mathcal{D}_2$에서 $\Lambda(s) = 0$이고, $s \in \mathcal{D}_1$에 대해 $\Lambda(s)$는 다음 방정식을 푼다고 추측한다.

$$r\Lambda(s) - \mu s\Lambda'(s) - \frac{\sigma^2 s^2}{2}\Lambda''(s) - \tilde{G}^\alpha(s) = 0 \tag{6.24}$$

직접 대입에 의해, 방정식 (6.24)에 대한 일반적 해는 다음 형태를 가진다.

$$\Lambda(s) = C_1 s^{\lambda_1} + C_2 s^{\lambda_2} - s + Bs^2$$

여기서 C_1과 C_2는 결정될 상수이고, B는 (6.22)에 지정되며,

$$\lambda_k = \frac{1}{\sigma^2}\left[\frac{\sigma^2}{2} - \mu + (-1)^k\sqrt{\left(\mu - \frac{\sigma^2}{2}\right)^2 + 2r\sigma^2}\right], \quad k \in \{1, 2\}$$

이다. $s = 0$와 $s = s^*$에서의 연속성^{continuity}과 매끄러운 결합^{smooth pasting} 가정을 적용하면 다음을 얻는다.

$$\lim_{s\downarrow 0}\Lambda(s) = 0 \ \Rightarrow\ C_1 = 0$$

$$\lim_{s \uparrow s^*} \Lambda(s) = 0 \;\Rightarrow\; C_2(s^*)^{\lambda_2} - s^* + B(s^*)^2 = 0 \tag{6.25}$$

$$\lim_{s \uparrow s^*} \Lambda'(s) = 0 \;\Rightarrow\; \lambda_2 C_2(s^*)^{\lambda_2 - 1} - 1 + 2Bs^* = 0 \tag{6.26}$$

(6.25)–(6.26)의 방정식 시스템을 풀면 (6.22)–(6.23)의 C_2와 s^*를 구할 수 있다. $\Lambda(s)$이 실제로 (6.24)의 고전적 해임을 대입으로 증명할 수 있다.

이토의 공식과 (6.24)를 이용해, $(\Lambda(S_t))_{t \geq 0}$가 $(\mathbb{P}, \mathbb{F})$-슈퍼 마팅게일이며, 따라서 모든 $\mathbb{F}$-정지 시간 τ과 $n \in \mathbb{N}$에 대해서 다음을 얻는다.

$$\Lambda(s) \geq \mathbb{E}_{0,s}\left\{ \int_0^{\tau \wedge n} e^{-ru} \tilde{G}^\alpha(S_u) du \right\} \tag{6.27}$$

(6.27)을 τ과 n에 대해서 최대화하면 $s \geq 0$에 대해서 $\Lambda(s) \geq \tilde{L}^\alpha(s)$가 얻어진다. 역부등식은 확률적 표현 $\Lambda(s) = \mathbb{E}_{0,s}\left\{ \int_0^{\tau^*} e^{-ru} \tilde{G}^\alpha(S_u) du \right\}$에 의해 추론될 수 있다. 여기서 후보 정지 시간은 $\tau^* = \inf\{t \geq 0 : S_t \geq s^*\}$이다. 따라서 $\Lambda \geq \tilde{L}^\alpha(s)$이며, τ^*가 최적이라고 결론을 낼 수 있다. $\qquad\square$

정리 6.11의 조건 $\mu > r$에 해당하는 $\lambda_2 < 1$의 경우 그리고 그러한 경우에만 (6.23)의 최적 청산 임곗값이 음이 아님을 알 수 있다(필요충분조건). 그렇지 않으면 $\tilde{L}^\alpha(s) = 0$이며, 최적의 전략은 즉시 매도하는 것이다.

그림 6.9에서는 μ와 σ의 다양한 값에 대한 최적의 청산 프리미엄 $\tilde{L}^\alpha(s)$를 보여준다. μ가 증가할수록 최적 임곗값은 물론 최적 청산 프리미엄이 (모든 주가 수준에서) 증가한다. 반면 변동성이 높을수록 모든 초기 주가에서 최적 청산 프리미엄이 감소한다. 또한 $\tilde{L}^\alpha(s)$가 (6.25)와 (6.26)에서 예상한 바와 같이 최적의 임곗값 s^*에서 0 수준을 매끄럽게 결합하는 것을 관찰한다.

만약 S가 지수 OU 동학을 따르면, 주식을 청산하기 위한 구동 함수는 다음과 같다.

$$\tilde{G}^\alpha(s) = [\beta(\theta - \log(s)) - r - \alpha s]s \tag{6.28}$$

이 경우 닫힌 형태의 해는 없다. 그럼에도 불구하고 우리는 (6.28)에서 지연 영역이 공집합이 아님을 관찰한다. 즉 $\{\tilde{L}^\alpha > 0\} \supseteq \{s < \hat{s}\}$이며, 여기서 s^*는 다음 방정식으로부터 유일하게 결정된다.

$$\beta(\theta - \log(\tilde{s})) - r - \alpha\tilde{s} = 0$$

반면 $s \to \infty$임에 따라 $\tilde{G}^\alpha \to -\infty$이므로, 주가가 높을 때 투자자가 매도할 것임을 직관적으로 예상할 수 있다.

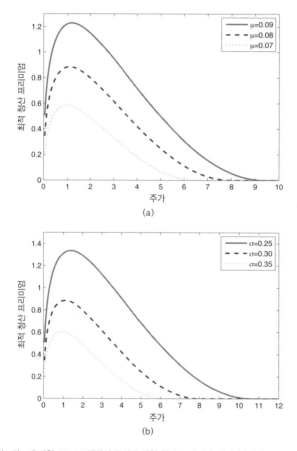

그림 6.9 상이한 값의 μ와 σ에 대한 GBM 모델하의 주식에 대한 최적 프리미엄. 패널 (a)에서 $r = 0.03$, $\sigma = 0.3$과 $\alpha = 0.2$를 취하며, $\mu = 0.09$, 0.08, 0.07에 대해 각각 $s^* = 9.37$, 7.97, 6.52이다. 패널 (a)에서 $r = 0.03$, $\mu = 0.08$과 $\alpha = 0.1$을 취하며, $\sigma = 0.25$, 0.30, 0.35에 대해 각각 $s^* = 10.63$, 7.97 6.26이다.

6.3.2 옵션의 청산

우리는 이제 유럽형 콜과 풋 옵션의 청산 전략을 예시하기 위한 몇 가지 수치적 예를 논의한다. 행사 가격 K와 만기 T에서 구동 함수는 각각 다음에 의해 주어진다.

$$\tilde{G}^{\alpha}_{Call}(t,s) = s\Phi(d_1)\big(\mu - r - \alpha\sigma^2 s\Phi(d_1)\big) \tag{6.29}$$

$$\tilde{G}^{\alpha}_{Put}(t,s) = s\Phi(-d_1)\big(r - \mu - \alpha\sigma^2 s\Phi(-d_1)\big) \tag{6.30}$$

$\mu \le r$이고 $\alpha > 0$일 때, 구동 함수 $\tilde{G}^{\alpha}_{Call}(t, s)$는 모든 (t, s)에 대해 음이며, 따라서 콜을 즉시 매도하는 것이 최적이다. 그러나 $\mu > r$이고, $\alpha > 0$일 때, (6.29)로부터 주가가 충분히 클(작을) 때, 콜에 대한 구동 함수가 음(양)이라는 것을 알 수 있다. 따라서 그림 6.10에서 주가가 높을 때 콜을 매도하는 것이 최적이고 최적 청산 경계는 페널티 계수가 증가함에 따라 더 낮아지는 것을 알 수 있다. 미달 페널티와 대조적으로, 2차 페널티하에서 투자자는 이제 주가가 높을 때 더 높은 페널티에 직면한다. 결과적으로 매도 영역은 그림 6.2(b)의 미달 경우에 하단에 있는 것과 대조적으로 이제 지연 영역의 위에 있다.

풋 옵션의 경우 (6.30)으로부터 다음을 관찰한다.

$$\lim_{s \to 0} r - \mu - \alpha\sigma^2 s\Phi(-d_1) = \lim_{s \to \infty} r - \mu - \alpha\sigma^2 s\Phi(-d_1) = r - \mu$$

결과적으로 $\mu < r$이고 주가가 충분히 높거나 낮을 때 구동 함수는 양이고 포지션을 보유하는 것이 최적이다. 대조적으로 s가 증가함에 따라 미달 금액이 $\psi(m) > 0$에 수렴한다 ((6.15) 참조). 이는 주가가 높을 때 매도하는 것이 최적이라는 것을 의미한다(그림 6.10(오른쪽)). 예상한 대로 중간에 매도 영역에 의해 분리된 낮고 높은 지연 영역이 있다. 또한 페널티 계수가 증가함에 따라 매도 영역이 확장됨을 알 수 있다.

지수 OU 모델에서 콜과 풋을 매도하기 위한 구동 함수는 각각 다음과 같다.

$$\tilde{G}^{\alpha}_{Call}(t,s) = s\Phi(d_1)\big(\theta - r - \beta\log s - \alpha\sigma^2 s\Phi(d_1)\big),$$

$$\tilde{G}^{\alpha}_{Put}(t,s) = s\Phi(-d_1)\bigg(r - \theta + \beta\log s - \alpha\sigma^2 s\Phi(-d_1)\bigg)$$

그림 6.11에서 콜(패널(b))과 풋(패널(a))에 대한 최적 청산 프리미엄 $\tilde{L}^\alpha(t, s)$를 시각화할 수 있다. 콜의 경우 지연 영역은 $\tilde{L}^\alpha > 0$인 영역에 해당하며, 유계다. S가 충분히 높으면 $\tilde{L}^\alpha$는 소멸되며 매도하는 것이 최적이다. 이는 충분히 작은 s에 대해 $\lim_{s \to \infty} \tilde{G}^\alpha_{Call}(t, s)$ $= -\infty$이고 $\tilde{G}^\alpha_{Call}$이 양이므로 직관적이다.

대조적으로, 모든 $\alpha \geq 0$에 대해 $s < \exp\left(\frac{\theta - r}{\beta}\right)$일 때, 풋에 대한 구동 함수 $\tilde{G}^\alpha_{Put}(t, s)$는 음이다. 따라서 그림 6.11에서 알 수 있듯이 작은 s에 대해서 최적 청산 프리미엄이 소멸될 것으로 예상되므로 투자자는 풋 가격이 높을 때 매도할 것이다. 미달 페널티가 있는 그림 6.7과 비교하면 기초 주식의 가격이 매우 높을 때 투자자는 매도하지 않는다. 이는 구동 함수 $\tilde{G}^\alpha_{Put}(t, s)$가 큰 s에서도 양(+)으로 유지되기 때문이다((6.9)를 상기하라). 시간이 만기에 가까워질수록 지연 청산 프리미엄은 가치 0의 최종 조건으로 감소한다.

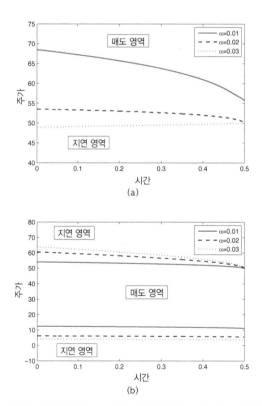

그림 6.10 상이한 값의 α에 대한 GBM 모델하의 콜 옵션의 청산 경계(패널 (a))와 풋 옵션의 청산 경계(패널 (b)). 파라미터는 콜에 대해 $T = 0.5$, $r = 0.03$, $K = 50$, $\mu = 0.080$이고, 풋에 대해서는 $\mu = 0.02$다.

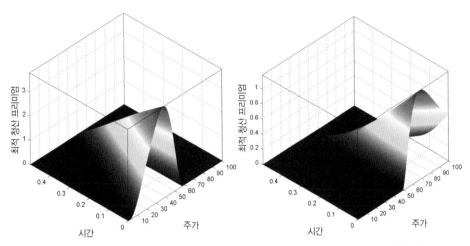

그림 6.11 지수 OU 동학에서의 콜 옵션의 최적 청산 프리미엄(왼쪽)과 풋 옵션의 최적 청산 프리미엄(오른쪽). $T = 0.5$, $r = 0.03$, $\sigma = 0.3$, $K = 50$, $\alpha = 01$, $\beta = 4$ 그리고 $\theta = \log(60)$을 취한다.

6.4 결론

요약하면 6장에서 경로 의존적 페널티하에서 옵션 포지션의 최적 청산을 위한 유연한 수학적 모델을 제공했다. 우리는 최적 타이밍이 자명한 상황을 식별하고, 변분부등식을 통해 비자명한 청산 전략에 대해서 풀었다. 페널티 유형뿐만 아니라 페널티 계수는 매우 상이한 청산 타이밍을 산출한다. 우리가 발견한 것은 투기적 투자 또는 위험 관리 목적으로 옵션을 사용하는 개인 및 기관 투자자에게 모두 유용하다.

향후 연구를 위해서는 옵션을 순차적으로 매수하고 매도하는 문제에 우리의 모델을 적용하는 것이 자연스럽다. 더욱이 주식 옵션 이외의 파생상품에 그 방법론을 적용하는 것을 고려할 수 있다. 예를 들어 가격 척도는 불일치하지만 위험 페널티가 없는 신용 파생상품의 청산은 7장에서 논의한다. 불완전한 시장하에서 옵션 청산을 연구하는 일은 수학적으로 흥미롭고 도전적일 것이다. 반면 우리의 모델은 유동성 비용과 가격 충격이 있는 시장으로 확장될 수 있다(예: Almgren(2003); Lorenz와 Almgren(2011); Schied와 Schöneborn(2009)). 마지막으로 경로 의존적 위험 페널티를 동적 포트폴리오 최적화 문제에 통합해 투자 기간 동안 성과에 대한 역효과를 설명할 수 있을 것이다.

6.5 비동차 변분부등식에 대한 강한 해

이 절에서는 Bensoussan과 Lions(1978)의 용어와 절차를 따르고 GBM과 지수 OU 모델에 적용되는 조건하에서 변분부등식 (7.19)에 대한 강한 해의 존재와 유일성을 확립한다.

6.5.1 예비 지식

$X_t = \log(S_t)$로 설정해 가격을 로그 스케일로 표현한다. 그러면 식 (6.1)은 어떤 함수 $\kappa(t, x)$과 $\eta(t, x)$에 대해 다음과 같이 된다.

$$dX_t = \eta(t, X_t)dt + \kappa(t, X_t)dW_t$$

다음 연산자 $\mathcal{A}$를 다음과 같이 정의한다.

$$\mathcal{A}[\cdot] = -\frac{\kappa^2(t,x)}{2}\frac{\partial^2 \cdot}{\partial x^2} - \eta(t,x)\frac{\partial \cdot}{\partial x} + r \cdot$$
$$= -\frac{\partial \cdot}{\partial x}\left(a_2(t,x)\frac{\partial \cdot}{\partial x}\right) + a_1(t,x)\frac{\partial \cdot}{\partial x} + r \cdot$$

여기서

$$a_1(t,x) = \frac{1}{2}\frac{\partial}{\partial x}\kappa^2(t,x) - \eta(t,x), \qquad a_2(t,x) = \frac{\kappa^2(t,x)}{2}$$

이다. 로그 가격의 관점에서 구동 함수를 $g(t, x) = G^\alpha(t, e^x)$로 표현하고 최적 청산 프리미엄을 $u(t, x) = L(t, e^x)$으로 표현한다. 전체적으로 우리는 정의역을 $\mathcal{D} = [0, T] \times \mathbb{R}$으로 표기한다. VI(7.19)를 푸는 것은 다음의 VI 문제를 푸는 것과 동등하다.

$$\begin{cases} -\frac{\partial u}{\partial t} + \mathcal{A}[u] - g(t,x) \geq 0, \ u(t,x) \geq 0, \quad (t,x) \in \mathcal{D}, \\ \left(-\frac{\partial u}{\partial t} + \mathcal{A}[u] - g(t,x)\right) u = 0, \quad (t,x) \in \mathcal{D}, \\ u(T,x) = 0, \quad x \in \mathbb{R} \end{cases} \tag{6.31}$$

우리는 적절한 소볼레프 공간$^{\text{Sobolev space3}}$에서 (6.31)에 대한 적절한 클래스의 해를 기술하고 그러한 해가 존재하고 유일하다는 것을 증명한다. 우선 $\lambda(x) = \exp(-n|x|)$, $n \in \mathbb{N}$에 대해서 다음을 정의한다.

$$\mathcal{L}_\lambda^2(\mathbb{R}) = \{v \mid \sqrt{\lambda}v \in L^2(\mathbb{R})\},$$
$$\mathcal{H}_\lambda^1(\mathbb{R}) = \{v \in L_\lambda^2(\mathbb{R}) \mid \frac{\partial v}{\partial x} \in L_\lambda^2(\mathbb{R})\},$$
$$\mathcal{H}_{0,\lambda}^1(\mathbb{R}) = \{v \in H_\lambda^1(\mathbb{R}) \mid \lim_{|x| \to \infty} v(x) = 0\}$$

이는 다음의 내적$^{\text{inner product}}$이 부여될 때 힐버트 공간$^{\text{Hilbert space}}$이다.

$$(f,g)_{L^2} = \int_\mathbb{R} \lambda fg\, dx, \quad f,g \in L_\lambda^2(\mathbb{R}),$$
$$(f,g)_{H^1} = \int_\mathbb{R} \lambda fg\, dx + \int_\mathbb{R} \lambda \frac{\partial f}{\partial x} \frac{\partial g}{\partial x} dx, \quad f,g \in H_\lambda^1(\mathbb{R})$$

컴팩트 서포트를 가진 함수 집합 $w \in \mathcal{H}_\lambda^1(\mathbb{R})$을 $\mathcal{H}_{c,\lambda}^1(\mathbb{R})$로 표기한다. $u \in \mathcal{H}_{0,\lambda}^1(\mathbb{R})$, $w \in \mathcal{H}_{0,\lambda}^1(\mathbb{R})$에 대해서 다음 연산자를 정의한다.

$$\mathcal{I}_\lambda(t,u,w) = \int_\mathbb{R} a_2(t,x) \left(\lambda \frac{\partial u}{\partial x} \frac{\partial w}{\partial x} + w \frac{\partial u}{\partial x} \frac{\partial \lambda}{\partial x}\right) dx$$
$$+ \int_\mathbb{R} a_1(t,x) \lambda \frac{\partial u}{\partial x} w\, dx + r \int_\mathbb{R} \lambda uw\, dx$$

일반성을 잃지 않고, $\mathcal{I}_\lambda$가 $\mathcal{H}_{0,\lambda}^1(\mathbb{R})$에서 강제성을 가진다^{coercive}고 가정할 수 있다. 즉,

---

3 소볼레프 공간과 힐버트 공간은 모두 함수의 집합이라는 관계가 있다. 소볼레프 공간은 함수의 연속성, 적분 가능성, 미분 가능성 등을 만족하는 함수의 집합이다. 힐버트 공간은 함수의 내적과 거리를 정의할 수 있는 함수의 집합이다. 소볼레프 공간은 힐버트 공간의 한 종류다. 모든 소볼레프 공간은 힐버트 공간이지만, 모든 힐버트 공간이 소볼레프 공간은 아니다. 소볼레프 공간과 힐버트 공간은 모두 미적분학, 해석학, 수치해석학 등 다양한 분야에서 사용된다. – 옮긴이

$$\mathcal{I}_\lambda(t, w, w) \geq \alpha \|w\|_{H^1} \quad \forall w \in \mathcal{H}^1_{c,\lambda}(\mathbb{R}), \, \alpha > 0$$

이다. 부분적분을 하면 전체 공간에서 $\mathcal{H}^1_{0,\lambda}(\mathbb{R})$에서 $\mathcal{I}_\lambda$를 쌍직선 형태로 확장할 수 있다. 특히 다음과 같이 설정할 수 있다.

$$\mathcal{I}_\lambda(t, u, v) = \int_\mathbb{R} \left[a_2(t, x)\lambda \frac{\partial u}{\partial x} \frac{\partial v}{\partial x} + a_2(t, x) \frac{\partial \lambda}{\partial x} \frac{\partial u}{\partial x} v \right] dx$$
$$+ \int_\mathbb{R} \left(r - \frac{1}{2} \frac{\partial a_1}{\partial x} - \frac{1}{2\lambda} a_1 \frac{\partial \lambda}{\partial x} \right) \lambda u v dx$$

여기서 $u, v \in \mathcal{H}^1_{0,\lambda}(\mathbb{R})$이다.

Evans(1998)의 5.9.2절과 Bensoussan과 Lions(1978)의 2.6절을 따라, 모든 강하게 측정 가능한 함수 $\chi : [0, T] \to X$으로 구성된 공간 $\mathcal{L}^p(0, T; X)$을 정의한다. 여기서

$$\|\chi\|_{\mathcal{L}^p(0,T;X)} = \left(\int_0^T \|\chi(t)\|^p_X \, dt \right)^{1/p}, \quad 1 \leq p < \infty$$

이며, $p = \infty$에 대해서

$$\|\chi\|_{\mathcal{L}^\infty(0,T;X)} = \operatorname*{ess\,sup}_{0 \leq t \leq T} \|\chi(t)\|_X$$

이다. $\chi \in \mathcal{L}^1(0, T; X)$에 대해서, 만약 다음이 성립하면 $\nu \in \mathcal{L}^1(0, T; X)$는 x의 약한 미분이라 말하며, $\nu = \frac{\partial \chi}{\partial t}$로 표기한다.

$$\int_0^T \frac{\partial w}{\partial t} \chi(t) dt = - \int_0^T w(t) \nu(t) dt, \quad \forall w \in C_c^\infty([0, T])$$

소볼레프 공간 $\mathcal{H}^1(0, T; X)$은 약한 미분이 존재하고 $\mathcal{L}^2(0, T; X)$에 속하는 모든 함수 $\chi \in \mathcal{L}^2(0, T; X)$로 구성된다. 더 나아가, 다음같이 설정한다.

$$\|\chi\|_{\mathcal{H}^1(0,T;X)} = \left(\int_0^T \|\chi(t)\|^2_X + \|\frac{\partial}{\partial t}\chi(t)\|^2_X \, dt \right)^{1/2} \tag{6.32}$$

이는 $\mathcal{H}^1(0, T; X)$를 힐버트 공간으로 만든다(Evans(1998)의 5.9.2절을 참조하라).

6.5.2 주요 결과

정의 6.12 함수 $u : \mathcal{D} \to \mathbb{R}$는 만약 $\forall\ v \in \mathcal{H}^1_\lambda(\mathbb{R})$, $v \geq 0$ 거의 모든 곳에서(a.e.)에 대해서 다음이 성립하면, 문제 (6.31)의 강한 해$^{\text{strong solution}}$이다.

$$\begin{cases} u \in \mathcal{L}^2(0, T; \mathcal{H}^1_{0,\lambda}(\mathbb{R})),\ \frac{\partial u}{\partial t} \in \mathcal{L}^2(0, T; \mathcal{L}^2_\lambda(\mathbb{R})), \\ -\left(\frac{\partial u}{\partial t}, v - u\right) - \mathcal{I}_\lambda(t; u, v - u) \leq (g, v - u), \\ u \geq 0 \text{ a.e. in } \mathcal{D}, \\ u(T, x) = 0,\ x \in \mathbb{R} \end{cases} \tag{6.33}$$

a_2, a_1, g에 대해서 다음 조건을 부여할 것이다.

가정 A a_2, $\frac{\partial a_2}{\partial t}$와 $\frac{\partial a_1}{\partial x} \in \mathcal{L}^\infty(\mathcal{D})$, a_1와 $\frac{\partial a_1}{\partial t} \in C^0(\overline{\mathcal{D}})$, $g \in \mathcal{H}^1(0, T; \mathcal{L}^2_\lambda(\mathbb{R}))$

정리 6.13 가정 A하에서, (6.33)의 변분부등식은 유일한 강한 해를 가진다.

증명 가정 A는 Bensoussan과 Lions(1978)의 가정 (2.223), (2.224), (2.238), (2.239), (2.240)과 동일하고, 또한 힐버트 공간의 우리의 정의에서 어떤 임의의 고정된 $n > 0$에 대해 $\lambda(x) = e^{-n|x|}$를 사용하는 그들의 비고 2.24를 따른다. 그러면 그들의 정리 2.2를 적용할 수 있고, 우리의 명제가 따른다. □

우리의 주요 목적은 가정 A가 우리의 적용에 대해 만족하고, 이에 따라 정리 6.13이 적용돼 VI(7.19)에 대한 유일한 강한 해의 존재를 보장함을 증명하는 것이다. 이를 보기 위해 우선 GBM과 지수 OU 모델하에서 로그 가격 $X_t = \log(S_t)$에 연관된 연산자를 표현하는 것이다. 즉,

$$\mathcal{A}[v] = \frac{\sigma^2}{2}\frac{\partial^2 v}{\partial x^2} + \mu\frac{\partial v}{\partial x}, \qquad \mathcal{A}[v] = \frac{\sigma^2}{2}\frac{\partial^2 v}{\partial x^2} + (\hat{\theta} - \beta x)\frac{\partial v}{\partial x}$$

따라서 두 경우 모두에 대해서 $a_2 = \sigma^2/2$는 상수이고, a_1은 x의 어파인 함수다. 이에 따라 이들 계수는 가정 A의 요구를 만족한다.

구동 함수 $g(t, x) = G(t, e^x) \in \mathcal{H}^1(0, T; \mathcal{L}^2_\lambda(\mathbb{R}))$임을 증명하는 것이 남았다. (6.32)의 관점에서, 다음 적분 값들이 유한한 $n > 0$이 존재함을 보이기를 원한다.

$$\int_0^T \|g(t,x)\|^2_{\mathcal{L}^2_\lambda(\mathbb{R})} dt = \int_0^T \int_{\mathbb{R}} \left(g(t,x) e^{-\frac{n}{2}|x|} \right)^2 dx\, dt, \ \text{그리고}$$

$$\int_0^T \|\frac{\partial g}{\partial t}(t,x)\|^2_{\mathcal{L}^2_\lambda(\mathbb{R})} dt = \int_0^T \int_{\mathbb{R}} \left(\frac{\partial g}{\partial t}(t,x) e^{-\frac{n}{2}|x|} \right)^2 dx\, dt$$

여기서

$$g(t,x) = (r - \mu(t, e^x))e^x V_s(t, e^x) - \alpha\psi((m - V(t, e^x))^+),$$

$$\frac{\partial g}{\partial t}(t,x) = (r - \mu(t, e^x))e^x V_{ts}(t, e^x)$$
$$+ \alpha\psi'((m - V(t, e^x))^+)V_t(t, e^x)\mathbf{1}_{\{m > V(t, e^x)\}}$$

여기서 V의 아래첨자는 t와 s의 편미분을 나타낸다. GBM하에서 추세 함수 $\mu(t, e^x) = \mu$와 지수 OU 모델하에서 $\mu(t, e^x) = \beta(\theta - x)$를 상기하라. 두 경우 모두 추세는 t에 의존하지 않으므로 $\mu(e^x)$로 표기한다. 또한 ψ과 ψ'은 증가하고 $\psi'(\ell)$는 어떠한 유한 ℓ에 대해서도 유계임을 주목한다. 콜과 풋 옵션 모두에 대해, $|V_s(t, e^x)| \le 1$, $|V_t(t, e^x)| \le h_1 e^x + q_1$, $|V_{st}(t, e^x)| \le h_2 e^x + q_2$인 양의 상수 h_1, q_1, h_2, q_2가 존재한다. 합쳐서 이들은 두 모델 모두에 대해 다음의 시간 독립적 한계가 존재함을 의미한다.

$$|g(t,x)| \le |r - \mu(e^x)|e^x + \alpha\psi(m) = o(e^{2|x|}),$$
$$|\frac{\partial g}{\partial t}(t,x)| \le |r - \mu(e^x)|(h_1 e^x + q_1)e^x + \alpha\psi'(m)(h_2 e^x + q_2) = o(e^{2|x|})$$

이는 $n > 4$를 선택하면 다음을 얻음을 의미한다.

$$\int_0^T \|g(t,x)\|^2_{\mathcal{L}^2_\lambda(\mathbb{R})} dt \le \int_0^T \left\| r - \mu(e^x)|e^x + \alpha\psi(m) \right\|^2_{\mathcal{L}^2_\lambda(\mathbb{R})} dt < \infty,$$

$$\int_0^T \|\frac{\partial g}{\partial t}(t,x)\|^2_{\mathcal{L}^2_\lambda(\mathbb{R})} dt$$

$$\le \int_0^T \left\| |r - \mu(e^x)|(h_1 e^x + q_1)e^x + \alpha\psi'(m)(h_2 e^x + q_2) \right\|^2_{\mathcal{L}^2_\lambda(\mathbb{R})} dt < \infty$$

따라서 GBM과 지수 OU 모델하에서 풋과 콜 모두에 대해서 $g \in \mathcal{H}^1(0, T; \mathcal{L}^2_\lambda(\mathbb{R}))$가 성립한다고 결론 낼 수 있으며, 가정 A가 만족된다.

마지막 언급으로 Bensoussan과 Lions(1978)의 3.4절 역시 VI(6.31)의 강한 해 $u(t,x)$의 확률적 표현을 제공하며, 이는 다음으로 주어진다.

$$u(t,x) = \sup_{\tau \in \mathcal{T}_{t,T}} \mathbb{E}_{t,x} \left\{ \int_t^\tau e^{-r(u-t)} g(u, X_u)\, du \right\} \tag{6.34}$$

여기서 $dX_u = \eta(u, X_u)du + \kappa(u, X_u)dW_u$이며, $X_t = x$이다. 정의 $L(t, e^x) = u(t, x)$에 의해, (6.34)의 최적 정지 문제는 (6.7)의 최적 청산 프리미엄에 대한 문제와 유사하다.

07

신용파생상품 트레이딩

신용파생상품 거래에서 한 가지 중요한 질문은 시장이 신용 위험을 부담하는 투자자들에게 어떻게 보상하는가다. 많은 관련 연구가 회사채, 신용부도스왑, 멀티 네임 신용파생상품의 시장 가격에서 추론된 부도 위험 프리미엄의 구조를 분석적이고 경험적으로 검토했다.[1] 주요 위험 프리미엄 성분은 부도 위험의 변동을 설명하는 시가 평가mark-to-makret 위험 프리미엄이다. 또한 부도 이벤트default event의 불확실한 타이밍을 보상하는 이벤트 위험 프리미엄(또는 부도로의 점프 위험 프리미엄jump-to-default risk premium)이 있다.

모든 위험을 완벽하게 헤지해서 없앨 수 없을 때, 시장은 불완전하다. 이러한 시장에서는 차익 거래가 없는 가격을 산출하는 상이한 위험 중립적 척도가 많이 존재한다. 표준 무차익 거래 가격 이론에서, 위험 프리미엄 사양은 본질적으로 위험 중립 가격 척도의 선택과 관련이 있다. 일반적인 바이 사이드 투자자(예: 헤지펀드 매니저 또는 프랍 트레이더)는 시장에서 잘못된 가격의 계약을 찾음으로써 거래 기회를 식별할 것이다. 이는 신용 위험 진화와 필요한 위험 프리미엄에 대한 투자자의 견해를 반영하는 가격 결정 척도가 선택됨을 의미한다. 따라서 투자자의 가격 결정 척도는 시장 가격에 의해 표현되는 것과 다를 수 있다.

---

1 Azizpour et al.(2011); Berndt et al.(2005); Driessen(2005); Jarrow et al.(2005)과 그 안의 참고 자료를 참조하라.

신용에 민감한 포지션을 가진 투자자에게도 가격 불일치는 중요한데, 이들은 청산을 통해 위험 노출을 통제할 필요가 있다. 투자자들은 현재 시장 가격으로 매도하거나 이후의 기회를 기다릴 수 있는 옵션이 있기 때문에 핵심 문제는 청산 타이밍이다. 우리가 연구할 것처럼 최적의 전략은 파생상품의 수익뿐만 아니라 위험의 원천, 위험 프리미엄에 달려 있다.

7장은 두 가지 측면에서 최적의 청산 문제를 해결하기 위한 새로운 접근법을 제안한다. 첫째, 강도 기반intensity-based 신용 위험 모델에서 시장과 투자자 사이의 가격 불일치에 대한 수학적 프레임워크를 제공한다. 둘째, 가격 불일치하에서 신용파생상품의 청산에 상응하는 최적 정지 문제를 분석한다.

즉각적인 청산이 아닌 최적 매도 타이밍의 이점을 측정하기 위해 지연된 청산 프리미엄 delayed liquidation premium의 개념을 사용한다. 지연된 청산 프리미엄은 최적 정지 문제를 분석하는 데 매우 유용한 도구인 것으로 나타났다. 직관은 지연된 청산 프리미엄이 양인 만큼 투자자는 기다려야 한다는 것이다. 게다가 지연된 청산 타이밍에 대한 위험 프리미엄의 역할을 나타낸다. 마르코프 신용 위험 모델Markovian credit risk model에서 최적 타이밍은 변분부등식에서 도출한 청산 경계로 특징지어진다. 수치 예를 위해 부도 강도와 이자율이 평균 회귀하는 예를 제공한다.

7장의 나머지 부분은 다음과 같이 구성된다. 7.1절에서는 가격 불일치에 대한 수학적 모델을 제시하고 일반적인 강도 기반 신용 위험 모델하에서 최적 청산 문제를 공식화한다. 7.2절에서는 마르코프 시장 내의 문제를 연구하고 일반적인 부도 위험 청구권에 대한 최적 청산 전략을 특성화한다. 7.3절에서는 싱글 네임 신용파생상품(예: 부도 위험 채권 및 신용부도스왑)에 대한 투자자의 청산 타이밍에 대한 가격 결정 척도가 미치는 영향을 조사한다. 7.4절에서는 신용부도지수스왑의 최적 청산에 대해 논의한다. 7.5절에서는 부도 위험 청구권에 대한 최적 매매 전략을 검토한다.

7.1 문제 공식화

이 절은 강도 기반 신용 위험 모델에 따라 가격 불일치와 신용파생상품의 최적 청산의 수학적 공식화를 제공한다. 확률 공간 $(\Omega, \mathcal{G}, \mathbb{P})$을 고정하고, 여기서 $\mathbb{P}$는 역사적 척도이며, T는 문제의 파생상품의 만기로 표기한다. 확률적 무위험 금리 과정 $(r_t)_{0 \leq t \leq T}$이 존재한다. 부도의 발생은 이중 확률적 포아송 프로세스^{doubly-stochastic Poisson process}의 첫 번째 점으로 설명된다. 정확히 부도 강도 프로세스 $(\hat{\lambda}_t)_{0 \leq t \leq T}$를 가정하면, 부도 시간 τ_d를 다음과 같이 정의할 수 있다.

$$\tau_d = \inf\{t \geq 0 : \int_0^t \hat{\lambda}_s ds > E\} \quad \text{여기서 } E \sim Exp\,(1)\text{와 } E \perp \hat{\lambda}, r \text{이다}$$

관련된 부도 카운팅 프로세스는 $N_t = \mathbf{1}_{\{t \geq \tau_d\}}$이다. 여과 $\mathbb{F} = (\mathcal{F}_t)_{0 \leq t \leq T}$는 r과 $\hat{\lambda}$에 의해 생성된다. 완전 여과 $\mathbb{G} = (\mathcal{G}_t)_{0 \leq t \leq T}$는 $\mathcal{G}_t = \mathcal{F}_t \vee \mathcal{F}_t^N$에 의해 정의된다. 여기서 $(\mathcal{F}_t^N)_{0 \leq t \leq T}$는 N에 의해 정의된다.

7.1.1 가격 불일치

표준 무차익 거래 가격 이론에 따르면 $(P_t)_{0 \leq t \leq T}$로 표시되는 부도 위험 청구권의 시장 가격은 시장 위험 중립적(또는 동등한 마팅게일) 가격 척도 $\mathbb{Q} \sim \mathbb{P}$에 따라 할인된 수익에 대한 조건부 기댓값으로부터 계산된다. 많은 모수적 신용 위험 모델에서 시장 가격 척도 $\mathbb{Q}$는 부도 프리미엄을 통한 역사적 척도 $\mathbb{P}$와 관련이 있다(7.2.1절 참조). 전체적으로 모든 투자자가 공유하는 단일 역사적 척도 $\mathbb{P}$를 가정하지만, 투자자들은 다양한 위험 원천에 대한 위험 프리미엄에 대한 견해가 다르다. 또한 모든 $\mathbb{F}$-로컬 마팅게일이 $\mathbb{Q}$하에 성립하는 $\mathbb{G}$-로컬 마팅게일이라는 표준 가설(H)을 채택한다(Bielecki와 Rutkowski(2002)의 8장 참조).

우리는 4중(T, A, R, τ_d)으로 일반적인 부도 위험 청구권을 설명할 수 있는데, 여기서 $Y \in \mathcal{F}_T$는 T에서 부도 위험 청구권이 T에 살아남을 때 최종 수익이며, $(A_t)_{0 \leq t \leq T}$는 만기 또는 부도 시점까지 약속된 배당을 나타내는 $A_0 = 0$인 유한 변동의 $\mathbb{F}$-적응 연속

F-adaptive continuous 과정이다. $(R_t)_{0 \le t \le T}$는 $\mathbb{F}$-예측 가능한 F-predictable 과정이며, 부도 시 지급되는 회수 수익을 나타낸다. 비슷한 표기법이 Bielecki et al.(2008)에서 사용된다. 여기서 다음 적분 가능 조건이 가정된다.

$$\mathbb{E}^{\mathbb{Q}}\{|e^{-\int_0^T r_v dv} Y|\} < \infty, \quad \mathbb{E}^{\mathbb{Q}}\{|\int_{(0,T]} e^{-\int_0^u r_v dv}(1 - N_u)dA_u|\} < \infty$$

과

$$\mathbb{E}^{\mathbb{Q}}\{|e^{-\int_0^{\tau_d \wedge T} r_v dv} R_{\tau_d \wedge T}|\} < \infty$$

부도 위험 청구권 (T, A, R, τ_d)에 대해서 관련 현금 흐름 프로세스 $(D_t)_{0 \le t \le T}$는 다음에 의해 정의된다.

$$D_t := Y\mathbf{1}_{\{\tau_d > T\}}\mathbf{1}_{\{t \ge T\}} + \int_{(0, t \wedge T]}(1 - N_u)dA_u + \int_{(0, t \wedge T]} R_u dN_u \tag{7.1}$$

그러면 (누적) 시장 가격 프로세스 $(P_t)_{0 \le t \le T}$는 시장 가격 척도 $\mathbb{Q}$하의 조건부 기댓값에 의해 주어진다.

$$P_t := \mathbb{E}^{\mathbb{Q}}\{\int_{(0,T]} e^{-\int_t^u r_v dv} dD_u | \mathcal{G}_t\}$$

하나의 간단한 예는 제로 쿠폰 제로 회수 부도 위험 채권 $(1, 0, 0, \tau_d)$이다. 여기서 시장 가격은 단순히 $P_t = \mathbb{E}^{\mathbb{Q}}\{e^{-\int_t^T r_v dv}\mathbf{1}_{\{\tau_d > T\}} | \mathcal{G}_t\}$이다.

완벽한 복제가 불가능할 때 시장은 불완전하며 동일한 부도 위험 청구권에 대해 상이한 무차익 거래 가격을 제공하는 상이한 위험 중립적인 가격 척도가 존재한다. 수학적으로, 이는 상이한 위험 중립적인 가격 척도를 할당한 것, 즉 $\tilde{\mathbb{Q}} \sim \mathbb{Q} \sim \mathbb{P}$와 같다. 투자자의 준거 가격 프로세스 $(\tilde{P}_t)_{0 \le t \le T}$는 투자자의 위험 중립적 가격 척도 $\tilde{\mathbb{Q}}$에 따른 조건부 기댓값으로 주어진다.

$$\tilde{P}_t := \mathbb{E}^{\tilde{\mathbb{Q}}}\Big\{ \int_{(0,T]} e^{-\int_t^u r_v dv} dD_u \,|\, \mathcal{G}_t \Big\}$$

이의 할인 가격 프로세스 $(e^{-\int_0^t r_v dv}\tilde{P}_t)_{0 \le t \le T}$는 $(\tilde{\mathbb{Q}}, \mathbb{G})$-마팅게일이다. 우리는 표준 가설(H)이 $\tilde{\mathbb{Q}}$하에서도 성립한다고 가정한다.

7.1.2 지연된 청산 프리미엄

부도 위험 청구권 보유자는 현재 시장 가격으로 자신의 포지션을 팔 수 있다. 만약 그가 시장 가격에 완전히 동의한다면, 그는 언제든지 매도해도 상관이 없을(무차별할) 것이다. 그러나 가격 불일치에 따라 최적 청산 문제에 타이밍 옵션이 내재돼 있다. 정확하게 투자자의 가격과 시장 가격 사이의 예상 스프레드를 최대화하기 위해, 보유자는 다음의 최적 정지 문제를 푼다.

$$J_t := \operatorname*{ess\,sup}_{\tau \in \mathcal{T}_{t,T}} \mathbb{E}^{\tilde{\mathbb{Q}}}\Big\{ e^{-\int_t^\tau r_v dv}(P_\tau - \tilde{P}_\tau)\,|\, \mathcal{G}_t \Big\}, \quad 0 \le t \le T \tag{7.2}$$

여기서 $\mathcal{T}_{t,T}$는 $[t, T]$ 내의 값을 취하는 $\mathbb{G}$-정지 시간 집합이다. 반복 조건화repeated conditioning 를 사용하면 (7.2)를 다음으로 분해한다.

$$J_t = V_t - \tilde{P}_t$$

여기서

$$V_t := \operatorname*{ess\,sup}_{\tau \in \mathcal{T}_{t,T}} \mathbb{E}^{\tilde{\mathbb{Q}}}\Big\{ e^{-\int_t^\tau r_v dv} P_\tau \,|\, \mathcal{G}_t \Big\} \tag{7.3}$$

이다. 따라서 (7.2)의 가격 스프레드를 최대화하는 것은 (7.3)의 투자자의 척도 $\tilde{\mathbb{Q}}$하에서 기대 할인 미래 시장 가치 P_τ를 최대화하는 것과 같다.

위험 중립 가격 결정 척도 $\tilde{\mathbb{Q}}$의 선택은 투자자의 헤징 기준 또는 위험 선호도에 기초할 수 있다. 예를 들어 2차 기준에서의 동적 헤징은 Föllmer와 Schweizer(1990)가 개발한 잘 알려진 최소 마팅게일 척도Minimal Martingale Measure하의 가격 결정에 해당한다. 반면 상이한 위험 중립적 가격 결정 척도는 한계 효용 무차별 가격 결정에서도 발생할 수 있다. 지수 및 거듭제곱 효용의 경우, 이 가격 결정 메커니즘은 투자자가 최소 엔트로피 마팅게일 척도^{MEMM, Minimal Entropy Martingale Measure}(Leung과 Ludkovski(2012))와 q-최적 마팅게일 척도(Henderson et al.(2005))를 선택하도록 이끌 것이다.

보조정리 7.1 $0 \leq t \leq T$에 대해서 $V_t \geq P_t \vee \tilde{P}_t$이다. 또한 부도 시에 $V_{\tau_d} \geq P_{t_d} \vee \tilde{P}_{t_d}$이다.

증명 $\tau = t$와 $\tau = T$이 후보 청산 시간이므로, (7.3)으로부터 $V_t \geq P_t \vee \tilde{P}_t$를 결론 낸다. 또한 (7.1)로부터 $t \geq \tau_d \wedge T$에 대해 $P_t = \int_{(0, \tau_d]} e^{-\int_t^u r_v dv} dD_u = \tilde{P}_t$임을 알 수 있다. 이는 다음을 의미한다.

$$
\begin{aligned}
V_{\tau_d} &= \operatorname*{ess\,sup}_{\tau \in \mathcal{T}_{\tau_d, T}} \mathbb{E}^{\tilde{\mathbb{Q}}} \{ e^{-\int_{\tau_d}^{\tau} r_v dv} P_\tau | \mathcal{G}_{\tau_d} \} \\
&= \operatorname*{ess\,sup}_{\tau \in \mathcal{T}_{\tau_d, T}} \mathbb{E}^{\tilde{\mathbb{Q}}} \{ e^{-\int_{\tau_d}^{\tau} r_v dv} \tilde{P}_\tau | \mathcal{G}_{\tau_d} \} = \tilde{P}_{\tau_d} = P_{\tau_d}
\end{aligned}
\tag{7.4}
$$

$\square$

마지막 방정식은 부도 이벤트가 관찰되거나 계약이 만기가 되면 가격 불일치가 사라짐을 의미한다. 이 또한 이후에 시장이 더 이상 유동적이지 않을 것이기 때문에 현실적이다.

만약 부도 위험 청구권이 항상 시장에서 과소평가된다면, 즉 $\forall t \leq T$에 대해서 $P_t \vee \tilde{P}_t$이면, 우리는 (7.2)로부터 $J_t = 0$을 추론한다. 가격 불일치는 만기가 되면 사라지기 때문에 즉, $P_T = \tilde{P}_T$이기 때문에 $\tau^* = T$에서 발생한다. 이는 다음을 의미한다.

$$
V_t = \mathbb{E}^{\tilde{\mathbb{Q}}} \{ e^{-\int_t^T r_v dv} P_T | \mathcal{G}_t \} = \mathbb{E}^{\tilde{\mathbb{Q}}} \{ e^{-\int_t^T r_v dv} \tilde{P}_T | \mathcal{G}_t \} = \tilde{P}_t
$$

이 경우, 만기 T 이전에 청산하는 이익이 없다.

(7.3)에 따르면, 최적의 청산 타이밍은 시장 가격 척도 $\mathbb{Q}$(시장 가격 P를 통해)뿐만 아니라 투자자의 가격 척도 $\tilde{\mathbb{Q}}$에도 직접적으로 의존한다. 특히 할인된 시장 가격 $(e^{-\int_0^t r_v dv} P_t)_{0 \leq t \leq T}$는 $(\mathbb{Q}, \mathbb{G})$-마팅게일이지만 일반적으로 $(\tilde{\mathbb{Q}}, \mathbb{G})$-마팅게일은 아니라는 것을 알 수 있다. 할인된 시장 가격이 $(\tilde{\mathbb{Q}}, \mathbb{G})$-슈퍼 마팅게일일 경우, 청구권을 즉시 매도하는 것이 최적이다.

만약 할인된 시장 가격이 $(\tilde{\mathbb{Q}}, \mathbb{G})$-서브마팅게일인 것으로 판명되면 만기 T까지 청산을 미루는 것이 최적이다. 이 두 가지 시나리오 외에도 최적 청산 전략은 비자명할 수 있다.

매도를 최적으로 기다리는 것의 가치를 계량화하기 위해 우리는 지연된 청산 프리미엄을 다음같이 정의한다.

$$L_t := V_t - P_t \geq 0 \tag{7.5}$$

종종 프리미엄 L의 관점에서 최적 청산 타이밍을 연구하는 것이 더 직관적이다. 실제로 표준 최적 정지 이론(Karatzas와 Shreve(1998), 부록 D)은 (7.3)에 대한 최적 정지 시간 τ^*가 프로세스 V가 보상 P에 도달하는 첫 번째 시간임을 시사한다. 즉,

$$\tau^* = \inf\{t \leq u \leq T : V_u = P_u\} = \inf\{t \leq u \leq T : L_u = 0\} \tag{7.6}$$

정의(7.5)에서 직접 도출되는 마지막 방정식은 지연된 청산 프리미엄이 소멸되는 즉시 투자자가 청산할 것임을 의미한다. 게다가 (7.4)와 (7.6)에서 $\tau^* = \tau_d$임을 알 수 있다.

7.2 마르코프 신용 모델하에서 최적 청산

우리는 일반적 클래스의 마르코프 신용 위험 모델하에서 최적 청산 문제를 분석하고자 한다. 다양한 가격 결정에 대한 설명은 최적 청산 전략의 특성화에 중요한 시장 위험 프리미엄과 이벤트 위험 프리미엄을 포함한다(정리 7.5 참조).

7.2.1 가격 결정 척도와 부도 위험 프리미엄

우리는 일부 양의 가측 함수measurable function $r(\cdot, \cdot)$과 $\hat{\lambda}(\cdot, \cdot)$에 대해 이자율 $r_t = r(t, X_t)$과 부도 강도default intensity $\hat{\lambda}_t = \hat{\lambda}(t, X_t)$를 구동하는 n차원 마르코프 상태 벡터 프로세스 X를 고려한다. X에 의해 생성된 여과filtration를 $\mathbb{F}$로 표기한다. 또한 적분 가능성 조건(7.1)을 만족시키는 어떤 가측 함수 $Y(\cdot)$, $r(\cdot, \cdot)$와 $R(\cdot, \cdot)$에 대해 $Y = Y(X_T)$, $A_t = \int_0^t q(u, X_u)du$와 $R_t = R(t, X_t)$을 가지는 부도 위험 청구권에 대해 마르코프 수익 구조 $(T, A, R,$

τ_d)를 가정한다.

역사적 척도 $\mathbb{P}$하에서, 상태 벡터 프로세스 $\mathbf{X}$는 다음의 SDE를 만족한다.

$$dX_t = a(t, X_t)dt + \Sigma(t, X_t)dW_t^{\mathbb{P}}$$

여기서 $\mathbf{W}^{\mathbb{P}}$는 m 차원 $\mathbb{P}$-브라운 운동이고, a는 결정론적 추세 함수이며, Σ은 $n \times m$ 결정론적 변동성 함수다.

다음, 시장 가격 결정 척도 $\mathbb{Q} \sim \mathbb{P}$를 고려한다. 이를 위해, 라돈-니코딤 밀도 프로세스 Radon-Nikodym density process $(Z_t^{\mathbb{Q},\mathbb{P}})_{0 \le t \le T}$를 다음으로 정의한다.

$$Z_t^{\mathbb{Q},\mathbb{P}} = \frac{d\mathbb{Q}}{d\mathbb{P}}\big|\mathcal{G}_t = \mathcal{E}\big(-\phi^{\mathbb{Q},\mathbb{P}} \cdot \mathbf{W}^{\mathbb{P}}\big)_t \, \mathcal{E}\big((\mu-1)M^{\mathbb{P}}\big)_t$$

여기서 돌레앙-데이드 지수함수 Doreans-Dade exponentials는 다음과 같이 정의한다.

$$\mathcal{E}\big(-\phi^{\mathbb{Q},\mathbb{P}} \cdot \mathbf{W}^{\mathbb{P}}\big)_t := \exp\bigg(-\frac{1}{2}\int_0^t \|\phi_u^{\mathbb{Q},\mathbb{P}}\|^2 du - \int_0^t \phi_u^{\mathbb{Q},\mathbb{P}} \cdot dW_u^{\mathbb{P}}\bigg) \qquad (7.7)$$

$$\mathcal{E}\big((\mu-1)M^{\mathbb{P}}\big)_t := \exp\bigg(\int_0^t \log(\mu_{u-})dN_u - \int_0^t (1-N_u)(\mu_u-1)\hat{\lambda}_u du\bigg) \qquad (7.8)$$

이며, $M_t^{\mathbb{P}} := N_t - \int_0^t (1-N_u)\hat{\lambda}_u du$는 N과 연관된 보상된 $(\mathbb{P}, \mathbb{G})$-마팅게일이다. 여기서 $(\phi_t^{\mathbb{Q},\mathbb{P}})_{0 \le t \le T}$와 $(\mu_t)_{0 \le t \le T}$는 적응된 프로세스이며, $\int_0^T \|\phi_t^{\mathbb{Q},\mathbb{P}}\| du < \infty$와 $\mu \ge 0$와 $\int_0^T \mu_u \hat{\lambda}_u du < \infty$를 만족한다(Schönbucher(2003)의 정리 4.8을 참조하라).

프로세스 $\phi^{\mathbb{Q},\mathbb{P}}$는 일반적으로 시장 위험 프리미엄이라고 하며, 이는 $\phi^{\mathbb{Q},\mathbb{P}}(t, \mathbf{X}_t)$ 형태의 마르코프 프로세스로 가정한다. 프로세스 μ는 이벤트 위험 프리미엄 event risk premium이라 부르며, 이는 불확실한 부도 타이밍으로부터의 보상을 포착한다. λ로 표기되는 $\mathbb{Q}$-부도 강도는 $\lambda_t = \mu_t \hat{\lambda}_t$를 통해 $\mathbb{P}$-강도에 관련된다. 또한 여기서 μ는 $\mu(t, \mathbf{X}_t) = \lambda(t, \mathbf{X}_t)/\hat{\lambda}(t, \mathbf{X}_t)$ 형태의 마르코프 프로세스로 가정한다.

다차원 거사노프 정리$^{\text{Girsanov Theorem}}$에 의해 $\mathbf{W}_t^{\mathbb{Q}} = \mathbf{W}_t^{\mathbb{P}} + \int_0^t \phi_u^{\mathbb{Q},\mathbb{P}} du$이 m-차원 $\mathbb{Q}$-브라운 운동이 성립하며, $M_t^{\mathbb{Q}} := N_t - \int_0^t (1 - N_u)\mu_u\hat{\lambda}_u du$은 $(\mathbb{Q}, \mathbb{G})$-마팅게일이다. 결과적으로 $\mathbf{X}$의 $(\mathbb{Q}, \mathbb{G})$-동학은 다음으로 주어진다.

$$d\mathbf{X}_t = b(t, \mathbf{X}_t)dt + \Sigma(t, \mathbf{X}_t)d\mathbf{W}_t^{\mathbb{Q}}$$

여기서 $b(t, \mathbf{X}_t) := a(t, \mathbf{X}_t) - \Sigma(t, \mathbf{X}_t)\phi^{\mathbb{Q},\mathbb{P}}(t, \mathbf{X}_t)$이다.

유사하게 투자자의 가격 결정 척도 $\tilde{\mathbb{Q}}$는 투자자의 마르코프 위험 프리미엄 함수 $\phi^{\tilde{\mathbb{Q}},\mathbb{P}}(t, \mathbf{x})$와 $\tilde{\mu}(t, \mathbf{x})$을 통해 역사적 척도 $\mathbb{P}$와 연관이 된다. 정확하게 척도 $\tilde{\mathbb{Q}}$는 밀도 프로세스 $Z_t^{\mathbb{Q},\mathbb{P}} = \mathcal{E}(-\phi^{\mathbb{Q},\mathbb{P}} \cdot \mathbf{W}^{\mathbb{P}})_t \mathcal{E}((\tilde{\mu} - 1)M^{\mathbb{P}})_t$에 의해 정의된다. 척도 변화$^{\text{change of measure}}$에 의해, $\tilde{\mathbb{Q}}$하의 $\mathbf{X}$의 추세는 $\tilde{b}(t, \mathbf{X}_t) := a(t, \mathbf{X}_t) - \Sigma(t, \mathbf{X}_t)\phi^{\tilde{\mathbb{Q}},\mathbb{P}}(t, \mathbf{X}_t)$로 수정된다.

그러면 EMM $\mathbb{Q}$와 $\tilde{\mathbb{Q}}$는 다음과 같이 라돈-니코딤 미분에 의해 연관된다.

$$Z_t^{\tilde{\mathbb{Q}},\mathbb{Q}} = \frac{d\tilde{\mathbb{Q}}}{d\mathbb{Q}}\Big|\mathcal{G}_t = \mathcal{E}\big(-\phi^{\tilde{\mathbb{Q}},\mathbb{Q}} \cdot \mathbf{W}^{\mathbb{Q}}\big)_t \mathcal{E}\big((\frac{\tilde{\mu}}{\mu} - 1)M^{\mathbb{Q}}\big)_t$$

여기서 돌레앙-데이드 지수함수는 다음과 같이 정의된다.

$$\mathcal{E}\big(-\phi^{\tilde{\mathbb{Q}},\mathbb{Q}} \cdot \mathbf{W}^{\mathbb{Q}}\big)_t := \exp\bigg(-\frac{1}{2}\int_0^t \|\phi_u^{\tilde{\mathbb{Q}},\mathbb{Q}}\|^2 du - \int_0^t \phi_u^{\tilde{\mathbb{Q}},\mathbb{Q}} \cdot d\mathbf{W}_u^{\mathbb{Q}}\bigg) \qquad (7.9)$$

$$\mathcal{E}\big((\frac{\tilde{\mu}}{\mu} - 1)M^{\mathbb{Q}}\big)_t := \exp\bigg(\int_0^t \log(\frac{\tilde{\mu}_{u-}}{\mu_{u-}})dN_u - \int_0^t (1 - N_u)(\frac{\tilde{\mu}_u}{\mu_u} - 1)\lambda_u du\bigg) \quad (7.10)$$

$\phi_t^{\tilde{\mathbb{Q}},\mathbb{Q}} = \phi_t^{\tilde{\mathbb{Q}},\mathbb{P}} - \phi_t^{\mathbb{Q},\mathbb{P}}$가 다음 분해에 의해 도출된다.

$$\begin{aligned}\phi_t^{\tilde{\mathbb{Q}},\mathbb{Q}}dt &= d\mathbf{W}_t^{\tilde{\mathbb{Q}}} - d\mathbf{W}_t^{\mathbb{Q}} = (d\mathbf{W}_t^{\tilde{\mathbb{Q}}} - d\mathbf{W}_t^{\mathbb{P}}) - (d\mathbf{W}_t^{\mathbb{Q}} - d\mathbf{W}_t^{\mathbb{P}}) \\ &= (\phi_t^{\tilde{\mathbb{Q}},\mathbb{P}} - \phi_t^{\mathbb{Q},\mathbb{P}})dt\end{aligned} \qquad (7.11)$$

따라서, 우리는 $\phi^{\mathbb{Q},\mathbb{Q}}$를 투자자가 시장에 대해 할당한 증분적 시장 평가 위험 프리미엄으로 해석할 수 있다. 다른 한편, 이벤트 위험 프리미엄의 불일치는 두 번째 돌레앙-데이드 지수함수 (7.10)에서 설명된다.

예 7.2 OU 모델. $(r, \hat{\lambda}) = \mathbf{X}$가 OU 동학을 따른다고 가정하자.

$$\begin{pmatrix} dr_t \\ d\hat{\lambda}_t \end{pmatrix} = \begin{pmatrix} \hat{\kappa}_r(\hat{\theta}_r - r_t) \\ \hat{\kappa}_\lambda(\hat{\theta}_\lambda - \hat{\lambda}_t) \end{pmatrix} dt + \begin{pmatrix} \sigma_r & 0 \\ \sigma_\lambda\rho & \sigma_\lambda\sqrt{1-\rho^2} \end{pmatrix} \begin{pmatrix} dW_t^{1,\mathbb{P}} \\ dW_t^{2,\mathbb{P}} \end{pmatrix}$$

여기서 상수 파라미터는 $\hat{\kappa}_r, \hat{\theta}_r, \hat{\kappa}_\lambda, \hat{\theta}_\lambda \geq 0$이다. 여기서 $\hat{\kappa}_r, \hat{\kappa}_\lambda$는 평균 회귀 속도를 파라미터화하고, $\hat{\theta}_r, \hat{\theta}_\lambda$는 장기 평균을 나타낸다(Schönbucher(2003)의 7.1절을 참조하라). 시장에 의한 상수 이벤트 위험 프리미엄 μ을 가정하면 $\mathbb{Q}$-강도는 $\lambda_t = \mu\hat{\lambda}_t$에 의해 지정되고, (r, λ) 쌍은 다음 SDE를 만족한다.

$$\begin{pmatrix} dr_t \\ d\lambda_t \end{pmatrix} = \begin{pmatrix} \kappa_r(\theta_r - r_t) \\ \kappa_\lambda(\mu\theta_\lambda - \lambda_t) \end{pmatrix} dt + \begin{pmatrix} \sigma_r & 0 \\ \mu\sigma_\lambda\rho & \mu\sigma_\lambda\sqrt{1-\rho^2} \end{pmatrix} \begin{pmatrix} dW_t^{1,\mathbb{Q}} \\ dW_t^{2,\mathbb{Q}} \end{pmatrix}$$

여기서 상수는 $\kappa_r, \theta_r, \kappa_\lambda, \theta_\lambda \geq 0$이다. 투자자 척도 $\tilde{\mathbb{Q}}$하에서 r_t와 $\tilde{\lambda}_t = \tilde{\mu}_t\hat{\lambda}_u$에 대한 SDE는 파라미터 $\hat{\kappa}_r, \hat{\theta}_r, \hat{\kappa}_\lambda, \hat{\theta}_\lambda$와 $\tilde{\mu}$을 가진 동일한 형태이며, $\mathbf{W}^{\mathbb{Q}}$는 $\mathbf{W}^{\tilde{\mathbb{Q}}}$로 대체된다.

직접 계산은 다음의 상대적 시가 평가 위험 프리미엄을 산출한다.

$$\phi_t^{\tilde{\mathbb{Q}},\mathbb{Q}} = \begin{pmatrix} \frac{\kappa_r(\theta_r - r_t) - \tilde{\kappa}_r(\tilde{\theta}_r - r_t)}{\sigma_r} \\ \frac{1}{\sqrt{1-\rho^2}}\frac{\kappa_\lambda(\theta_\lambda - \hat{\lambda}_t) - \tilde{\kappa}_\lambda(\tilde{\theta}_\lambda - \hat{\lambda}_t)}{\sigma_\lambda} - \frac{\rho}{\sqrt{1-\rho^2}}\frac{\kappa_r(\theta_r - r_t) - \tilde{\kappa}_r(\tilde{\theta}_r - r_t)}{\sigma_r} \end{pmatrix}$$

상단의 항은 이자율에 대한 증분적 위험 프리미엄인 반면, 하단 항은 부도 위험 프리미엄의 불일치는 반영한다((7.11)을 참조하라).

예 7.3 CIR 모델 $\mathbf{X} = (X_1,\ldots,X^n)^T$이 다요인 CIR 모델을 따른다고 가정하자.[2]

$$dX_t^i = \hat{\kappa}_i(\hat{\theta}_i - X_t^i)dt + \sigma_i\sqrt{X_t^i}\,dW_t^{i,\mathbb{P}}$$

여기서 $W^{i,\mathbb{P}}$는 상호 독립적인 $\mathbb{P}$-브라운 운동이고, $\hat{\kappa}_i, \hat{\theta}_i, \sigma_i \geq 0$, $i=1,\ldots,n$는 펠러 조건 $2\hat{\kappa}_i\hat{\theta}_i > \sigma_i^2$을 만족한다. 이자율 r과 역사적 부도 강도 $\hat{\lambda}$은 $w_i^r, w_i^\lambda \geq 0$ 상수 비중을 사

---

2 자세한 내용은 Schönbucher(2003)의 7.2절을 참조하라.

용한 X^i의 음이 아닌 선형 조합이다. 즉 $r_t = \sum_{i=1}^{n} w_i^r X_t^i$이고, $\hat{\lambda}_t = \sum_{i=1}^{n} w_i^\lambda X_t^i$이다. 척도 $\mathbb{Q}$하에서 X^i는 다음 SDE를 만족한다.

$$dX_t^i = \kappa_i(\theta_i - X_t^i)dt + \sigma_i\sqrt{X_t^i}\,dW_t^{i,\mathbb{Q}}$$

여기서 새로운 평균 회귀 속도는 κ_i이며 장기 평균은 θ_i이다.

투자자 척도 $\tilde{\mathbb{Q}}$하에 상태 벡터에 대한 SDE는 새로운 파라미터 $\tilde{\kappa}_i, \tilde{\theta}_i$를 가진 것과 동일한 형태다. 관련 상대적 시가 평가 위험 프리미엄은 다음 구조를 가진다.

$$\phi_{i,t}^{\tilde{\mathbb{Q}},\mathbb{Q}} = \frac{\kappa_i(\theta_i - X_t^i) - \tilde{\kappa}_i(\tilde{\theta}_i - X_t^i)}{\sigma_i\sqrt{X_t^i}}$$

이벤트 위험 프리미엄 $(\mu, \tilde{\mu})$은 각각 $\mathbb{Q}$하에서 $\lambda_t = \mu\hat{\lambda}_t$를 통해 할당되며, $\tilde{\mathbb{Q}}$하에서는 $\tilde{\lambda}_t = \tilde{\mu}\hat{\lambda}_t$를 통해 할당된다.

비고 7.4 현재의 프레임워크는 투자자가 대안적인 역사적 척도 $\tilde{\mathbb{P}}$를 취할 필요가 있는 상황으로 쉽게 일반화할 수 있다. 결과적으로 얻는 위험 프리미엄 $\phi^{\tilde{\mathbb{Q}},\mathbb{Q}}$는 제3의 분해 성분 $\phi^{\tilde{\mathbb{P}},\mathbb{P}}$를 가지며, 이는 역사적 동학 간의 차이를 반영한다.

어떠한 부도 위험 청구권 (Y, A, R, τ_d)에 대해, 배당 후 부도전 시장 가격은 다음에 의해 주어진다.

$$\begin{aligned} C(t, \mathbf{X}_t) = {}& \mathbb{E}^{\mathbb{Q}}\Big\{ e^{-\int_t^T (r_v + \lambda_v)dv} Y(\mathbf{X}_T) \\ &+ \int_t^T e^{-\int_t^u (r_v + \lambda_v)dv}\big(\lambda_u R(u, \mathbf{X}_u) + q(u, \mathbf{X}_u)\big)du \Big| \mathcal{F}_t \Big\} \end{aligned} \tag{7.12}$$

관련 누적 가격은 부도전 가격과 다음을 통해 연관된다.

$$\begin{aligned} P_t = {}& (1 - N_t)C(t, \mathbf{X}_t) + \int_0^t (1 - N_u)q(u, \mathbf{X}_u)e^{\int_u^t r_v dv}du \\ &+ \int_{(0,t]} R(u, \mathbf{X}_u)e^{\int_u^t r_v dv}dN_u \end{aligned}$$

가격 함수 $C(t, \mathbf{x})$는 PDE를 풀어서 결정될 수 있다.

$$
\begin{cases}
\dfrac{\partial C}{\partial t}(t, \mathbf{x}) + \mathcal{L}_{b,\lambda} C(t, \mathbf{x}) + \lambda(t, \mathbf{x}) R(t, \mathbf{x}) + q(t, \mathbf{x}) = 0, & (t, \mathbf{x}) \in [0, T] \times \mathbb{R}^n, \\
C(T, \mathbf{x}) = Y(\mathbf{x}), & \mathbf{x} \in \mathbb{R}^n
\end{cases}
\tag{7.13}
$$

여기서 $\tilde{\mathbb{Q}}$는 다음에 의해 정의된 연산자다.

$$
\begin{aligned}
\mathcal{L}_{b,\lambda} f = \sum_{i=1}^{n} b_i(t, \mathbf{x}) \frac{\partial f}{\partial x_i} &+ \frac{1}{2} \sum_{i,j=1}^{n} \left(\Sigma(t, \mathbf{x}) \Sigma(t, \mathbf{x})^T \right)_{ij} \frac{\partial^2 f}{\partial x_i \partial x_j} \\
&- \left(r(t, \mathbf{x}) + \lambda(t, \mathbf{x}) \right) f
\end{aligned}
\tag{7.14}
$$

계산은 $\tilde{\mathbb{Q}}$하에서의 투자자의 가격과 유사하다.

7.2.2 지연된 청산 프리미엄과 최적 타이밍

다음, 현재 마르코프 설정하에 일반적 부도 위험 청구권에 대해 (7.3)에 정의된 최적 청산 문제 V를 분석한다.

정리 7.5 마르코프 신용 위험 모델하에서 일반적 부도 위험 청구권 (Y, A, R, τ_d)에 대해 지연된 청산 프리미엄은 다음의 확률적 표현을 허용한다.

$$
L_t = \mathbf{1}_{\{t < \tau_d\}} \operatorname*{ess\,sup}_{\tau \in \mathcal{T}_{t,T}} \mathbb{E}^{\tilde{\mathbb{Q}}} \left\{ \int_t^{\tau} e^{-\int_t^u (r_v + \tilde{\lambda}_v) dv} G(u, \mathbf{X}_u) du \big| \mathcal{F}_t \right\}
\tag{7.15}
$$

여기서 $G : [0, T] \times \mathbb{R}^n \mapsto \mathbb{R}$은 다음에 의해 정의된다.

$$
\begin{aligned}
G(t, \mathbf{x}) = &- \left(\nabla_x C(t, \mathbf{x}) \right)^T \Sigma(t, \mathbf{x}) \phi^{\tilde{\mathbb{Q}}, \mathbb{Q}}(t, \mathbf{x}) \\
&+ \left(R(t, \mathbf{x}) - C(t, \mathbf{x}) \right) \left(\tilde{\mu}(t, \mathbf{x}) - \mu(t, \mathbf{x}) \right) \hat{\lambda}(t, \mathbf{x})
\end{aligned}
\tag{7.16}
$$

만약 $G(t, \mathbf{x}) \geq 0 \ \forall (t, \mathbf{x})$이면, 만기 T까지 청산을 지연하는 것이 최적이다. 만약 $G(t, \mathbf{x}) \leq 0 \ \forall (t, \mathbf{x})$이면, 즉시 매도하는 것이 최적이다.

증명 우선 할인 시장 가격 $(e^{-\int_t^u r_v dv} P_u)_{t \leq u \leq T}$의 $\tilde{\mathbb{Q}}$-동학을 살펴본다. $t \leq u \leq T$에 대해 Bielecki et al.(2008)의 따름정리 2.2를 적용하면,

$$\begin{aligned}
d(e^{-\int_t^u r_v dv} P_u) &= e^{-\int_t^u r_v dv}[(R_u - C_u)dM_u^{\mathbb{Q}} + (1 - N_u)(\nabla_x C_u)^T \Sigma_u d\mathbf{W}_u^{\mathbb{Q}}] \quad (7.17)\\
&= e^{-\int_t^u r_v dv}\big((1 - N_u)G(u, \mathbf{X}_u)du\\
&\quad + (1 - N_u)(\nabla_x C_u)^T \Sigma_u d\mathbf{W}_u^{\tilde{\mathbb{Q}}} + (R_u - C_u)dM_u^{\tilde{\mathbb{Q}}}\big)
\end{aligned}$$

여기서 G는 (7.16)에서 정의돼 있고, $M^{\tilde{\mathbb{Q}}}$은 N에 대한 보상된 $(\tilde{\mathbb{Q}}, \mathbb{G})$-마팅게일이다. 결과적으로,

$$L_t = \operatorname*{ess\,sup}_{\tau \in \mathcal{T}_{t,T}} \mathbb{E}^{\tilde{\mathbb{Q}}}\Big\{ \int_t^\tau (1 - N_u)e^{-\int_t^u r_v dv} G(u, \mathbf{X}_u)du | \mathcal{G}_t \Big\}$$

여기서 (7.15)는 여과 변화^changes of filtration 기법에서 도출된다(Bielecki와 Rutkowsk(2002), 5.1.1절). 만약 $G \geq 0$이면, (7.15)의 적분은 거의 확실히(a.s.) 양이며, 따라서 가장 큰 가능한 정지 시간 T는 최적이다. 만약 $G \leq 0$이면, $\tau* = t$이 최적이며, 거의 확실히 $L_t = 0$이다. $\qquad\qquad\qquad\qquad\qquad\qquad\qquad\qquad\qquad\qquad\qquad\qquad\qquad\square$

추세 함수 G는 $\phi^{\tilde{\mathbb{Q}},\mathbb{Q}}$와 $\tilde{\mu} - \mu$에 명시적으로 의존하는 두 가지 성분을 가진다. 만약 $\phi^{\tilde{\mathbb{Q}},\mathbb{Q}}(t, \mathbf{x}) = \mathbf{o} \; \forall(t, \mathbf{x})$이면, 즉 투자자와 시장이 시가 평가 위험 프리미엄에 동의한다면, 회수율 R은 일반적으로 부도전 가격 C보다 작기 때문에 G의 부호는 단지 $\tilde{\mu} - \mu$의 차이에 결정된다. 한편, 만약 $\mu(t, \mathbf{x}) = \tilde{\mu}(t, \mathbf{x}) \; \forall(t, \mathbf{x})$이면, G의 두 번째 항은 소멸되나, G는 여전히 처음 항의 $\nabla_x C$를 통해 μ에 의존한다.

정리 7.5는 추세 함수가 일정한 부호를 가질 때 최적의 청산 타이밍을 결론을 내릴 수 있게 해준다. 다른 경우에는 최적 청산 정책이 단순하지 않을 수 있으며 수치적으로 결정돼야 한다. 이를 위해, $L_t = \mathbf{1}_{\{t < \tau_d\}}\hat{L}(t, \mathbf{X}_t)$를 작성한다. 여기서 $\hat{L}$은 다음같이 정의된 (마르코프) 부도전 지연된 청산 프리미엄이다.

$$\hat{L}(t, \mathbf{X}_t) = \operatorname*{ess\,sup}_{\tau \in \mathcal{T}_{t,T}} \mathbb{E}^{\tilde{\mathbb{Q}}}\Big\{ \int_t^\tau e^{-\int_t^u (r_v + \tilde{\lambda}_v)dv} G(u, \mathbf{X}_u)du | \mathcal{F}_t \Big\} \qquad (7.18)$$

우리는 $(t, \mathbf{x}) \in [0, T) \times \mathbb{R}^n$에 대한 변분부등식으로부터 $\hat{L}$을 결정한다.

$$\min\left(-\frac{\partial \hat{L}}{\partial t}(t, \mathbf{x}) - \mathcal{L}_{\tilde{b}, \tilde{\lambda}} \hat{L}(t, \mathbf{x}) - G(t, \mathbf{x}), \ \hat{L}(t, \mathbf{x}) \right) = 0 \qquad (7.19)$$

여기서 $\mathcal{L}_{\tilde{b}, \tilde{\lambda}}$는 (7.14)에서 정의되고, 최종 조건은 $\mathbf{x} \in \mathbb{R}^n$에 대해 $\hat{L}(T, \mathbf{x}) = 0$이다.

투자자의 최적 타이밍은 매도 영역 $\mathcal{S}$와 지연 영역 $\mathcal{D}$에 의해 특징지어진다. 즉,

$$\mathcal{S} = \{(t, \mathbf{x}) \in [0, T] \times \mathbb{R}^n : \hat{L}(t, \mathbf{x}) = 0\} \qquad (7.20)$$

$$\mathcal{D} = \{(t, \mathbf{x}) \in [0, T] \times \mathbb{R}^n : \hat{L}(t, \mathbf{x}) > 0\} \qquad (7.21)$$

또한 $\hat{\tau}^* = \inf\{t \leq u \leq T : \hat{L}_u = 0\}$으로 정의하자. $\{\hat{\tau}^* = \tau_d\}$에서 $L_{\tau_d} = 0$이므로 청산은 τ_d에서 일어난다. $u < \hat{\tau}^*$일 때 $L_u = \mathbf{1}_{\{u < \tau_d\}} \hat{L}_u > 0$이고, $L_{\hat{\tau}*} = 0$이므로, $\hat{\tau}^*$은 $\{\hat{\tau}^* = \tau_d\}$에서 최적이다. τ_d의 관찰을 통합하면 최적 정지 시간은 $\tau^* = \hat{\tau}^* \wedge \tau_d$이다.

따라서 시간 t까지 부도가 발생하지 않고, $\mathbf{X}_t = \mathbf{x}$이면, (7.21)의 지연 영역 $\mathcal{D}$의 관점에서 $\hat{L}(T, \mathbf{x}) > 0$이면 현재 시점 t에서 기다리는 것이 최적이다. 또한 청산을 지연하는 데에 대한 양의 프리미엄이 존재하므로 이는 직관적이다. 한편, 매도 영역 $\mathcal{S}$는 $G_- := \{(t, \mathbf{x}) : G(t, \mathbf{x}) \leq 0\}$ 내에 놓여야만 한다. 이를 보기 위해 (7.18)로부터 $\hat{L}(t, \mathbf{x}) = 0$인 어떤 주어진 점 $(t, \mathbf{x})$에 대해서도 $G(t, \mathbf{x}) = 0$를 가져야 한다. 그러면 지연 영역 $\mathcal{D}$는 반드시 집합 $G_+ := \{(t, \mathbf{x}) : G(t, \mathbf{x}) > 0\}$를 포함해야만 한다. 이들 관찰로부터 $\hat{L}(T, \mathbf{x})$를 계산하는 것보다 훨씬 더 쉬운 $G(t, \mathbf{x})$를 조사함으로써 매도와 지연 영역에 대한 통찰력을 얻을 수 있다. 이를 수치적으로 예시할 것이다.

마지막으로, 확률적 요인 $\mathbf{X}$가 모델에 없는 특별한 예를 고려해보자. (7.12)를 참조해, 우리는 일정한 최종 수익 Y를 설정하고, 결정론적 회수율 $R(t)$ 및 쿠폰 비율 $q(t)$를 설정한다. 투자자와 시장이 동일한 결정론적 이자율 $r(t)$를 인지하지만, 각각 $\tilde{\lambda}(t) = \tilde{\mu}(t) \tilde{\lambda}(t)$와 $\lambda(t) = \mu(t) \hat{\lambda}(t)$의 아마도 상이한 결정론적 부도 강도를 인지한다고 가정하자. 이 경우 (7.16)의 가격 함수 C는 단지 t에만 의존하고, $\mathbf{x}$에는 의존하지 않는다. 그리고 시가 평가 위험 프리미엄은 존재하지 않을 것이다. 따라서 (7.16)의 추세 함수의 첫째 항은 소멸될

것이다. 그러나 두 번째 항은 이벤트 위험 프리미엄의 잠재적 불일치 즉, $\tilde{\mu}(t) \neq \mu(t)$에 기인하는 것으로 남는다. 결과적으로, 추세 함수는 다음으로 축소된다.

$$G(t) = (R(t) - C(t))(\tilde{\mu}(t) - \mu(t))\hat{\lambda}(t)$$

더 나아가, 확률적 요인 $\mathbf{X}$의 부재는 여과 $\mathbb{F}$를 자명하게 만들며, 이는 투자자가 단지 상수 시간에 대해서 최적화하도록 이끈다. 지연된 청산 프리미엄은 $L_t = \mathbf{1}_{\{t < \tau_d\}}\hat{L}(t)$의 형태를 허용하며, 여기서 $\hat{L}(t)$는 다음으로 주어지는 결정론적 함수다.

$$\hat{L}(t) = \sup_{t \le \hat{t} \le T} \int_t^{\hat{t}} e^{-\int_t^u (r(v) + \tilde{\lambda}(v))dv} G(u)du \tag{7.22}$$

정리 7.5에서와 같이, 만약 G가 $[t, T]$에 걸쳐 항상 양(음)이면, 최적 시간은 $\hat{t}^* = T$ ($\hat{t}^* = t$)이다. 그렇지 않으면, (7.22)에서 적분을 미분하는 것은 결정론적 후보 시간이 또한 $G(\hat{t}) = 0$의 근을 포함한다는 것을 의미한다. 따라서 후보 시간 t, T 및 G의 근들 중에서 어떤 것이 가장 큰 적분값을 산출하는지 알아본다.

7.3 싱글 네임 신용파생상품에의 적용

우리는 위험 프리미엄 불일치가 어떻게 최적 청산 전략에 영향을 미치는지에 중점을 두고 여러 신용파생상품에 대한 분석을 예시하고자 한다.

7.3.1 제로 회수율의 부도 위험 채권

명목 가치 1이고 만기가 T인 부도 위험 제로 쿠폰 제로 회수율의 채권을 고려하자. 여과 변화에 의해 제로 쿠폰 제로 회수율 채권의 시장 가격은 다음으로 주어진다.

$$\begin{aligned}
P_t^0 &:= \mathbb{E}^{\mathbb{Q}}\big\{e^{-\int_t^T r_v dv}\mathbf{1}_{\{\tau_d > T\}} \big| \mathcal{G}_t\big\} \\
&= \mathbf{1}_{\{t < \tau_d\}} \mathbb{E}^{\mathbb{Q}}\big\{e^{-\int_t^T (r_v + \lambda_v)dv} \big| \mathcal{F}_t\big\} = \mathbf{1}_{\{t < \tau_d\}} C^0(t, \mathbf{X}_t)
\end{aligned}$$

여기서 C^0는 (7.13)을 푸는 부도전 시장 가격을 표기한다. 7.2.1절의 일반적 마르코프 신용 위험 모델하에서, 상응하는 추세 함수를 얻기 위해 4중쌍 $(1, 0, 0, \tau_d)$로 정리 7.5를 적용할 수 있다.

7.2절의 OU 동학하에서 부도전 가격 함수 $G^0(t, r, \lambda)$는 다음에 의해 명시적으로 주어진다.

$$C^0(t, r, \lambda) = e^{A(T-t) - B(T-t)r - D(T-t)\lambda}$$

여기서

$$B(s) = \frac{1 - e^{-\kappa_r s}}{\kappa_r}, \quad D(s) = \frac{1 - e^{-\kappa_\lambda s}}{\kappa_\lambda},$$

$$A(s) = \int_0^s \Big[\frac{1}{2}\sigma_r^2 B^2(z) + \rho\mu\sigma_r\sigma_\lambda B(z)D(z) + \frac{1}{2}\mu^2\sigma_\lambda^2 D^2(z)$$
$$- \kappa_r\theta_r B(z) - \mu\kappa_\lambda\theta_\lambda D(z) \Big] dz$$

결과적으로, 추세 함수 $C^0(t, r, \lambda)$는 다음의 분리 가능 형태를 허용한다.

$$G^0(t, r, \lambda) = C^0(t, r, \lambda) \Big(B(T-t)(\tilde{\kappa}_r - \kappa_r)r + B(T-t)(\kappa_r\theta_r - \tilde{\kappa}_r\tilde{\theta}_r)$$
$$+ [D(T-t)(\tilde{\kappa}_\lambda - \kappa_\lambda) - (\frac{\tilde{\mu}}{\mu} - 1)]\lambda + \mu D(T-t)(\kappa_\lambda\theta_\lambda - \tilde{\kappa}_\lambda\tilde{\theta}_\lambda) \Big)$$

우리는 이 추세 함수로부터 청산 타이밍에 대한 몇 가지 통찰력을 얻을 수 있다. 시장과 투자자가 이자율에 대한 평균 회귀 속도에 동의하면, 즉 $\kappa_r = \tilde{\kappa}_r$이면, $G^0(t, r, \lambda)/C^0(t, r, \lambda)$는 λ에 선형이다. 더 나아가, 기울기 $D(T-t)(\tilde{\kappa}_\lambda - \kappa_\lambda) - (\frac{\tilde{\mu}}{\mu} - 1)$와 절편 $B(T-t)(\kappa_r\theta_r - \tilde{\kappa}_r\tilde{\theta}_r) + \mu D(T-t)(\kappa_\lambda\theta_\lambda - \tilde{\kappa}_\lambda\tilde{\theta}_\lambda)$가 동일한 부호의 경우, 정리 7.5로 볼 때 최적 청산 전략은 자명해야 한다. 이와 대조적으로 기울기와 절편의 부호가 다를 경우 최적 정지 문제는 자명하지 않을 수 있으며 기울기의 부호는 최적 정지 규칙의 질적 특성을 결정한다. 기울기가 양이라 가정하자. 우리는 보유자가 상응하는 G^0와 이에 따라 지연된 청산 프리미엄이 양인 높은 부도 강도에서는 기다리는 것이 최적이라고 추론한다. 기울기가 음수라면 반대가 성립한다.

만약 투자자가 이벤트 위험 프리미엄에 대해서만 시장에 동의하지 않는다면, 즉 $\mu \neq \tilde{\mu}$ 이면, 추세 함수는 상수 부호를 가진 $G^0(t, r, \lambda) = -C^0(t, r, \lambda)(\frac{\tilde{\mu}}{\mu} - 1)$로 축소된다. 이 것은 자명한 전략을 의미한다. 만약 $\mu > \tilde{\mu}$이면, $G^0 > 0$이고 만기까지 청산을 기다리는 것이 최적이다. 반면 $\mu < \tilde{\mu}$이면, 즉시 매도하는 것이 최적이다. 이벤트 위험 프리미엄의 더 일반적인 사양은 상태 벡터에 의존할 수 있으며, 비자명한 정지 규칙에 이르게 할 수 있다. 평균 수준 θ_λ에 대해 동의하지 않으면 μ와 유사한 효과를 갖는다.

투자자가 평균 회귀 속도에 대해서만 시장에 동의하지 않는다면, 즉 $\kappa_\lambda \neq \tilde{\kappa}_\lambda$이면, $G^0(t, r, \lambda) = C^0(t, r, \lambda)D(T - t)[(\tilde{\kappa}_\lambda - \kappa_\lambda)\lambda + \mu\theta_\lambda(\kappa_\lambda - \tilde{\kappa}_\lambda)]$이며, 여기서 T 이전에 $D(T - t) > 0$이며, 기울기와 절편은 부호가 다르다. 만약 $\kappa_\lambda < \tilde{\kappa}_\lambda$이면, 기울기 $\tilde{\kappa}_\lambda - \kappa_\lambda$는 양이고, 낮은 강도, 따라서 높은 채권 가격에서 즉시 매도하는 것이 최적이다. $\kappa_\lambda > \tilde{\kappa}_\lambda$ 에 대해서 반대가 성립한다.

우리는 이자율이 일정하고 시장 부도 강도 λ가 OU 동학을 가진 상태 벡터 $\mathbf{X}$로 선택되는 수치 예를 고려한다. 우리는 표준 암시적 PSOR 알고리듬을 사용해 $\hat{L}(t, \lambda)$를 푸는데, 강도 경계에 노이만 조건Neumann condition이 적용되는 균등 유한 그리드상의 변분부등식 (7.19)를 통한다. 시장 파라미터는 $T = 1$, $\mu = 2$, $\kappa_\lambda = 0.2$, $\theta_\lambda = 0.015$, $r = 0.03$과 $\sigma = 0.02$이다.[3]

공식(7.3.1)으로부터, 임의의 고정된 (t, r)에 대한 부도전 시장 채권 가격 C^0와 이것의 부도 강도 λ 간의 일대일 상응 관계를 알 수 있다. 즉,

$$\lambda = \frac{-\log(C^0) + A(T - t) - B(T - t)r}{D(T - t)} \tag{7.23}$$

(7.23)을 (7.20)과 (7.21)에 대입하면, 매도 영역과 지연 영역을 관찰 가능한 부도전 시장 가격 C^0로 표현할 수 있다.

---

3 이 값들은 Diressen(2005)과 Duffee(1999)의 추정치를 기반으로 한다.

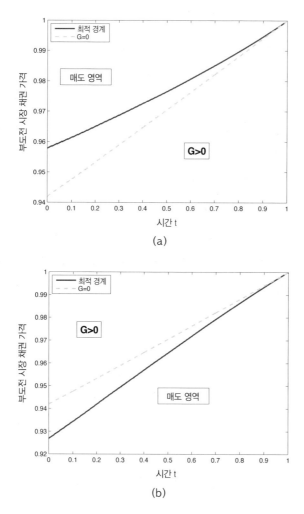

(a)

(b)

그림 7.1 OU 동학하의 부도전 시장 채권 가격의 항으로 표시한 최적 청산 경계. $T = 1$, $r = 0.03$, $\sigma = 0.02$, $\mu = \tilde{\mu} = 2$ 그리고, $\theta_\lambda = \tilde{\theta}_\lambda = 0.015$를 취한다. 패널(a): $\kappa_\lambda = 0.2 < 0.3 = \tilde{\kappa}_\lambda$일 때, 최적 경계는 시간이 흐름에 따라 0.958에서 1로 증가한다. 패널 (b): $\kappa_\lambda = 0.2 > 0.3 = \tilde{\kappa}_\lambda$일 때, 최적 경계는 시간이 흐름에 따라 0.927에서 1로 증가한다. 파선 직선은 G=0에 의해 정의되며, 양 매도 영역 모두에서 $G \leq 0$를 가진다.

그림 7.1(a)에서 투자자는 모든 파라미터에 대해 시장과 동의하지만 더 빠른 평균 회귀 속도 $\tilde{\kappa}_\lambda > \kappa_\lambda$를 가진다고 가정한다. 이 경우 투자자는 채권을 높은 시장 가격으로 매도하는 경향이 있는데, 이는 추세 함수 관점의 이전 분석과 일치한다. 시점 0에서 채권 가격이 0.958 이하로 시작하면 투자자에게 최적 청산 전략은 채권을 보유하고 가격이 최적

경계에 도달하는 즉시 매도하는 것이다. 채권 가격이 시점 0에서 0.958 위에서 시작하면 즉시 매도하는 것이 최적의 청산 전략이다. $\tilde{\kappa}_\lambda < \kappa_\lambda$인 반대인 경우(그림 7.1(b) 참조), 최적의 청산 전략이 뒤바뀐다. 하한 경계에서 매각하는 것이 최적이다. 각각의 경우, 매도 영역은 G가 양이 아닌 곳에 위치해야 하며, $G = 0$에 의해 정의된 직선은 최적 청산 경계에 대한 선형 근사로 볼 수 있다.

7.2절의 CIR 동학하에서 C^0는 다음의 닫힌 형태의 공식을 허용한다.

$$C^0(t, \mathbf{x}) = \prod_{i=1}^{n} \mathbb{E}^{\mathbb{Q}}\{e^{-\int_t^T (w_i^r + \mu w_i^\lambda) X_v^i dv} | \mathbf{X}_t = \mathbf{x}\} = \prod_{i=1}^{n} A_i(T-t)e^{-B_i(T-t)x_i}$$

여기서

$$A_i(s) = \left[\frac{2\Xi_i e^{(\Xi_i + \kappa_i)s/2}}{(\Xi_i + \kappa_i)(e^{\Xi_i s} - 1) + 2\Xi_i}\right]^{2\kappa_i \theta_i / \sigma_i^2},$$

$$B_i(s) = \frac{2(e^{\Xi_i s} - 1)(w_i^r + \mu w_i^\lambda)}{(\Xi_i + \kappa_i)(e^{\Xi_i s} - 1) + 2\Xi_i}, \quad \text{그리고} \quad \Xi_i = \sqrt{\kappa_i^2 + 2\sigma_i^2(w_i^r + \mu w_i^\lambda)}$$

이다. 결과적으로 추세 함수는 다음으로 주어진다.

$$G^0(t, \mathbf{x}) = \left[\sum_{i=1}^{n} \left([B_i(T-t)(\tilde{\kappa}_i - \kappa_i) - (\tilde{\mu} - \mu)w_i^\lambda]x_i \right.\right.$$
$$\left.\left. + B_i(T-t)(\kappa_i \theta_i - \tilde{\kappa}_i \tilde{\theta}_i)\right)\right]C^0(t, \mathbf{x})$$

이는 다시 $C^0(t, \mathbf{x})$의 항에 대해 선형이다.

최적 청산 전략을 설명하기 위해 우리는 이자율이 상수이고, $\mathbf{X} = \lambda$이고, $\mathbf{w}^\lambda = \frac{1}{\mu}$인 수치 예를 고려한다. CIR 동학에서 시장 부도 강도 λ에 대한 벤치마크 사양은 $T = 1$, $\mu = 2$, $\kappa_\lambda = 0.2$, $\theta_\lambda = 0.015$, $r = 0.03$와 $\sigma = 0.07$이다. OU 모델과 마찬가지로 매도 영역 및 지연 영역을 부도전 시장 가격 C^0로 다시 표현할 수 있다(그림 7.2 참조).

7.3.2 정부채의 회수율과 시장 가치

부도 위험 채권에 대한 이전의 분석을 확장해, 회수율을 모델링하는 두 가지 원칙적인 방법, 즉 정부채의 회수율 또는 시장 가치를 통합한다.

정부채의 회수율에 의해, 동등한 부도 무위험 채권의 가치의 c배의 회수율이 부도 시 지급된다고 가정한다. 따라서 부도전 시장 채권 가격 함수는

$$C^{RT}(t, \mathbf{x}) = (1 - c)C^0(t, \mathbf{x}) + c\beta(t, \mathbf{x})$$

이며, 여기서 $\beta(t, \mathbf{x}) := \mathbb{E}^{\mathbb{Q}}\{e^{-\int_t^T r_v dv}|\mathbf{X}_t = \mathbf{x}\}$는 동등한 부도 무위험 채권 가격이다. 그러면 정리 7.5를 4중쌍 $(1, 0, c\beta, \tau_d)$을 사용해 적용할 때, 다음의 상응하는 추세 함수를 얻는다.

$$G^{RT}(t, \mathbf{x}) = -\left(\nabla_x C^{RT}(t, \mathbf{x})\right)^T \Sigma(t, \mathbf{x})\phi^{\tilde{\mathbb{Q}}, \mathbb{Q}}(t, \mathbf{x})$$
$$+ (c - 1)\left(\tilde{\mu}(t, \mathbf{x}) - \mu(t, \mathbf{x})\right)\hat{\lambda}(t, \mathbf{x})C^0(t, \mathbf{x}). \tag{7.24}$$

만약 $c = 0$이면, $C^{RT}(t, \mathbf{x}) = C^0(t, \mathbf{x})$이며, (7.24)의 G^{RT}는 제로 회수율 채권의 추세 함수로 축소된다. 만약 $c = 1$이면, $C^{RT}(t, \mathbf{x}) = \beta(t, \mathbf{x})$는 부도 무위험 채권의 시장 가격이며, 위험 프리미엄 불일치는 이자율 동학에서만 발생한다.

여기에 (7.24)의 추세 함수 G^{RT}가 명시적으로 계산되는 2개의 예가 있다.

예 7.6 OU 모델하에서 $C^{RT}(t, r, \lambda)$은 (7.3.2)에 따라 계산되는데, $C^0(t, r, \lambda)$은 (7.3.1)에서 주어지며, $\beta(t, r, \lambda) = e^{\bar{A}(T-t)-B(T-t)r}$이다. 여기서 $\bar{A}(s) = \int_0^s \left[\frac{1}{2}\sigma_r^2 B^2(z) - \kappa_r\theta_r B(z)\right] dz$이며, $B(s)$는 (7.3.1)에 정의된다.

예 7.7 다요인 CIR 모델하에서 $C^{RT}(t, \mathbf{x})$는 (7.3.2)로부터 다시 구해지며, 여기서 $C^0(t, \mathbf{x})$은 (7.3.1)에서 주어지며, $\beta(t, \mathbf{x})$는 (7.3.1)로부터 계산된다. 여기서 $\mathbf{w}^\lambda = \mathbf{0}$은 (7.3.1)에서 주어진다.

시장 가치의 회수율과 관련해, 우리는 부도 시 회수율이 부도전 가치 $C^{RMV}_{\tau_d-}$의 c배라고 가정한다. 부도전 시장 가격은 다음에 의해 주어진다.

$$C^{RMV}(t, \mathbf{X}_t) = \mathbb{E}^{\mathbb{Q}}\{e^{-\int_t^T (r_v + (1-c)\lambda_v)dv}|\mathcal{F}_t\}, \quad 0 \leq t \leq T$$

상응하는 추세 함수는 4중쌍 $(1, 0, cC^{RMV}, \tau_d)$을 정리 7.5에 적용함으로써 얻을 수 있다.

예 7.8 7.2절의 OU 모델하에서 가격 함수 $C^{RMV}(t, r, \lambda)$는 다음에 의해 주어진다.

$$C^{RMV}(t, r, \lambda) = e^{\hat{A}(T-t) - B(T-t)r - \hat{D}(T-t)\lambda}$$

여기서 $B(s)$는 (7.3.1)에 정의되며,

$$\hat{D}(s) = \frac{(1-c)(1-e^{-\kappa_\lambda s})}{\kappa_\lambda} \text{ 이고,}$$
$$\hat{A}(s) = \int_0^s \Big[\frac{1}{2}\sigma_r^2 B^2(z) + \rho\mu\sigma_r\sigma_\lambda B(z)\hat{D}(z) + \frac{1}{2}\mu^2\sigma_\lambda^2\hat{D}^2(z)$$
$$- \kappa_r\theta_r B(z) - \mu\kappa_\lambda\theta_\lambda\hat{D}(z)\Big]dz$$

이다.

예 7.9 다요인 CIR 모델하에서 $C^{RMV}(t, \mathbf{x})$는 (7.3.1)과 같은 공식을 가지나, w^λ는 (7.3.1)의 $(1-c)w^\lambda$로 대체된다.

7.3.3 CDS의 최적 청산

이 절에서는 디지털 CDS 포지션을 최적으로 청산하는 것을 고려한다. 투자자는 보호 매수자로서 보호 매도자에게 시점 0부터 부도 또는 만기 T까지, 어느 것이 먼저 오든, 고정 프리미엄을 지급한다. 시장 스프레드market spread라고 부르는 프리미엄률premium rate p_0^m은 계약 개시 시점에 명시된다. 그리고 T 이전에 부도가 발생한다면, 보호 매수자는 $1를 받게 된다. 시점 t의 CDS 포지션 청산은 현재 시장 스프레드 p_t^m에서 동일한 신용 준거자산과 동일한 만기 T를 가진 보호 매도자로서 CDS 계약을 체결함으로써 달성될 수 있다.

정의에 의해, 현재의 시장 스프레드 p_t^m는 시간 t에서 두 레그[leg]의 값을 동등하게 만든다. 즉,

$$\mathbb{E}^{\mathbb{Q}}\Big\{\int_t^T e^{-\int_t^u r_v dv} p_t^m \mathbf{1}_{\{u<\tau_d\}} du \big| \mathcal{G}_t\Big\} = \mathbb{E}^{\mathbb{Q}}\big\{e^{-\int_t^{\tau_d} r_v dv} \mathbf{1}_{\{t<\tau_d \leq T\}} \big| \mathcal{G}_t\big\} \qquad (7.25)$$

만약 청산이 시점 t에 일어난다면, 그는 p_t^m율로 프리미엄을 받고 부도 또는 만기 t까지 p_0^m율로 프리미엄을 지급한다. 부도가 발생하면 두 CDS 계약에서 발생한 부도 지급이 취소된다. 결과의 기대 현금 흐름과 (7.25)를 고려하면, CDS의 시가 평가 가치는 다음에 의해 주어진다.

$$\mathbb{E}^{\mathbb{Q}}\Big\{\int_t^T e^{-\int_t^u r_v dv}(p_t^m - p_0^m)\mathbf{1}_{\{u<\tau_d\}} du \big| \mathcal{G}_t\Big\}$$
$$= \mathbf{1}_{\{t<\tau_d\}} \mathbb{E}^{\mathbb{Q}}\Big\{\int_t^T e^{-\int_t^u (r_v + \lambda_v)dv}(\lambda_u - p_0^m) du \big| \mathcal{F}_t\Big\}$$
$$=: \mathbf{1}_{\{t<\tau_d\}} C^{CDS}(t, \mathbf{X}_t) \qquad (7.26)$$

CDS의 경우, 정리 7.5에 4중쌍 $(0, -p_0^m, 1, \tau_d)$을 적용해 다음의 추세 함수를 구한다.

$$G^{CDS}(t, \mathbf{x}) = -\big(\nabla_x C^{CDS}(t, \mathbf{x})\big)^T \Sigma(t, \mathbf{x}) \phi^{\tilde{\mathbb{Q}}, \mathbb{Q}}(t, \mathbf{x})$$
$$+ \big(1 - C^{CDS}(t, \mathbf{x})\big)\big(\tilde{\mu}(t, \mathbf{x}) - \mu(t, \mathbf{x})\big)\hat{\lambda}(t, \mathbf{x}) \qquad (7.27)$$

시장 위험 프리미엄에 대해 불일치가 없는 경우, 즉 $\phi^{\tilde{\mathbb{Q}}, \mathbb{Q}}(t, \mathbf{x}) = \mathbf{0}$이면, $C^{CDS} \leq 1$이므로 G^{CDS}의 부호는 $\tilde{\mu}(t, \mathbf{x}) - \mu(t, \mathbf{x})$에 의해 결정된다. 이를 통해 (시장에 비해) 더 높은 이벤트 위험 프리미엄은 지연된 청산을 의미한다고 추론한다.

일반적으로 부도전 시장 가치 C^{CDS}는 PDE (7.13)로 풀 수 있다. 상태 벡터 $\mathbf{X}$가 OU 또는 CIR 동학을 허용하면 다음 두 가지 예에서 보듯이 C^{CDS} 그리고 이에 따라 G^{CDS}가 닫힌 형태로 주어진다.

예 7.10 OU 동학하에서 CDS의 부도전 가치((7.26) 참조)는 다음 적분에 의해 주어진다.

$$C^{CDS}(t, r, \lambda) = \int_t^T C^0(t, r, \lambda)\Big[\lambda e^{-\kappa_\lambda(u-t)} + \int_t^u e^{-\kappa_r(u-s)} g(s, u)ds - p_0^m\Big] du$$

여기서 $C^0(t, r, \lambda) \equiv C^0(t, r, \lambda; u)$는 (7.3.1)에 의해 주어지고, $T = u$이며,

$$g(s, u) := \mu\kappa_\lambda\theta_\lambda - \rho\mu\sigma_r\sigma_\lambda \frac{1 - e^{-\kappa_r(u-s)}}{\kappa_r} - (\mu\sigma_\lambda)^2 \frac{1 - e^{-\kappa_\lambda(u-s)}}{\kappa_\lambda}$$

이다.

예 7.11 다요인 CIR 동학하에서 CDS의 부도전 가치 $C^{CDS}(t, \mathbf{x})$가 다음 적분에 의해 주어진다.

$$\int_t^T C^0(t, \mathbf{x}; u) \left[\sum_{i=1}^n \left(\mu w_i^\lambda \big(\kappa_i\theta_i B_i(u - t) + B_i'(u - t)x_i \big) \right) - p_0^m \right] du$$

여기서 $C^0(t, \mathbf{x}; u)$가 (7.3.1)에 의해 주어지면, $T_a < T$이고, $B_i(s)$는 (7.3.1)에 주어진다.

예 7.12 시작일이 $T_a < T$인 선도 CDS^forward CDS에 대해서 보호 매수자는 T_a부터 p_a율로 τ_d 또는 만기 T까지 프리미엄을 지급하고, 만약 $\tau_d \in [T_a, T]$이면 1을 수취한다. 직접 계산에 의해 부도전 시장 가치는 $C^{CDS}(t, \mathbf{x}; T) - C^{CDS}(t, \mathbf{x}; T_a)$, $t < T_a$이다. 결과적으로 예 7.10과 7.11에 의해 OU 또는 CIR 동학하에서 추세에 대한 폐쇄형 공식을 구할 수 있다.

우리는 이자율이 상수이고, 상태 벡터 $\mathbf{X} = \lambda$가 CIR 동학을 따르는 수치 예를 고려한다. 아울러 투자자가 부도 강도에 대한 평균 회귀 속도를 제외한 모든 파라미터에 대해 시장에 동의한다고 가정한다. $\kappa_\lambda = 0.2 < 0.3 = \tilde{\kappa}_\lambda$인 그림 7.3(a)에서 최적 청산 전략은 시장 CDS 값이 상한 경계에 도달하는 즉시 매도하는 것이다. $\kappa_\lambda = 0.3 > 0.2 = \tilde{\kappa}_\lambda$인 경우 (그림 7.3(b)), 매도 영역은 지속 영역 아래에 있다.

비고 7.13 프레임워크하에서 간단한 일반화로서 부도 시 단위 지급을 $R^{CDS}(\tau_d, \mathbf{X}\tau_\mathbf{d})$으로 대체할 수 있다. 그러면 4중쌍 $(0, -p_0^m, R^{CDS}, \tau_d)$을 정리 7.5에 적용할 수 있으며, (7.27)에서와 동일한 추세 함수 G^{CDS}를 얻을 수 있다. 단 1이 $R^{CDS}(t, \mathbf{x})$로 대체된다.

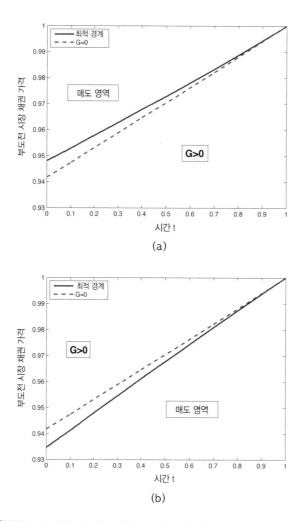

(a)

(b)

그림 7.2 CIR 동학하의 부도전 시장 채권 가격의 항으로 표시한 최적 청산 경계. $T = 1$, $r = 0.03$, $\sigma = 0.07$, $\mu = \tilde{\mu} = 2$, 그리고 $\theta_\lambda = \tilde{\theta}_\lambda = 0.015$를 취한다. 패널(a): $\kappa_\lambda = 0.2 < 0.3 = \tilde{\kappa}_\lambda$일 때, 최적 경계는 시간이 흐름에 따라 0.948에서 1로 증가한다. 패널 (b): $\kappa_\lambda = 0.3 > 0.2 = \tilde{\kappa}_\lambda$일 때, 최적 경계는 시간이 흐름에 따라 0.935에서 1로 증가한다.

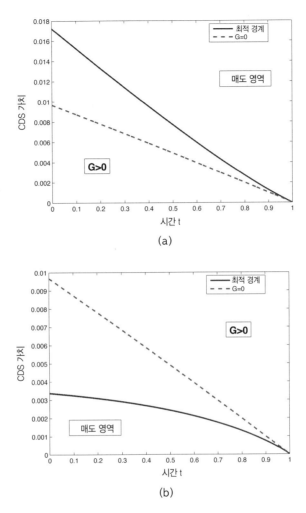

그림 7.3 CIR 동학하의 부도전 시장 CDS 값의 항으로 표시한 최적 청산 경계. $T = 1$, $r = 0.03$, $\sigma = 0.07$, $\mu = \bar{\mu} = 2$ 그리고 $\theta_\lambda = \tilde{\theta}_\lambda = 0.015$를 취한다. 패널(a): $\kappa_\lambda = 0.2 < 0.3 = \tilde{\kappa}_\lambda$일 때, 최적 경계는 시간이 흐름에 따라 0.0172에서 0으로 감소한다. 패널 (b): $\kappa_\lambda = 0.3 > 0.2 = \tilde{\kappa}_\lambda$일 때, 최적 경계는 시간이 흐름에 따라 0.00338에서 0으로 감소한다. 양 경우 모두 $G = 0$에 의해 정의되는 파선은 지속 영역 안에 놓여 있다.

7.3.4 점프 확산 부도 강도

우리의 분석을 확률적 상태 벡터에 점프를 포함하도록 확장할 수 있다. 이를 예시하기 위해 부도 강도와 이자율이 다음의 어파인 점프-확산 동학을 갖는 n차원 상태 벡터 $\mathbf{X}'$에 의해 구동된다고 가정하자.

$$d\mathbf{X}'_t = a(t, \mathbf{X}'_t)dt + \Sigma(t, \mathbf{X}'_t)d\mathbf{W}^{\mathbb{P}}_t + d\mathbf{J}_t$$

여기서 $\mathbf{J} = (J^1, \ldots, J^n)^T$는 $\mathbb{R}^n$에서 값을 취하는 n 독립적 순수 점프 프로세스의 벡터다. 역사적 척도 $\mathbb{P}$하에서 $\mathbf{J}$에 대해 $\hat{\boldsymbol{\Lambda}}(t, \mathbf{X}'_t) = (\hat{\Lambda}^1(t, \mathbf{X}'_t), \ldots, \hat{\Lambda}^n(t, \mathbf{X}'_t))^T$ 형태의 마르코프 점프 강도를 가정한다. $\mathbf{J}$의 모든 랜덤 점프 크기 $(Y^i_j)_{ij}$는 독립이고, 각 J^i에 대해 관련 점프 크기 Y^i_1, $Y^i_2, \ldots$가 공통 확률밀도함수 $\hat{f}_i$를 가진다.

부도 위험 증권의 부도 강도는 어떤 양의 가측 함수 $\hat{\lambda}(\cdot, \cdot)$에 대해 $\hat{\lambda}(t, \mathbf{X}'_t)$에 의해 주어지고, 부도 시간 τ_d에 연관된 부도 카운팅 프로세스는 $N_t = \mathbf{1}_{\{t \geq \tau_d\}}$에 의해 표기된다. $(\mathcal{G}_t)_{0 \leq t \leq T}$을 $\mathbf{W}^{\mathbb{P}}, \mathbf{J}$와 τ_d에 의해 생성되는 완전 여과라 표기한다.

시장 가격 결정 척도 $\mathbb{Q}$를 시가 평가 위험 프리미엄 $\phi^{\mathbb{Q}, \mathbb{P}}$와 이벤트 위험 프리미엄 μ의 항으로 정의하는데, 이는 마르코프이며 $\int_0^T \|\phi^{\mathbb{Q}, \mathbb{P}}_u\|^2 du < \infty$와 $\int_0^T \mu_u \hat{\lambda}_u du < \infty$를 만족한다. $\mathbf{J}$의 존재에 기인해, 시장 척도 $\mathbb{Q}$는 양의 마르코프 계수 $\delta^i_t = \delta^i(t, \mathbf{X}'_t)$에 의해 $\mathbf{J}$의 점프 강도를 스케일할 수 있으며, $i = 1, \ldots, n$에 대해서 $\int_0^T \delta^i_u \hat{\Lambda}^i_u du < \infty$이다. 또한 $\mathbb{Q}$는 $i = 1, \ldots, n$에 대해 $\int_0^\infty h^i(y)\hat{f}^i(y)dy = 1$를 만족하는 함수 $(h_i)_{i=1,\ldots,n} > 0$에 의해 $\mathbf{J}$의 점프 크기 분포를 변환할 수 있다.

라돈-니코딤 미분은 다음에 의해 주어진다.

$$\frac{d\mathbb{Q}}{d\mathbb{P}}\Big|_{\mathcal{G}_t} = \mathcal{E}\big(-\phi^{\mathbb{Q}, \mathbb{P}} \cdot \mathbf{W}^{\mathbb{P}}\big)_t \mathcal{E}\big((\mu - 1)M^{\mathbb{P}}\big)_t K^{\mathbb{Q}, \mathbb{P}}_t$$

여기서 처음 두 돌레앙-데이드 지수함수는 각각 (7.7)과 (7.8)에서 정의된다. 즉 $M^{\mathbb{P}}_t := N_t - \int_0^t (1 - N_u)\hat{\lambda}_u du$는 N과 연관된 보상된 $\mathbb{P}$-마팅게일이며, 마지막 항은

$$K_t^{\mathbb{Q},\mathbb{P}} := \prod_{i=1}^{n} \left[\exp\left(\int_0^t \int_{\mathbb{R}^n} \left(1 - \delta^i(u, \mathbf{X}_u')h^i(y)\right)\hat{\Lambda}^i(u, \mathbf{X}_u')\hat{f}^i(y)\,dy\,du \right) \right.$$

$$\left. \prod_{j=1}^{N_t^{(i)}} \left(\delta^i(T_j^i, \mathbf{X}_{T_j^i}')h^i(Y_j^i) \right) \right]$$

이다. 여기서 T_j^i는 J^i의 j번째 점프 시간이며, $N_t^{(i)} := \sum_{j \geq 1} \mathbf{1}_{\{T_j^i \leq t\}}$는 J^i에 연관된 카운팅 프로세스다.

거사노프 정리에 의해, $\mathbf{W}_t^{\mathbb{Q}} := \mathbf{W}_t^{\mathbb{P}} + \int_0^t \phi_u^{\mathbb{Q},\mathbb{P}}\,du$는 $\mathbb{Q}$-브라운 운동이고, $\mathbb{Q}$하의 J^i의 점프 강도는 $\Lambda^i(t, \mathbf{X}_t') := \delta^i(t, \mathbf{X}_t')\hat{\Lambda}^i(t, \mathbf{X}_t')$이며, $\mathbb{Q}$하의 J^i의 점프 크기 pdf는 $f^i(y) := h^i(y)\hat{f}^i(y)$이다. 상태 벡터 $\mathbf{X}'$의 $\mathbb{Q}$-동학은 다음에 의해 주어진다.

$$d\mathbf{X}_t' = b(t, \mathbf{X}_t')dt + \Sigma(t, \mathbf{X}_t')d\mathbf{W}_t^{\mathbb{Q}} + d\mathbf{J}_t$$

또한 이벤트 위험 프리미엄을 통합하면, $\mathbb{Q}$-부도 강도는 $\lambda(t, \mathbf{X}_t') := \mu(t, \mathbf{X}_t')\hat{\lambda}(t, \mathbf{X}_t')$이다.

투자자의 척도 $\tilde{\mathbb{Q}}$하에서, $\mathbf{X}'$의 동학에 대해서 b를 $\tilde{b}$로, $\phi^{\mathbb{Q},\mathbb{P}}$를 $\phi^{\tilde{\mathbb{Q}},\mathbb{P}}$로, $\mathbf{W}^{\mathbb{Q}}$를 $\mathbf{W}^{\tilde{\mathbb{Q}}}$로 대체한다. 각 J^i에 대해서 $\tilde{\mathbb{Q}}$-강도는 $\tilde{\Lambda}^i(t, \mathbf{X}_t') := \tilde{\delta}^i(t, \mathbf{X}_t')\hat{\Lambda}^i(t, \mathbf{X}_t')$에 의해 표기되고, $\tilde{\mathbb{Q}}$하의 점프 크기 pdf는 $\tilde{f}^i(y) := \tilde{h}^i(y)\hat{f}^i(y)$이다. 투자자의 이벤트 위험 프리미엄 $\tilde{\mu}$를 사용하면, $\tilde{\mathbb{Q}}$하의 부도 강도는 $\tilde{\lambda}(t, \mathbf{X}_t') := \tilde{\mu}(t, \mathbf{X}_t')\hat{\lambda}(t, \mathbf{X}_t')$이다.

두 가격 결정 척도 $\mathbb{Q}$와 $\tilde{\mathbb{Q}}$은 라돈-니코딤 미분에 의해 연결된다.

$$\frac{d\tilde{\mathbb{Q}}}{d\mathbb{Q}}\Big|_{\mathcal{G}_t} = \mathcal{E}\left(-\phi^{\tilde{\mathbb{Q}},\mathbb{Q}} \cdot \mathbf{W}^{\mathbb{Q}} \right)_t \mathcal{E}\left(\left(\frac{\tilde{\mu}}{\mu} - 1\right)M^{\mathbb{Q}} \right)_t K_t^{\tilde{\mathbb{Q}},\mathbb{Q}}$$

여기서 $M_t^{\mathbb{P}} := N_t - \int_0^t (1 - N_u)\lambda_u\,du$는 N에 연관된 보상된 $\mathbb{Q}$-마팅게일이고, 처음 두 돌레앙-데이드 지수함수는 (7.9)와 (7.10)에 의해 정의된다.

$$K_t^{\tilde{\mathbb{Q}},\mathbb{Q}} := \prod_{i=1}^{n} \Bigg[\exp\left(\int_0^t \int_{\mathbb{R}^n} \left(\Lambda^i(u, \mathbf{X}_u') f^i(y) - \tilde{\Lambda}^i(u, \mathbf{X}_u') \tilde{f}^i(y) \right) dy du \right)$$

$$\prod_{j=1}^{N_t^{(i)}} \frac{\tilde{\Lambda}^i(T_j^i, \mathbf{X}_{T_j^i}') \tilde{f}^i(\mathbf{Y}_j^i)}{\Lambda^i(T_j^i, \mathbf{X}_{T_j^i}') f^i(\mathbf{Y}_j^i)} \Bigg]$$

따라서 투자자는 시장 위험 및 이벤트 위험 프리미엄 외에도 $\mathbf{X}'$의 점프 강도 및 점프 크기 분포에 대해 잠재적으로 시장에 동의하지 않을 수 있으므로 가격 불일치의 보다 풍부한 구조와 최적의 청산 전략이 가능하다.

정리 7.5에서와 같이 부도전 가격 C와 부도 위험 프리미엄의 항으로 추세 함수를 계산한다.

$$G^J(t, \mathbf{x}) = -\left(\nabla_x C(t, \mathbf{x}) \right)^T \Sigma(t, \mathbf{x}) \phi^{\tilde{\mathbb{Q}},\mathbb{Q}}(t, \mathbf{x})$$
$$+ (R(t, \mathbf{x}) - C(t, \mathbf{x}))(\tilde{\mu}(t, \mathbf{x}) - \mu(t, \mathbf{x})) \hat{\lambda}(t, \mathbf{x})$$
$$+ \sum_{i=1}^{n} \left(\int_{\mathbb{R}^n} \left(C(t, \mathbf{x} + y\mathbf{e}_i) - C(t, \mathbf{x}) \right) \left(\tilde{\Lambda}^i(t, \mathbf{x}) \tilde{f}^i(y) - \Lambda^i(t, \mathbf{x}) f^i(y) \right) dy \right)$$

여기서 $\mathbf{e}_i := (0, \ldots, 1, \ldots, 0)\mathrm{T}$이다. 가격 함수 C가 점프-확산 모델에서 도출되지만 G^J의 처음 두 성분은 (7.16)의 G와 동일한 함수 형태를 공유함을 알 수 있다. 투자자와 시장이 동일한 시장 위험 및 이벤트 위험 프리미엄을 할당하더라도 점프 강도와 분포에 대한 불일치는 다른 청산 전략을 산출할 것이다. 상당히 일반적인 어파인 점프–확산 모델에서, Duffee et al.(200)은 우리의 추세 함수의 계산에 사용될 수 있는 변환 분석의 해석학적 처리를 제공한다.

7.4 신용부도지수스왑의 최적 청산

이 절에서는 멀티 네임 신용파생상품의 최적 청산에 대한 논의를 진행한다. 문헌에는 다중 부도를 모델링하고 멀티 네임 신용파생상품에 가격을 결정하기 위해 제안된 많은 모델이 존재한다. 강도 기반 프레임워크 내에서 한 가지 일반적인 접근법은 이중 확률적 프로세스[doubly stochastic process]의 첫 번째 점프를 통해 각 부도 시간을 모델링하는 것이다. 부도 간의 의존성은 어떤 공통 확률적 요인을 통해 통합될 수 있다. 이 잘 알려진 상향식 가치평가[bottom-up evaluation] 프레임워크는 다른 많은 것들 중 특히 Duffie와 Garleanu(2001), Mortensen(2006)에 의해 연구됐다.

일반적인 대안으로 하향식[top-down] 접근법은 구성 싱글 네임에 대한 자세한 언급 없이 누적 신용 포트폴리오 손실의 동학을 직접 설명한다.[4] 우리의 분석을 위해, 우리는 새로운 멀티 네임 신용 위험 모델을 제안하기보다는 Errais et al.(2010)이 개발한 자기 흥분형[self-exciting] 하향식 모델을 채택한다. 특히 신용부도지수스왑의 최적 청산에 초점을 맞출 것이다.

첫째, 카운팅 프로세스 $(N_t)_{0 \leq t \leq T}$ 및 누적 포트폴리오 손실을 $\Upsilon_t = l_1 + \ldots + l_N$로 연속 부도 발생[successive default arrival]을 모델링한다. 각 l_n은 n번째 부도에서의 랜덤 손실을 나타낸다. 역사적 척도 $\mathbb{P}$에서 부도 강도는 점프 확산에 따라 진화한다.

$$d\hat{\lambda}_t = \hat{\kappa}(\hat{\theta} - \hat{\lambda}_t)dt + \sigma\sqrt{\hat{\lambda}_t}\,dW_t^{\mathbb{P}} + \eta\,d\Upsilon_t \tag{7.28}$$

여기서 $W^{\mathbb{P}}$는 표준 $\mathbb{P}$-브라운 운동이다. 랜덤 손실(l_n)은 $(0, \infty)$에서 동일한 확률밀도함수 $\hat{m}$와 독립이다. (7.28)의 마지막 항에 따르면 각 부도 발생은 양의 파라미터 η에 의해 스케일링되는 부도 시 손실[loss at default] 만큼 부도 강도 $\hat{\lambda}$를 증가시킨다. 이 항은 멀티 네임 신용파생상품에서 관찰된 부도 군집화를 포착한다. 우리는 단순성을 위해 상수 무위험 이자율 r을 가정하고, $(\mathcal{H}_t)_{0 \leq t \leq T}$로 N, Υ과 $W^{\mathbb{P}}$에 의해 생성되는 완전 여과[full filtration]를 표기한다.

시장 척도 $\mathbb{Q}$는 여러 핵심 성분에 의해 특징지어진다. 첫째, 시장의 시가 평가 위험 프리미엄은 다음 형태를 가진다고 가정된다.

---

4 하향식 모델의 몇 가지 예는 Brigo et al.(2009); Longstaff와 Rajan(2008); Lopatin과 Misirpashaev(2008)를 포함한다.

$$\phi_t^{\mathbb{Q},\mathbb{P}} = \frac{\hat{\kappa}(\hat{\theta} - \hat{\lambda}_t) - \kappa(\theta - \hat{\lambda}_t)}{\sigma\sqrt{\hat{\lambda}_t}} \tag{7.29}$$

(7.28)의 부도 강도는 시장 척도 $\mathbb{Q}$하에서 상이한 파라미터 κ과 θ을 가진 평균 회귀 동학을 보존한다. 둘째, $\mathbb{Q}$-부도 강도가 $\lambda_t := \mu\hat{\lambda}_t$이라고 가정하며, 양의 상수 이벤트 위험 프리미엄을 가진다. 셋째, 랜덤 손실의 분포는 $\mathbb{Q}$하에서 스케일링된다. 특히 $\mathbb{Q}$하에서 손실 l_n은 $\int_0^\infty h(z)\hat{m}(z)dz = 1$를 만족하는 어떤 양의 함수 h에 대해서 pdf $m(z) := h(z)\hat{m}(z)dz$를 가진다. 그러면 $\mathbb{Q}$와 $\mathbb{P}$에 연관된 라돈-니코딤 미분은 다음과 같다.

$$\frac{d\mathbb{Q}}{d\mathbb{P}}\Big|\mathcal{H}_t = \mathcal{E}\big(-\phi^{\mathbb{Q},\mathbb{P}}W^{\mathbb{P}}\big)_t\hat{K}_t^{\mathbb{Q},\mathbb{P}}$$

여기서 $\mathcal{E}(-\phi^{\mathbb{Q},\mathbb{P}}W^{\mathbb{P}})$는 (7.7)에 정의돼 있고,

$$\hat{K}_t^{\mathbb{Q},\mathbb{P}} := \exp\left(\int_0^t \int_0^\infty \big(1 - \mu h(z)\big)\hat{\lambda}_u\hat{m}(z)dzdu\right)\prod_{i=1}^{N_t}\big(\mu h(l_i)\big)$$

이다. 시장 가격 결정 척도 $\mathbb{Q}$하에서 $\mathbb{Q}$-부도 강도는 다음에 따라 진화한다.

$$d\lambda_t = \kappa(\mu\theta - \lambda_t)dt + \sigma\sqrt{\mu\lambda_t}\,dW_t^{\mathbb{Q}} + \mu\eta\,d\Upsilon_t$$

여기서 $\mathbf{W}_t^{\mathbb{Q}} := \mathbf{W}_t^{\mathbb{P}} + \int_0^t \phi_u^{\mathbb{Q},\mathbb{P}}du$는 표준 $\mathbb{Q}$-브라운 운동이다. 유사하게 투자자의 가격 결정 척도 $\tilde{\mathbb{Q}}$를 (7.29)에서와 같이 투자자의 시가 평가 위험 프리미엄 $-\phi^{\tilde{\mathbb{Q}},\mathbb{P}}$을 통해 정의한다. 여기서 파라미터는 $\tilde{\kappa}$과 $\tilde{\theta}$이고, 부도 강도는 $\tilde{\lambda}_t := \tilde{\mu}\hat{\lambda}_t$이며, 상수 이벤트 위험 프리미엄은 $\tilde{\mu}$이다. 손실 스케일링 함수는 $\tilde{h}$로 $\hat{m}(z) = h(z)\hat{m}(z)$를 만족한다.

신용부도지수스왑은 싱글 네임 부도스왑과 같이 1로 정규화된 동일한 명목 금액과 동일한 만기 T를 가진 H개의 준거기업의 표준화된 포트폴리오에 대해 작성된다. 투자자는 $(0, T]$에 걸쳐 부도에 대한 대가로 프리미엄율 p_0^m로 지급하는 보호 매수자다. 여기서 부도 발생 시점에 부도 지급금을 지급한다고 가정하고, 프리미엄 지급은 $H - N_t$와 동일한 프리미엄 명목 금액으로 연속적으로 지급된다.

보호 매수자를 위한 신용부도지수스왑의 시장의 누적 가치는 부도 지급 레그와 프리미엄 레그의 시장 가치 차이와 같다. 즉,

$$
\begin{aligned}
P_t^{CDX} =\ & \mathbb{E}^{\mathbb{Q}}\Big\{ \int_{(0,T]} e^{-r(u-t)}\, d\Upsilon_u \,|\mathcal{H}_t \Big\} \\
& - \mathbb{E}^{\mathbb{Q}}\Big\{ p_0^m \int_{(0,T]} e^{-r(u-t)}(H - N_u)\, du \,|\mathcal{H}_t \Big\}, \quad t \le T
\end{aligned}
\tag{7.30}
$$

따라서 보호 매수자는 (7.3)과 유사하게 다음과 같은 최적 정지 문제를 푼다.

$$
V_t^{CDX} = \operatorname*{ess\,sup}_{\tau \in \mathcal{T}_{t,T}}\ \mathbb{E}^{\tilde{\mathbb{Q}}}\big\{ e^{-r(\tau-t)} P_\tau^{CDX} \,|\mathcal{H}_t \big\}
\tag{7.31}
$$

관련 지연된 청산 프리미엄은 다음에 의해 정의된다.

$$
L_t^{CDX} = V_t^{CDX} - P_t^{CDX}
\tag{7.32}
$$

최적 청산 전략의 도출은 다음에 의해 정의된 시장의 배당락ex-dividend 자산 가치를 계산하는 것을 포함한다.

$$
\begin{aligned}
C_t^{CDX} =\ & \mathbb{E}^{\mathbb{Q}}\Big\{ \int_{(t,T]} e^{-r(u-t)}\, d\Upsilon_u \,|\mathcal{H}_t \Big\} \\
& - \mathbb{E}^{\mathbb{Q}}\Big\{ p_0^m \int_{(t,T]} e^{-r(u-t)}(H - N_u)\, du \,|\mathcal{H}_t \Big\}
\end{aligned}
\tag{7.33}
$$

명제 7.14 (7.33)의 신용부도지수스왑의 배당락 시장 가치는 $C_t^{CDX} = C^{CDX}(t,\ \lambda_t,\ N_t)$로 표현될 수 있다. 여기서 $t \le T$에 대해서

$$
C^{CDX}(t, \lambda, n) = k_2(t,T)\lambda + k_1(t,T)n + k_0(t,T)
\tag{7.34}
$$

이다. 여기서 계수는

$$
\begin{aligned}
k_2(t,T) =\ & (cr + p_0^m)\left(\frac{e^{-(\rho+r)(T-t)}}{\rho(\rho+r)} - \frac{e^{-r(T-t)}}{\rho r} + \frac{1}{r(\rho+r)} \right) \\
& + \frac{ce^{-r(T-t)}}{\rho}\big(1 - e^{-\rho(T-t)}\big),
\end{aligned}
$$

$$k_1(t,T) = \frac{p_0^m \left(1 - e^{-r(T-t)}\right)}{r},$$

$$k_0(t,T) = \Bigg((rc + p_0^m) \Big[e^{-r(T-t)} \Big(\frac{1}{r\rho} - \frac{e^{-\rho(T-t)}}{\rho(\rho+r)} - \frac{T-t}{r} - \frac{1}{r^2} \Big) + \frac{\rho}{r^2(r+\rho)} \Big]$$

$$+ c e^{-r(T-t)} \Big(\frac{e^{-\rho(T-t)} - 1}{\rho} + T - t \Big) \Bigg) \frac{\kappa\mu\theta}{\rho} - \frac{p_0^m H}{r} \Big(1 - e^{-r(T-t)} \Big)$$

이고, 상수는

$$c = \int_0^\infty z m(z) dz \;\text{와}\; \rho = \kappa - \mu\eta c \tag{7.35}$$

이다.

증명 부분 적분을 사용해, 배당락 시장 가치를 다시 표현할 수 있다.

$$C_t^{CDX} = e^{-r(T-t)} \, \mathbb{E}^{\mathbb{Q}}\{\Upsilon_T | \mathcal{H}_t\} - \Upsilon_t + \int_t^T e^{-r(u-t)} \big[r\mathbb{E}^{\mathbb{Q}}\{\Upsilon_u | \mathcal{H}_t\}$$

$$- p_0^m \big(H - \mathbb{E}^{\mathbb{Q}}\{N_u | \mathcal{H}_t\} \big) \big] \, du \tag{7.36}$$

따라서 C^{CDX}의 계산은 $\mathbb{E}^{\mathbb{Q}}\{N_u | \mathcal{H}_t\}$을 계산하는 것과 관련되며, $\mathbb{E}^{\mathbb{Q}}\{\Upsilon_u | \mathcal{H}_t\}$, $u \geq t$이다. 부도 강도 λ이 제곱근 점프 확산 동학^{square root jump-diffusion dynamics}을 따르기 때문에 이들 조건부 기댓값은 다음의 닫힌 형태 표현을 허용한다. $t \leq u \leq T$에 대해서

$$\mathbb{E}^{\mathbb{Q}}\{N_u | \lambda_t = \lambda, N_t = n, \Upsilon_t = \upsilon\} = \mathcal{A}(t,u) + \mathcal{B}(t,u)\lambda + n \tag{7.37}$$

$$\mathbb{E}^{\mathbb{Q}}\{\Upsilon_u | \lambda_t = \lambda, N_t = n, \Upsilon_t = \upsilon\} = c\mathcal{A}(t,u) + c\mathcal{B}(t,u)\lambda + \upsilon \tag{7.38}$$

여기서

$$\mathcal{A}(t,u) = \frac{\kappa\mu\theta}{\kappa - \mu\eta c} \Big(\frac{e^{-(\kappa-\mu\eta c)(u-t)} - 1}{\kappa - \mu\eta c} + u - t \Big),$$

$$\mathcal{B}(t,u) = \frac{1}{\kappa - \mu\eta c} (1 - e^{-(\kappa-\mu\eta c)(u-t)})$$

이다. 여기서 c는 (7.35)에서 주어진 시장의 부도 시 기대 손실이다. (7.37)과 (7.38)을 (7.36)에 대입하면 (7.34)에서 배당락 시장 가치에 대한 닫힌 형태의 공식을 얻는다. □

그 결과, 배당락 가치 CDX는 부도 강도 θ_t와 부도의 수 N_t에 대해 선형이다. 다음에서 최적 청산 프리미엄과 전략을 특징짓는다.

정리 7.15 (7.28)의 하향식 신용 모델하에서 신용부도지수스왑에 관련된 지연된 청산 프리미엄은 다음에 의해 주어진다.

$$L^{CDX}(t, \lambda) = \sup_{\tau \in \mathcal{T}_{t,T}} \mathbb{E}^{\tilde{\mathbb{Q}}}\Big\{ \int_t^\tau e^{-r(u-t)} G^{CDX}(u, \lambda_u) du \,|\, \lambda_t = \lambda \Big\} \qquad (7.39)$$

여기서

$$G^{CDX}(t, \lambda) = k_2(t, T)\mu(\tilde{\kappa}\tilde{\theta} - \kappa\theta) \qquad (7.40)$$

$$+ \left(\big(\mu\eta k_2(t, T) + 1\big)\big(\frac{\tilde{\mu}\tilde{c}}{\mu} - c\big) + k_1(t, T)\big(\frac{\tilde{\mu}}{\mu} - 1\big) - k_2(t, T)(\tilde{\kappa} - \kappa) \right)\lambda$$

이고, $\tilde{c} \coloneqq \int_0^\infty z\tilde{m}(z)dz$이다. 만약 $G^{CDX}(t, \lambda) > 0 \ \forall(t, \lambda)$이면, 만기 T까지 청산을 지연하는 것이 최적이다. 만약 $G^{CDX}(t, \lambda) \le 0 \ \forall(t, \lambda)$이면, 즉시 매도하는 것이 최적이다.

증명 (7.32)의 L^{CDX}의 정의 관점에서, P^{CDX}의 동학을 고려한다. 첫째, (7.30)과 (7.33)으로부터 다음이 성립한다.

$$e^{-r(u-t)}P_u^{CDX} = e^{-r(u-t)}C_u^{CDX} + \int_{(0,u]} e^{-r(v-t)} \big(d\Upsilon_v - p_0^m(H - N_v)dv\big) \quad (7.41)$$

(7.41)과 $e^{-rt}P_t^{CDX}$가 $\mathbb{Q}$-마팅게일(이의 SDE는 추세를 갖지 않아야 한다)이라는 사실을 이용해 이토의 보조정리를 적용해 $t \le \tau \le T$에 대해서 다음을 얻는다.

$$e^{-r(\tau-t)}P_\tau^{CDX} - P_t^{CDX}$$

$$= \int_t^\tau e^{-r(u-t)}\frac{\partial C^{CDX}}{\partial \lambda}(u, \lambda_u, N_u)\sigma\sqrt{\mu\lambda_u}dW_u^{\mathbb{Q}}$$

$$+ \left[\sum_{t<u\leq\tau} e^{-r(u-t)}(\Upsilon_u - \Upsilon_{u_-}) - \int_t^\tau \int_0^\infty e^{-r(u-t)}zm(z)\lambda_u\,dzdu \right]$$

$$+ \left[\sum_{t<u\leq\tau} e^{-r(u-t)}\left(C^{CDX}(u, \lambda_u, N_u) - C^{CDX}(u, \lambda_{u_-}, N_{u_-})\right)\right.$$

$$- \int_t^\tau \int_0^\infty e^{-r(u-t)}\left(C^{CDX}(u, \lambda_u + \mu\eta z, N_u + 1)\right.$$

$$\left.\left. - C^{CDX}(u, \lambda_u, N_u)\right)m(z)\lambda_u\,dzdu \right] \tag{7.42}$$

$$= \int_t^\tau e^{-r(u-t)}\left(\frac{\partial C^{CDX}}{\partial \lambda}(u, \lambda_u, N_u)\sigma\sqrt{\mu\lambda_u}dW_u^{\tilde{\mathbb{Q}}} + G^{CDX}(u, \lambda_u, N_u)du\right)$$

$$+ \left[\sum_{t<u\leq\tau} e^{-r(u-t)}(\Upsilon_u - \Upsilon_{u_-}) - \int_t^\tau \int_0^\infty e^{-r(u-t)}z\tilde{m}(z)\tilde{\lambda}_u\,dzdu \right].$$

$$+ \left[\sum_{t<u\leq\tau} e^{-r(u-t)}\left(C^{CDX}(u, \lambda_u, N_u) - C^{CDX}(u, \lambda_{u_-}, N_{u_-})\right)\right.$$

$$- \int_t^\tau \int_0^\infty e^{-r(u-t)}\left(C^{CDX}(u, \lambda_u + \mu\eta z, N_u + 1)\right.$$

$$\left.\left. - C^{CDX}(u, \lambda_u, N_u)\right)\tilde{m}(z)\tilde{\lambda}_u\,dzdu \right] \tag{7.43}$$

여기서

$$G^{CDX}(t, \lambda, n) := \frac{\partial C^{CDX}}{\partial \lambda}(t, \lambda, n)\left((\tilde{\kappa}\tilde{\theta} - \kappa\theta)\mu - (\tilde{\kappa} - \kappa)\lambda\right)$$

$$+ \int_0^\infty \left(z + C^{CDX}(t, \lambda + \mu\eta z, n + 1) - C^{CDX}(t, \lambda, n)\right)\left(\frac{\tilde{\mu}}{\mu}\tilde{m}(z) - m(z)\right)\lambda dz \tag{7.44}$$

이다. (7.42)의 두 보상된 $\mathbb{Q}$-마팅게일 항은 각각 부도 발생으로 인한 C^{CDX}의 손실과 변화를 설명한다. 두 번째 방정식 (7.43)은 $\mathbb{Q}$에서 $\tilde{\mathbb{Q}}$으로의 척도 변화change of measure에서 도출된다.

명제 7.14에 의해, 항 $\frac{\partial C^{CDX}}{\partial \lambda}$과 $C^{CDX}(t, \lambda + \mu\eta z, n+1) - C^{CDX}(t, \lambda, n)$는 n에 의존하지 않는다. 결과적으로 G^{CDX}는 n에 의존하지 않으며, (7.34)을 (7.44)에 대입하면 닫힌 형 공식 (7.40)을 가진다.

$\tilde{\mathbb{Q}}$하에서 (7.43)의 양변에 대해 기댓값을 취함으로써 지연된 청산 프리미엄 L^{CDX}은 (7.39)에 의존하고, t와 λ에만 의존한다. 만약 $G^{CDX} \geq 0$이면, (7.39)의 적분 대상은 거의 확실히 양이다. 따라서 가장 큰 가능한 정지 시간 T는 최적이다. 만약 $G^{CDX} \leq 0$이면, $\tau^* = t$은 최적이고, 거의 확실히(a.s.) $L_t^{CDX} = 0$이다. $\qquad\square$

여기서 추세 함수가 두 가지 성분으로 구성됨을 알 수 있다. (7.44)의 첫째 성분은 배당락 시장 가치의 변동에 대한 투자자와 시장의 불일치를 설명하는 반면, 둘째 적분항은 부도 손실에서 발생하는 시장의 누적 가치 상승과 배당락 가치의 점프에 대한 불일치를 반영한다. (7.30)의 시장 누적 가치 P^{CDX}와 (7.31)의 최적 기대 청산 가치 V^{CDX}가 경로 의존적임에도 불구하고, (7.39)의 지연된 청산 프리미엄 L^{CDX}와 (7.40)의 G^{CDX}는 (7.34)의 C^{CDX}의 특수 구조로 인해 단지 t와 θ에만 의존한다.

$L^{CDX}(t, \lambda)$의 변분부등식을 얻기 위해, $\tilde{\lambda} = \tilde{\mu}\lambda/\mu$와 부도 강도 λ의 $\tilde{\mathbb{Q}}$-동학을 상기하자.

$$d\lambda_t = \tilde{\kappa}(\mu\tilde{\theta} - \lambda_t)dt + \sigma\sqrt{\mu\lambda_t}\,dW_t^{\tilde{\mathbb{Q}}} + \mu\eta\,d\Upsilon_t$$

시간 t와 $\mathbb{Q}$-부도 강도 λ의 함수로서의 지연된 청산 프리미엄 $L^{CDX}(t, \lambda)$은 $(t, \lambda) \in [0, T) \times \mathbb{R}$에 대해 다음의 변분부등식을 만족한다.

$$\min\Bigg(-\frac{\partial L^{CDX}}{\partial t} - \tilde{\kappa}(\mu\tilde{\theta} - \lambda)\frac{\partial L^{CDX}}{\partial \lambda} - \frac{\sigma^2 \mu\lambda}{2}\frac{\partial L^{CDX}}{\partial \lambda^2} + rL^{CDX}$$
$$-\frac{\tilde{\mu}\lambda}{\mu}\int_0^\infty \left(L^{CDX}(t, \lambda + \mu\eta z) - L^{CDX}\right)\tilde{m}(z)dz - G^{CDX}, \ L^{CDX}\Bigg) = 0 \quad (7.45)$$

여기서 최종 조건은 $\lambda \in \mathbb{R}$에 대해서 $L(T, \lambda) = 0$이다.

우리는 부도 시 손실이 상수인 지수스왑에 대한 수치적 예를 고려한다. 이 경우 (7.45)의 적분항은 $L^{CDX}(t, \lambda + \mu\eta c) - L^{CDX}(t, \lambda)$로 축소된다. 여기서 c는 상수 손실이다.

L^{CDX}을 풀기 위해 강도 경계에 노이만 조건이 적용된 유한 차분 방법에 의한 표준 암묵적 PSOR 반복 알고리듬을 사용한다. 적분항으로 변분부등식을 푸는 많은 대안의 수치적 방법이 존재한다.[5] 이에 2차 테일러 근사를 차분 $L^{CDX}(t,\ \lambda+\mu\eta c) - L^{CDX}(t,\ \lambda) \approx \partial_\lambda L^{CDX}(t,\ \lambda)\mu\eta c + \frac{1}{2}\partial_{\lambda\lambda}L^{CDX}(t,\ \lambda)(\mu\eta c)^2$에 적용하기로 한다. 그러면 이들 새로운 편미분은 (7.45)의 기존 편미분에 통합되며, 이에 따라 λ에 완전히 선형인 변분부등식을 만들고, 따라서 빠른 계산을 허용한다.

투자자의 매도 영역 $\mathcal{S}$와 지연 영역 $\mathcal{D}$를 다음으로 표기한다.

$$\mathcal{S}^{CDX} = \{(t,\lambda) \in [0,T] \times \mathbb{R}:\ L^{CDX}(t,\lambda) = 0\},$$
$$\mathcal{D}^{CDX} = \{(t,\lambda) \in [0,T] \times \mathbb{R}:\ L^{CDX}(t,\lambda) > 0\} \tag{7.46}$$

한편, (7.34)로부터 지수스왑의 배당락 시장 가치 C^{CDX}와 이것의 어떤 고정된 $t < T$에 대한 부도 강도 λ 간의 일대일 상응관계를 알 수 있다.

$$\lambda = \frac{C^{CDX} - k_1(t,T)n - k_0(t,T)}{k_2(t,T)} \tag{7.47}$$

(7.46) 및 (7.4)로 대입하면 우리는 관찰 가능한 배당락 시장 가치 C^{CDX}의 항으로 매도 영역과 지연 영역을 기술할 수 있다.

그림 7.4에서 우리는 투자자가 부도 강도에 대한 평균 회귀 속도를 제외한 모든 파라미터에 대해 시장과 동의한다고 가정한다. $\kappa = 0.5 < 1 = \tilde{\kappa}$(그림 7.4(a))의 경우, 투자자의 최적 청산 전략은 지수스왑 C^{CDX}의 배당락 시장 가치가 상한 경계에 도달하는 즉시 매도하는 것이다. $\kappa = 1 > 0.5 = \tilde{\kappa}$(그림 7.4(b))의 경우, 매도 영역은 지속 영역 아래에 있다.

요약하면, 하향식 신용 위험 모델하에서 신용부도지수스왑의 최적 청산을 분석했다. 선택된 모델과 계약 사양은 수치 계산에 적합한 다루기 쉬운 분석 결과를 제공한다. 하향식 모델은 부도 신용 포트폴리오는 셀수 있는 만큼의 부도를 경험함을 의미한다. 이 특성은

---

5 다른 것들 중 Anderson과 Andreasen(2000), d'Halluin et al.(2005)을 참조하라.

전체적인 부도 가능성이 무시할 정도로 작기 때문에 실제로 대규모 분산 포트폴리오에 무리 없이 적용 가능하다.

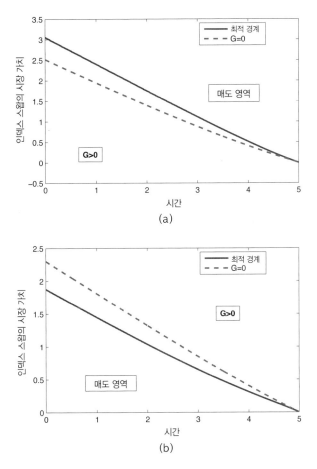

그림 7.4 인덱스 스왑의 항으로 표시한 최적 청산 경계. $T = 5$, $r = 0.03$, $H = 10$, $\eta = 0.25$, $\sigma = 0.5$, $c = \hat{c} = 0.5$, $p_0^m = 0.02$, $\theta = \hat{\theta} = 1$ 그리고 $\mu = \bar{\mu} = 1.1$을 취한다. 패널(a): $\kappa = 0.5 < 1 = \bar{\kappa}$일 때, 청산은 $t \in [0, 5]$에 걸쳐 3에서 0으로 감소하는 상단의 경계에서 일어난다. 패널(b): $\kappa = 1 > 0.5 = \bar{\kappa}$일 때, 청산은 $t \in [0, 5]$에 걸쳐 1.9에서 0으로 감소하는 하단의 경계에서 일어난다. 양 경우 모두 $G^{GDX} = 0$에 의해 정의되는 파선은 지속 영역 안에 놓여 있다.

여기서 우리의 분석은 부채담보부 채권[CDO, Collateralized Debt Obligation] 계약의 청산으로 확장될 수 있다. 각각 단위 명목 금액을 갖는 H개 종목의 자산을 가진 CDO의 상위와 하위의 부착점[attachment point] K_1, $K_2 \in [0, 1]$을 갖는 트렌치[tranche]를 고려하자. 트렌치 손실은 누적 손실 Υ_t의 함수로서, $L_t = (\Upsilon_t - K_1 H)^+ - (\Upsilon_t - K_2 H)^+$, $t \in [0, T]$에 의해 주어진다. 프리미엄율 p_0^m에서 보호 매수자에 대한 CDO 트렌치의 배당락 시장 가격은 다음과 같다.

$$\mathcal{C}^{CDO}(t, \lambda_t, \Upsilon_t) = \mathbb{E}^{\mathbb{Q}}\Big\{ \int_{(t,T]} e^{-r(u-t)} \, d\tilde{L}_u \,|\mathcal{H}_t\Big\}$$
$$- \mathbb{E}^{\mathbb{Q}}\Big\{ p_0^m \int_{(t,T]} e^{-r(u-t)}(H(K_2 - K_1) - \tilde{L}_u) \, du \,|\mathcal{H}_t\Big\}$$

따라서 CDO 가격은 CDX의 경우 N과 달리 누적 손실 Υ의 함수다(명제 7.14 참조).

7.5 최적 매수와 매도

다음, 최적의 매수와 매도 문제를 연구하기 위해 모델을 적용한다. (7.11)의 시장 가격 프로세스를 사용해 부도 위험 청구권 (Y, A, R, τ_d)의 매수/매도 거래를 통해 수익을 극대화하는 것이 목표인 투자자를 고려하자. 이 문제는 두 가지 시나리오, 즉 부도 위험 청구권의 공매도가 허용되거나 금지되는 경우에 별도로 연구된다. 우리는 7.2절의 마르코프 신용 위험 모델에 따라 이러한 문제를 분석할 것이다.

투자자가 시장에서 부도 위험 청구권을 매수하고자 하는 경우, 최적 매수 타이밍 문제와 관련된 매수 지연 프리미엄은 다음과 같이 정의할 수 있다.

$$V_t^b = \operatorname*{ess\,inf}_{\tau^b \in \mathcal{T}_{t,T}} \mathbb{E}^{\tilde{\mathbb{Q}}}\big\{ e^{-\int_t^{\tau^b} r_v dv} P_{\tau^b} |\mathcal{G}_t\big\} \text{와} \quad L_t^b := P_t - V_t^b \geq 0$$

7.5.1 공매도 최적 타이밍 가능성

공매도$^{\text{short sale}}$가 허용될 때, 매수 시간 τ^b와 매도 시간 τ^s의 순서에 제약이 없다. 투자자의 투자 타이밍은 다음의 최적 이중 정지 문제로부터 구할 수 있다.

$$\mathcal{U}_t := \operatorname*{ess\,sup}_{\tau^b \in \mathcal{T}_{t,T},\,\tau^s \in \mathcal{T}_{t,T}} \mathbb{E}^{\tilde{\mathbb{Q}}}\big\{ e^{-\int_t^{\tau^s} r_v dv} P_{\tau^s} - e^{-\int_t^{\tau^b} r_v dv} P_{\tau^b} | \mathcal{G}_t \big\}$$

부도 위험 청구권이 T에 만기되므로, $\tau^b = T$ 또는 $\tau^s = T$의 선택을 T에서의 매수/매도 거래가 없는 것으로 해석한다.

실제로 $\mathcal{U}$를 두 개의 (단일) 정지 문제로 분리할 수 있다. 정확하게 다음을 얻는다.

$$
\begin{aligned}
\mathcal{U}_t = {} & \big(\operatorname*{ess\,sup}_{\tau^s \in \mathcal{T}_{t,T}} \mathbb{E}^{\tilde{\mathbb{Q}}}\big\{ e^{-\int_t^{\tau^s} r_v dv} P_{\tau^s} | \mathcal{G}_t \big\} - P_t \big) \\
& + \big(P_t - \operatorname*{ess\,inf}_{\tau^b \in \mathcal{T}_{t,T}} \mathbb{E}^{\tilde{\mathbb{Q}}}\big\{ e^{-\int_t^{\tau^b} r_v dv} P_{\tau^b} | \mathcal{G}_t \big\} \big) \\
= {} & L_t + L_t^b
\end{aligned}
$$

따라서, $\mathcal{U}$를 지연된 청산 프리미엄과 지연된 구매 프리미엄의 합으로 구분했다. 결과적으로 최적 매도 시간 τ^{s*}는 최적 매수 시간 τ^{b*}의 선택에 의존하지 않는다.

타이밍 결정은 $\tilde{\mathbb{Q}}$ 척도하의 할인된 시장 가격의 서브/슈퍼 마팅게일 특성에 결정적으로 의존한다. 7.3절의 마르코프 신용 위험 모델하에서 (7.16)의 추세 함수 $G(t, \mathbf{x})$의 관점에서 최적 매수 및 매도 전략을 기술하기 위해 정리 7.5를 적용할 수 있다.

명제 7.16 만약 $G(t, \mathbf{x}) \geq 0 \; \forall (t, \mathbf{x}) \in [0, \, T] \times \mathbb{R}^n$이면, 부도 위험 청구권을 즉시 매수하고 만기 T까지 보유하는 것이 최적이다. 즉 $\tau^{b*} = t$와 $\tau^{s*} = T$가 U_t에 대해 최적이다. 만약 $G(t, \mathbf{x}) \leq 0 \; \forall (t, \mathbf{x}) \in [0, \, T] \times \mathbb{R}^n$이면, 즉시 청구권을 공매도하고 T까지 유지하는 것이 최적이다. 즉 $\tau^{s*} = t$과 $\tau^{b*} = T$가 U_t에 대해 최적이다.

7.5.2 순차적 매수와 매도

공매도 금지는 다음 순서를 의미한다. $\tau^b \leq \tau^s \leq T$. 따라서 투자자의 가치 함수는 다음과 같다.

$$U_t := \operatorname*{ess\,sup}_{\tau^b \in \mathcal{T}_{t,T}, \tau^s \in \mathcal{T}_{\tau^b,T}} \mathbb{E}^{\tilde{\mathbb{Q}}} \{ e^{-\int_t^{\tau^s} r_v dv} P_{\tau^s} - e^{-\int_t^{\tau^b} r_v dv} P_{\tau^b} | \mathcal{G}_t \} \tag{7.48}$$

차이 $\mathcal{U}_t - U_t \geq 0$는 투자자에 대한 공매도 제약의 비용으로 간주할 수 있다.

7.2절에서와 같이, 마르코프 신용 위험 모델을 채택하고, (7.17)의 할인된 시장 가격의 $\tilde{\mathbb{Q}}$-동학으로부터 도출해 다음을 얻는다.

$$U_t = \operatorname*{ess\,sup}_{\tau^b \in \mathcal{T}_{t,T}, \tau^s \in \mathcal{T}_{\tau^b,T}} \mathbb{E}^{\tilde{\mathbb{Q}}} \{ \int_{\tau^b}^{\tau^s} (1 - N_u) e^{-\int_t^u r_v dv} G(u, \mathbf{X}_u) du | \mathcal{G}_t \}$$

$$= \mathbf{1}_{\{t < \tau_d\}} \operatorname*{ess\,sup}_{\tau^b \in \mathcal{T}_{t,T}, \tau^s \in \mathcal{T}_{\tau^b,T}} \mathbb{E}^{\tilde{\mathbb{Q}}} \{ \int_{\tau^b}^{\tau^s} e^{-\int_t^u (r_v + \tilde{\lambda}_v) dv} G(u, \mathbf{X}_u) du | \mathcal{F}_t \}$$

이 확률론적 표현을 사용해 정리 7.5와 유사한 극단적인 경우 최적의 매수/매도 전략을 즉시 추론한다.

명제 7.17 만약 $G(t, \mathbf{x}) \geq 0 \, \forall (t, \mathbf{x}) \in [0, T] \times \mathbb{R}^n$이면, 부도 위험 청구권을 즉시 매수하고 만기까지 보유하는 것이 최적이다. 즉 $\tau^{b*} = t$와 $\tau^{s*} = T$가 U_t에 대해 최적이다.

만약 $G(t, \mathbf{x}) \leq 0 \, \forall (t, \mathbf{x}) \in [0, T] \times \mathbb{R}^n$이면, 청구권을 절대 매수하지 않는 것이 최적이다. 즉 $\tau^{b*} = \tau^{s*} = T$가 U_t에 대해 최적이다.

U_t의 부도전 가치로 $\hat{U}(t, \mathbf{X}_t)$를 정의하자. 여기서 $\mathbf{1}_{\{t < \tau_d\}} \hat{U}(t, \mathbf{X}_t)$이다. $\hat{U}(t, \mathbf{X}_t)$를 순차적 최적 정지 문제로 볼 수 있다.

명제 7.18 (7.48)의 가치 함수 U_t는 (7.18)의 지연된 청산 프리미엄 $\hat{L}$의 항으로 표현될 수 있다. 정확하게 다음을 얻는다.

$$\hat{U}(t, \mathbf{X}_t) = \operatorname*{ess\,sup}_{\tau^b \in \mathcal{T}_{t,T}} \mathbb{E}^{\tilde{\mathbb{Q}}} \{ e^{-\int_t^{\tau^b}(r_u + \tilde{\lambda}_u)du} \hat{L}_{\tau^b} | \mathcal{F}_t \} \qquad (7.49)$$

증명 우리는 어떤 매수 시간 τ^b이 지난 후, 투자자는 (7.3)의 청산 문제인 V_{τ^b}에 직면할 것이라는 점에 주목한다. 그리고 나서 반복 조건부 기대를 사용하면, (7.48)의 U_t는 다음을 만족한다.

$$U_t =$$
$$\operatorname*{ess\,sup}_{\tau^b \in \mathcal{T}_{t,T},\, \tau^s \in \mathcal{T}_{\tau^b,T}} \mathbb{E}^{\tilde{\mathbb{Q}}} \{ (e^{-\int_t^{\tau^b} r_u du} \mathbb{E}^{\tilde{\mathbb{Q}}} \{ e^{-\int_{\tau^b}^{\tau^s} r_u du} P_{\tau^s} | \mathcal{G}_{\tau^b} \} - e^{-\int_t^{\tau^b} r_u du} P_{\tau^b}) | \mathcal{G}_t \} \quad (7.50)$$

$$\leq \operatorname*{ess\,sup}_{\tau^b \in \mathcal{T}_{t,T}} \mathbb{E}^{\tilde{\mathbb{Q}}} \{ e^{-\int_t^{\tau^b} r_u du} (V_{\tau^b} - P_{\tau^b}) | \mathcal{G}_t \}$$

$$= \operatorname*{ess\,sup}_{\tau^b \in \mathcal{T}_{t,T}} \mathbb{E}^{\tilde{\mathbb{Q}}} \{ e^{-\int_t^{\tau^b} r_u du} L_{\tau^b} | \mathcal{G}_t \} \qquad (7.51)$$

$$= \mathbf{1}_{\{t < \tau_d\}} \operatorname*{ess\,sup}_{\tau^b \in \mathcal{T}_{t,T}} \mathbb{E}^{\tilde{\mathbb{Q}}} \{ e^{-\int_t^{\tau^b}(r_u + \tilde{\lambda}_u)du} \hat{L}_{\tau^b} | \mathcal{F}_t \} \qquad (7.52)$$

반면, (7.51)의 RHS에서 우리는 최적의 정지 시간 $\tau^{s*} := \inf\{t \geq \tau^b : V_t = P_t\}$인 (7.6 참조)를 갖는 $V_{\tau^b} = \mathbb{E}^{\tilde{\mathbb{Q}}} \{ e^{-\int_{\tau^b}^{\tau^{s*}} r_u du} P_{\tau^{s*}} | \mathcal{G}_{\tau^b} \}$를 알 수 있다. 이는 (7.48)의 U_t에 대해 허용되는 정지 시간 τ^{s*}를 취하는 것과 같으므로 부등식(7.51)의 역도 역시 성립한다. 마지막으로 (7.50)과 (7.52)를 같게 하고 부도 지시 함수^{default indicator}를 제거하면 (7.49)에 도달한다. □

명제 7.18에 따르면 매수 후 부도 위험 청구권을 청산할 예정인 투자자는 시장에서 파생 상품을 매수하기로 결정할 때 지연된 청산 프리미엄을 최대화하려고 한다. 표현 (7.49)의 실제적 의미는 우리가 우선 변분부등식 (7.19)에 의해 부도전 지연 청산 프리미엄 $\hat{L}(t, \mathbf{x})$을 푼다는 것이다. 그러면 $\hat{L}(t, \mathbf{x})$를 입력으로 사용해 다음으로 $\hat{U}$를 푼다.

$$\min \left(-\frac{\partial \hat{U}}{\partial t}(t, \mathbf{x}) - \mathcal{L}_{\tilde{b}, \tilde{\lambda}} \hat{U}(t, \mathbf{x}), \ \hat{U}(t, \mathbf{x}) - \hat{L}(t, \mathbf{x}) \right) = 0 \qquad (7.53)$$

여기서 $\mathcal{L}_{\tilde{b},\tilde{\lambda}}$은 (7.14)에 정의되고, 최종 조건은 $\mathbf{x} \in \mathbb{R}^n$에 대해 $\hat{U}(T, \mathbf{x}) = 0$이다. 즉, $\hat{L}(t, \mathbf{x})$에 대한 해는 매수 후 투자자의 최적 청산 경계를 제공하며, (7.53)의 $U(T, \mathbf{x})$에 대한 변분부등식은 투자자의 최적 매수 경계를 제공한다.

그림 7.5에서 우리는 이자율이 상수이고 CIR 동학을 따르는 부도 위험 제로 쿠폰 제로 회수율 채권에 대한 수치적 예를 보여준다. 투자자는 부도 강도에 대한 평균 회귀 속도를 제외한 모든 파라미터에 대해 시장에 동의한다. $\kappa_\lambda < \tilde{\kappa}_\lambda$일 때, 최적 전략은 가격이 매수 경계에 들어오자마자 매수하고, 그리고 나서 (더 높은) 최적 청산 경계에서 매도하는 것이다. $\kappa_\lambda > \tilde{\kappa}_\lambda$일 때, 최적 청산 경계는 매수 경계 아래에 있다. 그러나 두 가지 경계가 모두 증가하고 있기 때문에 더 낮은 가격에 매수하고 그 후에 더 높은 가격에 매도할 수 있다. 고가-매수-저가-매도도 가능해, 이러한 샘플 경로에서는 손실을 실현할 수 있다. 평균적으로 최적 순차적 매수와 매도 전략을 통해 투자자는 가격 불일치로부터 이익을 얻을 수 있다. 마지막으로, 공매도가 허용될 때 투자자의 전략은 매수-우선/매도-이후 제약 없이 상응하는 경계를 따른다.

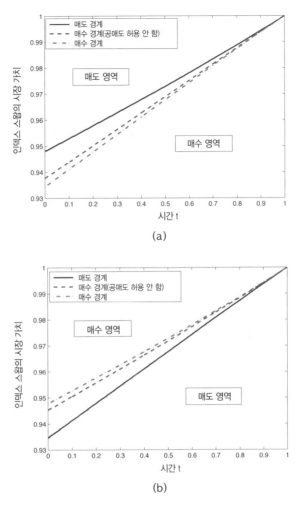

(a)

(b)

그림 7.5 CIR 모델의 최적 매수와 청산 경계. 공통 파라미터는 $T = 1$, $r = 0.03$, $\sigma = 0.07$, $\mu = \tilde{\mu} = 2$ 그리고 $\theta_\lambda = \tilde{\theta}_\lambda = 0.015$를 취한다. 패널(a): $\kappa_\lambda = 0.2 < 0.3 = \tilde{\kappa}_\lambda$일 때, 공매도 제약 조건은 매도 경계를 더 높게 이동시킨다. 양 매수 경계 모두 공매도가 있건 없건 청산 경계에 의해 지배된다. 패널(b): $\kappa_\lambda = 0.3 > 0.2 = \tilde{\kappa}_\lambda$일 때, 공매도 제약 조건은 매수 경계를 더 낮게 이동시킨다. 청산 경계는 양 매수 경계 모두의 아래에 있다.

7.6 결론

요약하면, 우리는 가격 불일치하에서 다양한 신용파생상품의 최적 청산을 위한 유연한 수학적 모델을 제공했다. 우리는 최적 타이밍이 자명한 상황을 식별했고 정교한 전략이 관련된 경우에 대해서도 풀었다. 최적 청산 프레임워크를 통해 투자자들은 부도 위험에 대한 견해를 계량화하고 가격 불일치로부터 이익을 추출하며 보다 효과적인 위험 관리를 수행할 수 있다. 또한 모델을 수정하고 확장해 단일 또는 여러 매수와 매도 결정을 통합할 수 있다.

미래 연구를 위해 자연스러운 방향은 다른 부도 위험 모델하에서 신용파생상품거래를 고려하는 것이다. 멀티 네임 신용파생상품의 경우, 5절에서 취한 하향식 접근법과 달리 상향식 프레임워크하에서 최적 청산 문제를 고려할 수 있다. 청산 문제는 파생상품 포트폴리오에도 일반적으로 중요하다. 이를 위해 여러 위험 요인 사이의 의존성 구조는 가격 동학을 모델링하는 데 중요하다. 게다가 담보 대출에서 흔히 볼 수 있듯이 신용파생상품에 대해 조기 부분/전체 취소를 허용하는 것은 실용적이고 수학적으로 모두 흥미롭다. 반면 시장 참여자의 가격 결정 규칙은 서로 다른 위험 선호도로 인해 달라질 수 있다. 이는 위험 회피가 파생상품 매수/청산 타이밍에 어떻게 영향을 미치는지에 대한 흥미로운 질문으로 이어진다.

| 참고문헌 |

Abramowitz, M. and Stegun, I. (1965). *Handbook of Mathematical Functions: with Formulas, Graphs, and Mathematical Tables*, Vol. 55 (Dover Publications).

Alili, L., Patie, P., and Pedersen, J. (2005). Representations of the first hitting time density of an Ornstein-Uhlenbeck process, *Stochastic Models* **21**, 4, pp. 967–980.

Almgren, R. F. (2003). Optimal execution with nonlinear impact functions and trading-enhanced risk, *Applied Mathematical Finance* **10**, pp. 1–18.

Alvarez, L. H. (2003). On the properties of r-excessive mappings for a class of diffusions, *Annals of Applied Probability* , pp. 1517–1533.

Andersen, L. and Andreasen, J. (2000). Jump-diffusion processes: Volatility smile fitting and numerical methods for option pricing, *Review of Derivatives Research* **4**, pp. 231–262.

Anthony, M. and MacDonald, R. (1998). On the mean-reverting properties of target zone exchange rates: Some evidence from the ERM, *European Economic Review* **42**, 8, pp. 1493–1523.

Artzner, P., Delbaen, F., Eber, J., and Heath, D. (1999). Coherent measures of risk, *Mathematical Finance* **9**, 3, pp. 203–228.

Avellaneda, M. and Lee, J.-H. (2010). Statistical arbitrage in the us equities market, *Quantitative Finance* **10**, 7, pp. 761–782.

Azizpour, S., Giesecke, K., and Kim, B. (2011). Premia for correlated default risk, *Journal of Economic Dynamics and Control* **35(8)**, pp. 1340–1357.

Balvers, R., Wu, Y., and Gilliland, E. (2000). Mean reversion across national stock markets and parametric contrarian investment strategies, *The Journal of Finance* **55**, 2, pp. 745–772.

Bensoussan, A. and Lions, J.-L. (1978). *Applications des Inequations Variationalles en Controle Stochstique* (Dunod, Paris).

Bensoussan, A. and Lions, J.-L. (1982). *Applications of variational inequalities in stochastic control* (North-Holland Publishing Co., Amsterdam).

Benth, F. E. and Karlsen, K. H. (2005). A note on Merton's portfolio selection problem for the Schwartz mean-reversion model, *Stochastic Analysis and Applications* **23**, 4, pp. 687–704.

Berndt, A., Douglas, R., Duffie, D., Ferguson, M., and Schranz, D. (2005). Measuring default risk premia from default swap rates and EDFs, Working Paper, Carnegie Mellon University.

Bertram, W. (2010). Analytic solutions for optimal statistical arbitrage trading, *Physica A: Statistical Mechanics and its Applications* **389**, 11, pp. 2234–2243.

Bessembinder, H., Coughenour, J. F., Seguin, P. J., and Smoller, M. M. (1995). Mean reversion in equilibrium asset prices: Evidence from the futures term structure, *The Journal of Finance* **50**, 1, pp. 361–375.

Bielecki, T. R., Jeanblanc, M., and Rutkowski, M. (2008). Pricing and trading credit default swaps in a hazard process model, *Annals of Applied Probability* **18**, 6, pp. 2495–2529.

Bielecki, T. R. and Rutkowski, M. (2002). *Credit Risk: Modeling, Valuation and Hedging* (Springer Finance).

Borodin, A. and Salminen, P. (2002). *Handbook of Brownian Motion: Facts and Formulae*, 2nd edn. (Birkhauser).

Brennan, M. J. and Schwartz, E. S. (1990). Arbitrage in stock index futures, *Journal of Business* **63**, 1, pp. S7–S31.

Brigo, D., Pallavicini, A., and Torresetti, R. (2007). Calibration of CDO tranches with the dynamical generalized-Poisson loss model, *Risk* **20**, 5, pp. 70–75.

Broadie, M., Chernov, M., and Johannes, M. (2009). Understanding index option returns, *Review of Financial Studies* **22**, 11, pp. 4493–4529.

Cartea, A., Jaimungal, S., and Penalva, J. (2015). *Algorithmic and High-Frequency Trading* (Cambridge University Press, Cambridge, England).

Casassus, J. and Collin-Dufresne, P. (2005). Stochastic convenience yield implied from commodity futures and interest rates, *The Journal of Finance* **60**, 5, pp. 2283–2331.

Chiu, M. C. and Wong, H. Y. (2012). Dynamic cointegrated pairs trading: Time-consistent mean-variance strategies, Tech. rep., working paper.

Cornell, B., Cvitanić, J., and Goukasian, L. (2007). Optimal investing with perceived mispricing, Working paper.

Cox, J. C., Ingersoll, J., and Ross, S. A. (1981). The relation between forward prices and futures prices, *Journal of Financial Economics* **9**, 4, pp. 321–346.

Cox, J. C., Ingersoll, J. E., and Ross, S. A. (1985). A theory of the term structure of interest rates, *Econometrica* **53**, 2, pp. 385–408.

Czichowsky, C., Deutsch, P., Forde, M., and Zhang, H. (2015). Portfolio optimization for an exponential Ornstein-Uhlenbeck model with proportional transaction costs, Working paper.

Dai, M., Zhong, Y., and Kwok, Y. K. (2011). Optimal arbitrage strategies on stock index futures under position limits, *Journal of Futures Markets* **31**, 4, pp. 394–406.

Davis, M. (1997). Option pricing in incomplete markets, in M. Dempster and S. Pliska (eds.), *Mathematics of Derivatives Securities* (Cambridge University Press), pp. 227–254.

Dayanik, S. (2008). Optimal stopping of linear diffusions with random discounting, *Mathematics of Operations Research* **33**, 3, pp. 645–661.

Dayanik, S. and Karatzas, I. (2003). On the optimal stopping problem for one-dimensional diffusions, *Stochastic Processes and their Applications* **107**, 2, pp. 173–212.

d'Halluin, Y., Forsyth, P. A., and Vetzal, K. R. (2005). Robust numerical methods for contingent claims under jump diffusion processes, *IMA Journal of Numerical Analysis* **25**, pp. 87–112.

Ding, X., Giesecke, K., and Tomecek, P. (2009). Time-changed birth processes and multi-name credit derivatives, *Operations Research* **57**, 4, pp. 990–1005.

Driessen, J. (2005). Is default event risk priced in corporate bonds? *Review of Financial Studies* **18**, 1, pp. 165–195.

Duffee, G. R. (1999). Estimating the price of default risk, *Review of Financial Studies* **12**, 1, pp. 197–226.

Duffie, D. and Garleanu, N. (2001). Risk and valuation of collateralized debt obligations, *Financial Analysts Journal* **57**, 1, pp. 41–59.

Duffie, D., Pan, J., and Singleton, K. J. (2000). Transform analysis and asset pricing for affine jump-diffusions, *Econometrica* **68**, 6, pp. 1343–1376.

Dunis, C. L., Laws, J., Middleton, P. W., and Karathanasopoulos, A. (2013). Nonlinear forecasting of the gold miner spread: An application of correlation filters, *Intelligent Systems in Accounting, Finance and Management* **20**, 4, pp. 207–231.

Dynkin, E. and Yushkevich, A. (1969). *Markov Processes: Theorems and Problems* (Plenum Press).

Egami, M., Leung, T., and Yamazaki, K. (2013). Default swap games driven by spectrally negative Lévy processes, *Stochastic Processes and their Applications* **123**, 2, pp. 347–384.

Ekström, E., Lindberg, C., Tysk, J., and Wanntorp, H. (2010). Optimal liquidation of a call spread, *Journal of Applied Probability* **47(2)**, pp. 586–593.

Elliott, R., Van Der Hoek, J., and Malcolm, W. (2005). Pairs trading, *Quantitative Finance* **5**, 3, pp. 271–276.

Engel, C. and Hamilton, J. D. (1989). Long swings in the exchange rate: Are they in the data and do markets know it? Tech. rep., National Bureau of Economic Research.

Engle, R. F. and Granger, C. W. (1987). Co-integration and error correction: representation, estimation, and testing, *Econometrica* **55**, 2, pp. 251–276.

Errais, E., Giesecke, K., and Goldberg, L. R. (2010). Affine point processes and portfolio credit risk, *SIAM Journal on Financial Mathematics* **1**, pp. 642–665.

Evans, L. C. (1998). *Partial Differential Equations* (AMS Graduate Studies in Mathematics).

Ewald, C.-O. and Wang, W.-K. (2010). Irreversible investment with Cox-Ingersoll-Ross type mean reversion, *Mathematical Social Sciences* **59**, 3, pp. 314–318.

Feller, W. (1951). Two singular diffusion problems, *The Annals of Mathematics* **54**, 1, pp. 173–182.

Föllmer, H. and Schied, A. (2002). Convex measures of risk and trading constraints, *Finance Stoch.* **6**, 4, pp. 429–447.

Föllmer, H. and Schied, A. (2004). *Stochastic Finance: An Introduction in Discrete Time*, 2nd edn., De Gruyter Studies in Mathematics (Walter de Gruyter).

Föllmer, H. and Schweizer, M. (1990). Hedging of contingent claims under incomplete information, in M. Davis and R. Elliot (eds.), *Applied Stochastic Analysis, Stochastics Monographs*, Vol. 5 (Gordon and Breach, London/New York), pp. 389 – 414.

Forsyth, P. A., Kennedy, J. S., Tse, S. T., and Windcliff, H. (2012). Optimal trade execution: A mean-quadratic-variation approach, *Journal of Economic Dynamics and Control* **36**, pp. 1971–1991.

Frei, C. and Westray, N. (2013). Optimal execution of a VWAP order: A stochastic control approach, *Mathematical Finance* **25**, 3, pp. 612–639.

Fritelli, M. (2000). The minimal entropy martingale measure and the valuation problem in incomplete markets, *Mathematical Finance* **10**, pp. 39–52.

Fujiwara, T. and Miyahara, Y. (2003). The minimal entropy martingale measures for geometric Lévy processes, *Finance Stoch.* **7(4)**, pp. 509–531.

Gatev, E., Goetzmann, W., and Rouwenhorst, K. (2006). Pairs trading: Performance of a relative-value arbitrage rule, *Review of Financial Studies* **19**, 3, pp. 797–827.

Glowinski, R. (1984). *Numerical Methods for Nonlinear Variational Problems* (Springer-Verlag, New York).

Göing-Jaeschke, A. and Yor, M. (2003). A survey and some generalizations of Bessel processes, *Bernoulli* **9**, 2, pp. 313–349.

Gropp, J. (2004). Mean reversion of industry stock returns in the US, 1926–1998, *Journal of Empirical Finance* **11**, 4, pp. 537–551.

Grübichler, A. and Longstaff, F. (1996). Valuing futures and options on volatility, *Journal of Banking and Finance* **20**, 6, pp. 985–1001.

Hamilton, J. D. (1994). *Time Series Analysis*, Vol. 2 (Princeton university press Princeton).

Henderson, V. and Hobson, D. (2011). Optimal liquidation of derivative portfolios, *Mathematical Finance* **21**, 3, pp. 365–382.

Henderson, V., Hobson, D., Howison, S., and T.Kluge (2005). A comparison of q-optimal option prices in a stochastic volatility model with correlation, *Review of Derivatives Research* **8**, pp. 5–25.

Heston, S. L. (1993). A closed form solution for options with stochastic volatility with applications to bond and currency options, *Review of Financial Studies* **6**, pp. 327–343.

Hobson, D. (2004). Stochastic volatility models, correlation, and the q-optimal measure, *Mathematical Finance* **14**, 4, pp. 537–556.

İlhan, A., Jonsson, M., and Sircar, R. (2005). Optimal investment with derivative securities, *Finance and Stochastics* **9**, 4, pp. 585–595.

Itō, K. and McKean, H. (1965). *Diffusion processes and their sample paths* (Springer Verlag).

Jarrow, R. A., Lando, D., and Yu, F. (2005). Default risk and diversification: Theory and empirical implications, *Mathematical Finance* **15**, 1, pp. 1–26.

Jurek, J. W. and Yang, H. (2007). Dynamic portfolio selection in arbitrage, Working Paper, Princeton University.

Kanamura, T., Rachev, S. T., and Fabozzi, F. J. (2010). A profit model for spread trading with an application to energy futures, *The Journal of Trading* **5**, 1, pp. 48–62.

Karatzas, I. and Shreve, S. (1998). *Methods of Mathematical Finance* (Springer, New York).

Karatzas, I. and Shreve, S. E. (1991). *Brownian Motion and Stochastic Calculus* (Springer, New York).

Karlin, S. and Taylor, H. M. (1981). *A Second Course in Stochastic Processes*, Vol. 2 (Academic Press).

Kladivko, K. (2007). Maximum likelihood estimation of the Cox-Ingersoll-Ross process: the MATLAB implementation, Technical Computing Prague.

Kong, H. T. and Zhang, Q. (2010). An optimal trading rule of a mean-reverting asset, *Discrete and Continuous Dynamical Systems* **14**, 4, pp. 1403 – 1417.

Larsen, K. S. and Sørensen, M. (2007). Diffusion models for exchange rates in a target zone, *Mathematical Finance* **17**, 2, pp. 285–306.

Lebedev, N. (1972). *Special Functions & Their Applications* (Dover Publications).

Leung, T. and Li, X. (2015). Optimal mean reversion trading with transaction costs and stop-loss exit, *International Journal of Theoretical & Applied Finance* **18**, 3, p. 15500.

Leung, T., Li, X., and Wang, Z. (2014). Optimal starting–stopping and switching of a CIR process with fixed costs, *Risk and Decision Analysis* **5**, 2, pp. 149–161.

Leung, T., Li, X., and Wang, Z. (2015). Optimal multiple trading times under the exponential OU model with transaction costs, *Stochastic Models* **31**, 4.

Leung, T. and Liu, P. (2013). An optimal timing approach to option portfolio risk management, in J. Batten, P. MacKay, and N. Wagner (eds.), *Advances in Financial Risk Management: Corporates, Intermediaries, and Portfolios* (Palgrave Macmillan), pp. 391–403.

Leung, T. and Ludkovski, M. (2011). Optimal timing to purchase options, *SIAM Journal on Financial Mathematics* **2**, 1, pp. 768–793.

Leung, T. and Ludkovski, M. (2012). Accounting for risk aversion in derivatives purchase timing, *Mathematics & Financial Economics* **6**, 4, pp. 363–386.

Leung, T. and Shirai, Y. (2015). Optimal derivative liquidation timing under path-dependent risk penalties, *Journal of Financial Engineering* **2**, 1, p. 1550004.

Leung, T., Sircar, R., and Zariphopoulou, T. (2012). Forward indifference valuation of American options, *Stochastics: An International Journal of Probability and Stochastic Processes* **84**, 5-6, pp. 741–770.

Leung, T. and Yamazaki, K. (2013). American step-up and step-down credit default swaps under Lévy models, *Quantitative Finance* **13**, 1, pp. 137–157.

Lin, Y.-N. and Chang, C.-H. (2009). Vix option pricing, *Journal of Futures Markets* **29**, 6, pp. 523–543.

Longstaff, F. A. and Rajan, A. (2008). An empirical analysis of the pricing of collateralized debt obligations, *The Journal of Finance* **63**, 2, pp. 529–563.

Lopatin, A. and Misirpashaev, T. (2008). Two-dimensional Markovian model for dynamics of aggregate credit loss, *Advances in Econometrics* **22**, pp. 243–274.

Lorenz, J. and Almgren, R. (2011). Mean-variance optimal adaptive execution, *Applied Mathematical Finance* **18**, 5, pp. 395–422.

Malliaropulos, D. and Priestley, R. (1999). Mean reversion in Southeast Asian stock markets, *Journal of Empirical Finance* **6**, 4, pp. 355–384.

Menaldi, J., Robin, M., and Sun, M. (1996). Optimal starting-stopping problems for Markov-Feller processes, *Stochastics: An International Journal of Probability and Stochastic Processes* **56**, 1-2, pp. 17–32.

Mencía, J. and Sentana, E. (2013). Valuation of VIX derivatives, *Journal of Financial Economics* **108**, 2, pp. 367–391.

Metcalf, G. E. and Hassett, K. A. (1995). Investment under alternative return assumptions comparing random walks and mean reversion, *Journal of Economic Dynamics and Control* **19**, 8, pp. 1471–1488.

Mortensen, A. (2006). Semi-analytical valuation of basket credit derivatives in intensity-based models, *Journal of Derivatives* **13**, 4, pp. 8–26.

Øksendal, B. (2003). *Stochastic Differential Equations: an Introduction with Applications* (Springer).

Oksendal, B. and Sulem, A. (2005). *Applied Stochastic Control of Jump Diffusions* (Springer).

Poterba, J. M. and Summers, L. H. (1988). Mean reversion in stock prices: Evidence and implications, *Journal of Financial Economics* **22**, 1, pp. 27–59.

Ribeiro, D. R. and Hodges, S. D. (2004). A two-factor model for commodity prices and futures valuation, EFMA 2004 Basel Meetings Paper.

Rockafellar, R. and Uryasev, S. (2000). Optimization of conditional value-at-risk, *The Journal of Risk* **2**, 3, pp. 21–41.

Rogers, L. and Williams, D. (2000). *Diffusions, Markov Processes and Martingales*, Vol. 2, 2nd edn. (Cambridge University Press, UK).

Rogers, L. C. G. and Singh, S. (2010). The cost of illiquidity and its effects on hedging, *Mathematical Finance* **20**, 4, pp. 597–615.

Schied, A. and Schöneborn, T. (2009). Risk aversion and the dynamics of optimal liquidation strategies in illiquid markets, *Finance and Stochastics* **13**, 2, pp. 181–204.

Schönbucher, P. J. (2003). *Credit Derivatives Pricing Models: Models, Pricing, Implementation* (Wiley Finance).

Schwartz, E. (1997). The stochastic behavior of commodity prices: Implications for valuation and hedging, *The Journal of Finance* **52**, 3, pp. 923–973.

Sircar, R. and Papanicolaou, A. (2014). A regime-switching Heston model for VIX and S&P 500 implied volatilities, *Quantitative Finance* **14**, 10, pp. 1811–1827.

Song, Q., Yin, G., and Zhang, Q. (2009). Stochastic optimization methods for buying-low-and-selling-high strategies, *Stochastic Analysis and Applications* **27**, 3, pp. 523–542.

Song, Q. and Zhang, Q. (2013). An optimal pairs-trading rule, *Automatica* **49**, 10, pp. 3007–3014.

Sun, M. (1992). Nested variational inequalities and related optimal starting-stopping problems, *Journal of Applied Probability* **29**, 1, pp. 104–115.

Tourin, A. and Yan, R. (2013). Dynamic pairs trading using the stochastic control approach, *Journal of Economic Dynamics and Control* **37**, 10, pp. 1972–1981.

Triantafyllopoulos, K. and Montana, G. (2011). Dynamic modeling of mean-reverting spreads for statistical arbitrage, *Computational Management Science* **8**, 1-2, pp. 23–49.

Tsay, R. S. (2005). *Analysis of Financial Time Series*, Vol. 543 (John Wiley & Sons).

Vidyamurthy, G. (2004). *Pairs Trading: Quantitative Methods and Analysis* (Wiley).

Zervos, M., Johnson, T., and Alazemi, F. (2013). Buy-low and sell-high investment strategies, *Mathematical Finance* **23**, 3, pp. 560–578.

Zhang, H. and Zhang, Q. (2008). Trading a mean-reverting asset: Buy low and sell high, *Automatica* **44**, 6, pp. 1511–1518.

Zhang, J. E. and Zhu, Y. (2006). VIX futures, *Journal of Futures Markets* **26**, 6, pp. 521–531.

찾아보기

번호

평균 회귀 트레이딩 전략의 최적 설계
수학적 분석과 실전 적용

발 행 | 2023년 8월 25일

옮긴이 | 이 기 홍
지은이 | 팀 렁 · 신 리

펴낸이 | 권 성 준
편집장 | 황 영 주
편 집 | 김 진 아
　　　　임 지 원
디자인 | 윤 서 빈

에이콘출판주식회사
서울특별시 양천구 국회대로 287 (목동)
전화 02-2653-7600, 팩스 02-2653-0433
www.acornpub.co.kr / editor@acornpub.co.kr

책값은 뒤표지에 있습니다.